Elogios a *Del*

Mi pastor y querido amigo Robe..cri-
tura se basa en verdades universal........................motivan
y movilizan a lectores de todas las edades y orígenes. Dios se glorifica
y su plan se realiza cuando actuamos de acuerdo a los sueños que él
pone en nuestros corazones. En *Del sueño al destino*, Robert Morris
nos muestra el camino.

—**Samuel Rodríguez**
Pastor principal de la congregación New Season Church y presidente
ejecutivo de NHCLC. Escritor de *Usted es el próximo*. Productor
ejecutivo de Breakthrough y Flamin' Hot Movies

Muchos pueden perderse, distraerse e incluso desilusionarse en el
trayecto que efectúan desde sus sueños a su destino. A veces, todos
necesitamos ayuda para navegar por ese espacio que puede poner
a prueba nuestro carácter, perseverancia y nuestras prioridades.
El pastor Robert no solo proporciona una hoja de ruta en estas
páginas, sino que también infunde esperanza en el futuro de cada
soñador. Gracias, pastor Robert, por vivir todo lo que este mensaje
transmite poderosamente.

—**Charlotte Gambill**
Conferencista internacional y autora

Robert Morris es un maestro excepcional, ningún otro como él. Tiene
la capacidad de presentar los temas más difíciles de una manera
que el que lo oye se va con un entendimiento claro, seguro de haber
escuchado el mensaje directo del trono de Dios. Esta su reciente
obra, *Del sueño al destino*, no es la excepción. Los sueños pueden morir
sin un plan, pero este libro le brinda precisamente ese plan para su
sueño, garantizando que la visión se materialice en concordancia
con su propósito y el plan divino trazado para su vida.

—**Jentezen Franklin**
Pastor principal de Free Chapel
Autor de *best sellers* de la lista de *New York Times*

Agradezco mucho el tremendo impacto que el pastor Robert Morris ha tenido en mi vida y mi ministerio. Me conmueve nuevamente su recordatorio de que Dios tiene un destino significativo y poderoso para cada uno de nosotros. Dios nunca detiene nuestro crecimiento o progreso, sino que continúa formándonos y moldeándonos para su gloria.

—Chad Veach
Pastor principal de Zoe Church
Conferencista internacional y autor

En *Del sueño al destino*, el pastor Robert le guía a través de la vida de José de una manera clara, convincente y centrada en Cristo. Este libro le inspirará y desafiará a ir de su sueño a su destino.

—Dr. Derwin L. Gray
Cofundador y pastor principal de Transformation Church
Autor de *God, Do You Hear Me? Discovering the Prayer God Always Answers*

Del sueño al destino es un libro para un momento como este. A partir de la historia de la vida de José, el pastor Robert Morris brinda claves bíblicas útiles para el proceso de ver hecho realidad el sueño que Dios le dio. ¡Este es un libro que pondré en las manos de cada uno de mis líderes y que me encantaría que leyeran todos los creyentes en Cristo!

—Joakim Lundqvist
Pastor de la congregación Word of Life Church, Suecia

Dios usa, a menudo, temporadas de dificultad para prepararnos como personas de destino. Los sueños de Dios requieren audacia y estrategia. En este libro recientemente revisado y ampliado, *Del sueño al destino*, el pastor Robert Morris nos ayuda a identificar diez pruebas que cada uno de nosotros enfrentará y nos da las herramientas y el conocimiento necesarios para superarlas.

—Lisa Bevere
Autora superventas del *New York Times*
Cofundadora de Messenger International

DEL SUEÑO AL *Destino*

Una guía eficaz para
vencer las pruebas
de la vida y alcanzar
el propósito de Dios.

ROBERT MORRIS

CASA
CREACIÓN
Para vivir la Palabra

Para vivir la Palabra

MANTÉNGANSE ALERTA;
PERMANEZCAN FIRMES EN LA FE;
SEAN VALIENTES Y FUERTES.
—1 Corintios 16:13 (NVI)

Del sueño al destino por Robert Morris
Publicado por Casa Creación
Miami, Florida
www.casacreacion.com
©2023 Derechos reservados

Library of Congress Control Number: 2015945924
ISBN: 978-1-62998-271-7
E-book ISBN: 978-1-62998-388-2

Desarrollo editorial: *Grupo Nivel Uno, Inc.*
Adaptación de diseño interior y portada: *Grupo Nivel Uno, Inc.*

Publicado originalmente en inglés bajo el título:
From Dream to Destiny
Publicado por Bethany House Publishers
una división de Baker Publishing Group,
Grand Rapids, Michigan
Copyright © 2023 por Robert Morris

Impreso en Colombia

23 24 25 26 LBS 9 8 7 6 5 4 3 2 1

Contenido

¡Prepárese para el viaje!

Me tomó completamente por sorpresa.

Mientras me preparaba para hablar ante un gran grupo de personas entre los 18 y los 29 años de edad en una iglesia del sector, oraba fervientemente pidiendo dirección en cuanto a mi mensaje. Tenía una sensación de obligación y un fuerte deseo de brindarles, a esos jóvenes adultos, algo procedente del corazón de Dios. Quizá era porque sabía cuántas decisiones críticas e impactantes se toman en esos primeros años. Tal vez era porque a mis diecinueve años era un joven inexperto, autodestructivo; hasta que el Señor, al fin, me cautivó con su amor y transformó mi vida por completo. Cualquiera fuera la razón, yo quería —desesperadamente— saber lo que Dios deseaba decirle a ese grupo. Entonces fue cuando surgió la sorpresa.

En un momento, el Espíritu Santo empezó a inundar mi mente con el bosquejo de una serie de mensajes acerca de un joven llamado José y las lecciones vitales que él había aprendido en el trayecto al cumplimiento de su destino. Los temas de los mensajes surgían más rápido de lo que podía transcribirlos.

En ese sorprendente encuentro con el Espíritu Santo empecé a ver, con una visión fresca y profunda, cómo había sido destinado José a ser un hombre poderoso, a ser un instrumento de liberación divina para la humanidad y, pese a todo eso, tuvo que soportar inmensas pruebas durante el proceso. A la tierna edad de diecisiete años, había recibido un vistazo de ese destino en una visión. Sin embargo, José no solo no entendió el verdadero significado del sueño, tampoco sabía que el viaje acababa de comenzar.

Si usted está familiarizado con el relato bíblico de José en Génesis, sabe que no fue sino hasta que tuvo treinta años de edad que entró en la primera fase del extraordinario destino que Dios había ordenado para su vida. De hecho, fue solamente a través de las duras lecciones aprendidas en esos años de prueba que Dios pudo equipar a José, y solamente a través de esas mismas lecciones que el joven fue hallado fiel para llevar a cabo ese destino y para cumplir el sueño al máximo.

Después de predicar este mensaje a ese grupo de jóvenes adultos, me di cuenta de que no era solo para ellos, ¡era para todas las personas! Cada uno de nosotros tiene un sueño y cada uno de nosotros tiene un destino. Tal vez tenga algunos sueños que aún no se han cumplido o un destino que solo ha vislumbrado hasta ahora. Es posible que incluso se haya comparado con otros que parecen estar caminando en sus destinos y quizás se haya preguntado qué le impide entrar en el suyo.

Cada uno de nosotros tiene un sueño y cada uno de nosotros tiene un destino. La pregunta es, ¿cómo llegamos del sueño al destino y qué sucede en el camino?

Creo que el libro que tiene en sus manos, fruto del estudio que empezó con una palabra profética, traerá respuestas emocionantes a muchas de esas preguntas. De la vida de José, usted aprenderá verdades vitales acerca de las pruebas que le esperan en el camino a su destino, pruebas que debe pasar si va a entrar en la plenitud de lo que Dios ha planeado para usted.

Todos tenemos sueños —con nuestras familias, con nuestras finanzas, con las vocaciones que escogimos— pero, en este momento, quiero desafiarle a soñar en algo más grande. Permita que Dios mueva el sueño que tiene con usted en su corazón. Le aseguro que el sueño de *él* para usted es mejor. *Su* destino para usted es más grande.

Mire, lo que Dios piensa con usted es más alto que lo que usted piensa. Los planes que él tiene para usted son mejores que los que usted ha pensado. Él tiene un sueño para usted y es mejor que el suyo. Él tiene un destino en mente para usted y no solo es más grande de lo que puede imaginarse ahora, sino que es más grande de lo que *jamás podrá* imaginar. ¡Usted no puede tener un sueño más grande que el que Dios sueña con usted!

Descubra el sueño de Dios

Dios me reveló el sueño que tenía para mi vida a una edad muy temprana. Cuando tenía tres años, una noche entré en la habitación de mis padres y dije:

—Jesús me visitó.

—¿Ah, de verdad? ¿Qué te dijo? —me preguntaron ellos.

—Me dijo que quiere que predique por todo el mundo.

No se sorprendieron demasiado por lo que dije puesto que el día que nací, mi mamá y mi papá me dedicaron al Señor y me llamaron Robert para honrar al padre de mi madre, que fue asesinado cuando ella era una niña. Él era un hombre de negocios y, además, predicador. Así que me pusieron su nombre y oraron para que continuara con el ministerio que mi abuelo no tuvo la oportunidad de terminar.

En el proceso de mi crecimiento, instalaba una grabadora y me grababa predicando. (¡Mi papá todavía tiene una de esas cintas!) Dios puso un sueño en mi corazón cuando era muy pequeño, pero no estaba listo para cumplirlo en ese momento. Necesitaba pasar por las pruebas que formarían mi carácter (¡algunas de ellas repetidas veces!), y a través de ellas, Dios me ha enseñado que el asunto no tiene que ver realmente con que yo le predique a la gente. De hecho, no se trata de mí en absoluto. Tiene que ver con las personas que entran en una relación más cercana con Dios.

¡Sé que no todos tienen un sueño como este apenas a los tres años de edad! Si no está seguro del sueño de Dios para su vida, la mejor manera de averiguarlo es conocerlo. Conozca a aquel que es el Creador de los sueños. Pase tiempo con él. ¡Él le dará su sueño!

"Escuchen lo que voy a decirles:
Cuando un profeta del Señor se levanta entre ustedes,
    yo le hablo en visiones
    y me revelo a él en sueños.
Pero esto no ocurre así con mi siervo Moisés,
    porque en toda mi casa él es de mi confianza.
Con él hablo cara a cara,
    claramente y sin enigmas.
    Él contempla la imagen del Señor.
¿Cómo no tienen miedo de murmurar
    contra mi siervo Moisés?"
(Números 12:6-8)

Este pasaje afirma que Dios le habló a Moisés "cara a cara" y "claramente y sin enigmas" (v. 8) "porque en toda mi casa él [Moisés] es de mi confianza" (v. 7). En otras palabras, así como Moisés buscó a Dios primero, este le habló como un amigo. Moisés no estaba buscando sueño ni destino, lo que buscaba era una relación con Dios. Por eso, Dios dijo que se revelaría a sí mismo ante Moisés.

Si usted no está seguro del sueño que Dios tiene para su vida, la mejor manera de averiguarlo es conocerlo.

El Salmo 103:7 dice: "Dio a conocer sus caminos a Moisés; reveló sus obras al pueblo de Israel". Note que hay una gran diferencia entre "sus caminos" y "sus obras". Los hijos de Israel sabían lo que Dios hizo —dividir el Mar Rojo y milagros como ese—, pero Moisés sabía por qué lo hizo.

Moisés conocía a Dios como Persona y entendió que hay algo mucho más importante que conocer el sueño de Dios para su vida. Lo relevante es, en realidad, conocer a Dios. Si no está seguro de lo que Dios ha soñado para su vida, le animo a buscar al Dador de sueños. Persiga a Aquel que no solo le revelará el sueño, sino que también lo hará realidad. A medida que conozca a Dios como amigo, él le hablará. Le revelará el sueño de él y luego le dará la capacidad para concretarlo.

Cómo discernir los sueños de Dios

Antes de continuar, quiero hablar sobre algunos sueños a los que usted puede aferrarse, pero que no son de Dios. Todos tenemos sueños, quizás de nuestra infancia, que en realidad son solo deseos o fantasías personales. Por ejemplo, es posible que haya jugado fútbol en la escuela secundaria y haya soñado mucho con convertirse en un jugador famoso de la Liga Nacional de Futbol (NFL, por sus siglas en inglés). Bueno, detesto ser el que se lo diga, pero si tiene más de treinta y cinco años, ¡los Dallas Cowboys probablemente no lo llamen! A medida que crecemos en la fe y la madurez, debemos dejar de lado esas fantasías para abrazar por completo los sueños que Dios nos ha dado.

Quizás se pregunte: ¿Cómo puedo saber la diferencia entre mis sueños y los que Dios tiene para mí? Lo mejor que se puede hacer con cualquier sueño es guardarlo y continuar pasando tiempo con Dios. Él confirmará lo que sueña para usted oportunamente. No es que usted no tenga fe para ello o que deba olvidarse del sueño. Simplemente sométalo al Señor, a sus amigos de confianza o a una figura de autoridad de su círculo íntimo. No tiene que tratar de resolverlo por su cuenta. Pero tiene que recordar que el sueño en sí no es su destino. A lo largo de este libro, usted aprenderá que el sueño es lo que lo inicia en la travesía formativa del carácter para alcanzar su destino.

Cuando usted se enfoca demasiado en el sueño, a menudo se concentra excesivamente en sí mismo. A medida que conozca al Señor, el Dador del sueño, y adquiera el hábito de hablarle de corazón a corazón, él le revelará sus pensamientos más profundos y le confirmará lo que sueña para usted.

Cada sueño es único

Cualquier sueño que Dios le haya dado es asombroso, especial y solo para usted. Pero, de alguna manera, cada uno de ellos está sobrenaturalmente entretejido con el sueño maestro de nuestro amoroso Padre celestial: reconciliar a sus hijos perdidos consigo mismo. Para que ese sueño se cumpla, Dios nos ha asignado un papel a cada uno de nosotros que es fundamental para sus planes. No hay dos roles exactamente iguales, aunque todos son importantes para Dios. Por lo tanto, él le creó para que haga algunas cosas que solo usted puede lograr. Lo mismo pasa conmigo.

Es probable que usted no sea pastor de una iglesia ni que predique habitualmente como yo, pero eso no significa que su tarea sea menos importante que la mía. Si su destino está fuera de la iglesia o del ministerio organizado (como lo está la mayoría), sigue siendo algo santo e inspirado por Dios.

Tristemente, muchas personas solo viven con el sueño, sin alcanzar su destino. Es por eso que este mensaje sobre José es tan vital. Cada uno de nosotros tiene un papel que desempeñar, rol que se cumplirá solo en la medida en que se cumplan los destinos que Dios nos ha dado.

Cada uno de nosotros tiene una misión única de parte de Dios. Y si usted no la hace, ¡nadie la hará!

Por eso creo que estos mensajes acerca de José son tan vitales en este tiempo. Creo que viene el día (y ya ha empezado) cuando veremos el derramamiento de la lluvia tardía y, como resultado, una cosecha de almas a nivel mundial. Cada uno de nosotros tiene una parte que jugar, y la nuestra se completará solamente al grado en que el destino que Dios nos dio haya sido cumplido.

Como he dicho, este mensaje es para todos nosotros; para usted y para mí, donde sea que se encuentre, cualquiera que sea su edad. Cada uno de nosotros está en marcha hacia un destino y cada uno de nosotros está destinado a hacer grandes cosas para Dios y su reino. Al igual que José, usted está destinado a tener un gran poder y una gran influencia. Así como José, tiene que pasar diez pruebas importantes para alcanzar su destino y ayudar a las personas que Dios ha puesto frente a usted. Tal cual José, encontrará su destino esperándole al otro lado de estas pruebas.

¿Le gustaría descubrir cómo? Continúe leyendo.

CAPÍTULO UNO

La prueba del orgullo

Era un domingo por la mañana y las cosas empezaban a aquietarse en el centro de oración del ministerio de James Robison. Los voluntarios que atendían los teléfonos estaban terminando su turno de las cinco de la mañana y se dirigían a la iglesia. Las únicas dos personas que quedábamos para atender las llamadas éramos Terry Redmon, un buen amigo mío y quien, además, es yerno de James Robison, y yo.

Fue una interesante serie de eventos la que me guio al centro de oración ese día. Aunque todavía estaba a principios de mi década de los veinte, ya llevaba varios años involucrado en el ministerio de manera pública. Las cosas pasaron con mucha rapidez después de haber rendido mi vida a Jesucristo a los diecinueve años. Solamente diez meses después de haber sido salvo, conocí a James Robison, que me pidió que empezara a viajar con él, hablando a los jóvenes en las asambleas de los estudiantes de secundaria. Así que no tenía siquiera un año de haberme convertido en cristiano y ya había empezado a viajar y a predicar el evangelio. Algo muy estimulante para alguien tan joven (¡y aun más joven en el Señor!).

Aunque empecé hablando en escuelas públicas, no pasó mucho tiempo antes de que estuviera predicando en las grandes cruzadas. Con el tiempo, James fue muy amable al asignarme un título: evangelista asociado. ¡Guau! Tenía solamente veinte años de edad, pero debido a mi asociación con James, ya estaba en la televisión predicando a grandes audiencias y hasta tenía un título para probar que era ¡un auténtico evangelista!

Me parecía que el favor de Dios estaba en todo lo que yo tocaba. ¡Qué gran destino me esperaba! ¿Qué podría detenerme?

Al ver en retrospectiva, es claro que un enemigo llamado orgullo empezó a surgir en mi vida. Poco a poco, sigilosamente, los pensamientos orgullosos empezaron a instalarse en mi mente, ideas que no podían coexistir con una reverencia apropiada para un Dios santo.

Ya a mis veinticinco años de edad, me había acostumbrado demasiado a escuchar a la gente decirme cuán dotado era. Empecé a prestarle atención a esos elogios. Peor aún, empezaba a *esperarlos*. La gente me decía: "Eres muy talentoso, ¡puedes hacer cualquier cosa que quieras!". Y con toda la sabiduría de mis veinticinco años, comencé a creerles. Empecé a pensar: *Vaya, soy alguien. ¡Soy exitoso!*

Muy dentro de mí, estaba consciente de que era orgulloso, pero no sabía qué hacer en cuanto a eso. Mientras más crecía el orgullo, más parecía estorbarme en mi camino. De manera que empecé a orar al respecto, pidiéndole ayuda a Dios. Así que le dije: "Dios, sé que tengo orgullo. Sé que mi inseguridad me hace vulnerable a ello. Necesito ser libre de esto, pero ¡no sé qué hacer!".

Un día, mientras hacía esa oración, le pregunté al Señor: "¿Qué puedo hacer en cuanto a esto? ¿Hay algo que pueda hacer para tratar con el orgullo en mi vida?".

Su respuesta no me emocionó, precisamente. Sentí que me decía: "Bueno, aquí tienes una idea. Puedes dejar el ministerio y buscar un trabajo normal".

Supongo que mi respuesta tampoco lo emocionó a él, exactamente. Yo le dije: "Sí, esa es una idea, Señor. *Mala*, pero *es* una idea". En lo que respecta a mi fe, no podía imaginarme que la voluntad de Dios para mí fuera que dejara el ministerio. (Después de todo, ¡Él me estaba usando poderosamente!). Aunque lo intenté hasta el cansancio, no logré deshacerme de ese pensamiento. Se fue haciendo más y más fuerte hasta que el Señor orquestó las circunstancias para que saliera del ministerio. Finalmente, hice lo que el Señor me había sugerido: salí del ministerio y empecé a buscar un empleo normal.

¡Pero no pude encontrar uno!

Pude descubrir, rápidamente, que no era tan valioso como había creído. Piénselo. Cuando uno ha sido evangelista, ¿qué pone en la lista de habilidades en una solicitud de empleo? ¿Fuerte capacidad para predicar? ¿Hace excelentes llamados al altar? ¿Magistral interpretación bíblica? Desde un punto de vista práctico uno, sencillamente, no tiene muchas calificaciones para optar por un empleo corriente.

Así que después de mucho buscar, al fin encontré un trabajo como guardia de seguridad en un hotel de baja categoría. Ese fue el único trabajo que pude hallar. Ahora bien, usted debe recordar que la gente me había dicho que yo tenía mucho talento y que podía hacer cualquier cosa. Sin embargo, no me tomó mucho tiempo aprender que eso no era cierto. Aprendí que sin la bendición de Dios, no puedo hacer cualquier cosa; es más, no puedo hacer nada. Solo a través de la bendición de Dios podemos tener éxito verdadero. Y así fue como aprendí una lección muy importante, una que nunca habría aprendido sin haber salido del ministerio primero.

Después de un mes de trabajar en las noches como guardia de seguridad en el hotel sentía que había dado unas grandes zancadas hacia la humildad, por lo que decidí que —quizás— estaba listo para volver al ministerio. De manera que visité las oficinas de James Robison a ver si tenían alguna plaza vacante. Me alegró descubrir que ellos necesitaban un supervisor matutino en su centro de oración, desde las cinco de la mañana hasta las dos de la tarde. Eso definitivamente lucía mejor que el horario nocturno que había estado trabajando en el hotel. Así que tomé el trabajo.

Solo a través de la bendición de Dios podemos tener éxito verdadero.

Mantenga presente que yo ya había sido evangelista asociado allí. Ahora estaba de regreso al ministerio, pero trabajando como uno de los encargados de orar por las personas. Dios, entretanto, continuaba haciendo su obra para matar el orgullo que se anidaba en mi corazón.

Como indiqué, en esa mañana en particular, solamente Terry y yo quedábamos en el salón y yo estaba ocupado en el teléfono, hablando con una dama que había llamado para pedir oración. Antes de colgar, ella me dijo: "Su voz me suena familiar". Así que empecé a contarle exactamente quién era yo. "Ah, tal vez me reconozca por una de las veces que viajé y prediqué con James", le dije. "Soy uno de los evangelistas asociados del ministerio".

El salón parecía extrañamente quieto cuando colgué el teléfono. Mi buen amigo, Terry, se volteó hacia mí y noté que había descolgado su teléfono.

—¿Te puedo hablar un minuto? —preguntó.

—Robert —dijo, amablemente—. Estoy muy contento por lo que estás haciendo. Observo que mucha gente no estaría dispuesta a hacer lo que tú haces y me agrada mucho ver que estás dejando que Dios obre en esta área de tu vida. Sin embargo, quiero preguntarte algo. ¿Por qué le dijiste a esa señora que eras un evangelista asociado? Ya no lo eres y lo sabes. Sabes qué eres, eres un encargado de oración.

Al oír aquello me puse a la defensiva y dije:

—Bueno, yo *fui* evangelista asociado y, simplemente, pensé que podría bendecirla al saber eso. —¡*Bendecirla*! Mis palabras parecían huecas y forzadas, hasta para mí.

En realidad no estaba muy seguro de por qué le había dicho eso a esa dama, así que le pregunté a Terry.

—Cuando estás con alguien en el teléfono, ¿alguna vez le dices que eres el yerno de James Robison?

—No.

—¿No crees que sería de bendición para alguien que llame saber que tuvo la oportunidad de orar con el yerno de James Robison?

Terry soltó un profundo suspiro.

—Bueno —respondió—, si esa persona es bendecida por *eso*, entonces estaría siendo bendecida por una razón incorrecta.

Nunca olvidaré las palabras que dijo después.

—Robert, te aprecio mucho; pero vas a tener que llegar al punto en el que tengas tu identidad en Cristo y no en lo que haces o en lo que eres.

Las palabras que Terry pronunció ese día traspasaron mi corazón. Aun así, Dios las asió y empezó a usarlas en mi ser. De hecho, continúa usándolas hasta hoy.

Mire, aunque no lo sabía en ese momento, yo estaba en las primeras etapas de la travesía hacia mi destino. Dios me había dado una pequeña muestra de cómo quería usarme y del destino que tenía pensado para mí. Pero, ahora, yo estaba en medio de una prueba importante, y tenía que superarla antes de poder avanzar a la siguiente fase en el trayecto a ese destino.

A esas alturas, todavía no había aprendido que un gran destino implica grandes responsabilidades; mismas que requieren un carácter fuerte. Es fácil emocionarse con los planes de Dios, aunque uno no tenga idea alguna en cuanto a la fortaleza que se necesitará para llevarlos a cabo. Pero Dios sabe. Él sabe todo acerca de nosotros. Él conoce los sueños que tiene para nosotros y lo que se requerirá para hacer la obra. Por lo que quiere que estemos completamente equipados.

Épocas de prueba

Es probable que amemos a Dios y hasta que tengamos grandes sueños en nuestros corazones que él mismo haya colocado allí. Pero sin el carácter de Dios en nosotros, no llegaríamos muy lejos. Por eso es que nos permite pasar por pruebas en el camino del sueño al destino, pruebas que nos preparan para tener éxito cuando lleguemos allí.

Yo no era la primera persona que se encontraba aparentemente desviada de un sueño que Dios le dio. Hace miles de años, un joven llamado José también recibió un sueño de parte de Dios. Y no pasó mucho tiempo antes de que él también se encontrara en medio de una prueba inesperada, una que no parecía alinearse del todo con el sueño que Dios le había dado.

Esa dificultad era solamente el inicio de una larga temporada de conflictos para José. De hecho, experimentó diez pruebas terribles camino a su destino. Pero después que las venció, entró en el glorioso cumplimiento del sueño de Dios. Andar en la plenitud de ese sueño no solamente fue una gran bendición para José, sino también para cientos de miles de personas que vinieron tras él.

Cada uno de nosotros enfrentará esas mismas diez pruebas en el camino de nuestros sueños hacia nuestros destinos. Y como José, tendremos que pasarlas y vencerlas para ver cumplidos nuestros sueños. Por eso me alegra mucho que Dios no descalifique a ninguno de nosotros en nuestras pruebas. Vi muchas notas "F" (indicadora de deficiencia) en mis tareas escolares cuando estudiaba, por lo que estoy seguro de que hubo muchas ocasiones en las que Dios pudo haber escrito una gran "F" en las páginas de mi vida. Pero en lugar de eso, cada vez que fallamos en una de esas pruebas de carácter, amablemente escribe "Retomar" y nos permite seguir retomando la prueba hasta que la pasemos. ¿Por qué? Porque solo cuando pasamos la prueba podemos entrar en el destino que Dios ha planeado para nosotros.

La prueba del orgullo: cómo se revela el orgullo interior

Muy curiosamente, la primera prueba de José fue la misma que yo enfrenté —cuando era joven— aquel día en el centro de oración. Es la que llamo la prueba del orgullo, una que es muy importante. José la experimentó. Yo la experimenté. Y estoy convencido de que cada uno de nosotros tendrá que pasar por ella antes de que podamos avanzar de nuestro sueño a nuestro destino.

Génesis 37 describe la forma en que José recibió el sueño de Dios y cómo lidió con eso.

Esta es la historia de Jacob y su familia.

Cuando José tenía diecisiete años, apacentaba el rebaño junto a sus hermanos, los hijos de Bilhá y de Zilpá, que eran mujeres de su padre. El joven José solía informar a su padre de la mala fama que tenían estos hermanos suyos. Israel amaba a José más que a sus otros hijos porque lo había tenido en su vejez. Por eso mandó que le confeccionaran una túnica muy elegante. Viendo sus hermanos que su padre amaba más a José que a ellos, comenzaron a odiarlo y ni siquiera lo saludaban. Cierto día José tuvo un sueño y cuando se lo contó a sus hermanos, estos le tuvieron más odio todavía, pues dijo:

—Préstenme atención que les voy a contar lo que he soñado. Resulta que estábamos todos nosotros en el campo atando gavillas. De pronto, mi gavilla se levantó y quedó erguida, mientras que las de ustedes se juntaron alrededor de la mía y se inclinaron ante ella.

Sus hermanos replicaron:

—¿De veras crees que vas a reinar sobre nosotros y que nos vas a gobernar?

Y lo odiaron aún más por los sueños que él contaba. Después José tuvo otro sueño y se lo contó a sus hermanos. Les dijo:

—Tuve otro sueño en el que veía que el sol, la luna y once estrellas se inclinaban ante mí.

Cuando se lo contó a su padre y a sus hermanos, su padre lo reprendió:

—¿Qué quieres decirnos con este sueño que has tenido? —le preguntó—. ¿Acaso tu madre, tus hermanos y yo vendremos a postrarnos en tierra ante ti? Sus hermanos le tenían envidia, pero su padre meditaba en todo esto (Génesis 37:2-11).

Antes que nada, tenemos que maravillarnos con el hecho de que José —muy entusiasmado— les haya contado su sueño a sus hermanos mayores, sobre todo cuando la Biblia nos dice que ellos "comenzaron a odiarlo y ni siquiera lo saludaban" (Génesis 37:4). Note que dice que no solo desagradaba a sus hermanos, sino que estos lo odiaban. Lo cierto es que José no captó la cuestión, de modo que cuando tuvo su segundo sueño, ¡lo volvió a hacer! No fue una movida inteligente por parte de él, por supuesto. No estoy seguro si a usted le habrá pasado, pero yo hice muchas cosas tontas cuando tenía diecisiete años y, aparentemente, José también las hizo. Así que no sorprende que la respuesta de sus hermanos haya sido menos que entusiasta.

Poco sabía José lo que le aguardaba entre sus sueños y su destino. A pesar de que tenía diecisiete años cuando recibió su sueño de parte de Dios, no fue sino hasta que tuvo los treinta que empezó a cumplirse (vea Génesis 41:46). Así que podemos ver que pasaron trece largos años antes de que José empezara a dar los primeros pasos en su destino. ¿Qué podría explicar la brecha de tan largo tiempo entre el sueño y su cumplimiento?

Después de todo, parecía obvio por el sueño, que José estaba destinado a tener mucho poder e influencia. Sin duda sus hermanos sintieron envidia después de escuchar el sueño, aunque se hayan burlado en su cara. El padre de José tampoco descartó el asunto por completo. La Biblia dice que lo reprendió a causa de eso, pero —como afirman las Escrituras— "meditaba en todo esto" (Génesis 37:11).

Sin embargo, había una prueba en el horizonte para José. Algo estaba perturbando su camino hacia el destino que Dios le había mostrado. Pero José estaba a punto de tener una oportunidad para enfrentar ese obstáculo y tratar con él. La razón para esa prueba era, en realidad, muy simple: José tenía orgullo en su corazón.

Es importante notar que el joven era orgulloso mucho *antes* de que recibiera el sueño por parte de Dios. La Biblia dice que José apacentaba el rebaño con sus hermanos y que "solía informar a su padre de la mala fama que tenían estos hermanos suyos" (Génesis 37:2). No importa de qué se trataba el mal informe, pero José era algo chismoso. Tal vez sus hermanos no eran precisamente perfectos y, sin duda, habrían merecido cierta corrección. Pero este versículo revela que José pensó de *sí mismo* que estaba calificado para hacer ese tipo de juicio acerca de ellos. Hasta se encargó de ver que fueran corregidos, aunque ellos eran mayores y más experimentados. Cada vez que hacemos un juicio en cuanto al comportamiento de los demás, se revela una actitud orgullosa de nuestra parte. Y parece que José la tenía y en abundancia, aun a su corta edad.

Dios sabía que José era orgulloso; pero, aun consciente de eso, le dio un sueño. Dios tenía pensado un gran destino para José. Él sabía que si el chico iba a tener éxito, esa actitud orgullosa tenía que desaparecer de su vida.

Ahora bien, aquí hay algo importante a considerar: los sueños de José no eran su destino. Su propósito en la tierra no era que sus hermanos se inclinaran ante él como lo soñó, aunque eso iba a suceder. Su objetivo era salvar la vida de millones de personas. Dios estaba preparando a José para que fuera el segundo hombre al mando de la nación más grande e importante de la tierra y para que almacenara grano durante la hambruna de siete años que padecería el mundo conocido, de forma que millones de seres humanos pudieran escapar de la inanición. Ese era su destino.

Entonces, ¿por qué los sueños que Dios le dio a José no describían el hecho de salvar multitudes de personas o almacenar granos para su alimentación? Creo que hay dos razones para ello. Primero, a las personas inmaduras no siempre las motiva ayudar a otros ni les entusiasma ahorrar granos para prever una hambruna mundial. Pensar que ese es su destino no es exactamente emocionante. Sin embargo, Dios sabía que José, de diecisiete años, consideraría satisfactoria la idea de que sus hermanos mayores, sobre todo los que lo detestaban, se inclinaran algún día ante él. Pensar en ser conocido, poderoso y exitoso es extremadamente motivador. Es posible que usted también haya pensado en ser grande y triunfador, pero ese no es el propósito definitivo de Dios para su vida. El destino que Dios quiere para usted es que sea de ayuda a los demás; es decir, de bendición. Me he dado cuenta, a medida que he madurado en la fe, de que Dios puede darme influencia, pero esta siempre es para los propósitos de él, no para los míos. Es posible que Dios le haya dado a José sueños en los que sus hermanos se postraban ante él para motivarlo a actuar en formas que, de otra manera, no hubieran tenido que ver con su destino.

Segundo, al darle a José esos sueños específicos, Dios lo estaba ayudando a dar los primeros pasos necesarios hacia su destino, lo que —por ende— habría de revelar los problemas subyacentes en el corazón del chico. Es posible que usted se haya preguntado por qué Dios le daría sueños tan grandes a un hombre tan joven, especialmente cuando sabía que ya tenía orgullo en su corazón. ¿Por qué no esperar a que fuera un poco mayor, un poco más sabio, un poco más humilde, quizás? La respuesta es bastante simple: Dios planeó que José entrara en su destino a la edad de treinta años, pero él sabía que eso nunca sucedería hasta que José se ocupara de su orgullo. Dios permitió que el muchacho viera el panorama completo a la temprana edad de diecisiete años para que el orgullo en su corazón pudiera ser expuesto y tratado antes de que se acercara a su destino.

Es posible que un sueño diferente —o la imagen completa— de su destino no haya revelado ese pecado y le haya permitido comenzar a trabajar para pasar la prueba. Al igual que José, Dios puede haberle dado un sueño específico a usted, para que resuelva algunas cosas en su vida. Pero, por favor, escúcheme: muchas veces su sueño no es lo mismo que su destino. Su sueño es simplemente el catalizador de las pruebas que forjarán su carácter en el camino hacia su destino, y Dios sabe exactamente el tipo de sueño que necesita darle para que comience.

José falló la primera prueba, sí; pero Dios lo sabía. Recuerde, aunque fallemos, en realidad nunca reprobaremos la prueba con Dios; sencillamente continuamos tomándola, una y otra vez, hasta que la superemos.

Cada uno de nosotros trata con el orgullo y cada uno de nosotros tiene que pasar la prueba del orgullo algún día. Tal vez tenga que disminuir más y más antes de que finalmente la apruebe; pero Dios se encargará de que pase esa prueba de alguna manera. Nunca olvide la verdad de la promesa que se encuentra en Filipenses 1:6: "Estoy convencido de esto: el que comenzó tan buena obra en ustedes la irá perfeccionando hasta el día de Cristo Jesús".

Dios tiene grandes sueños para todos nosotros, así como los tuvo con José, y va a perseverar en cuanto a deshacerse de cualquier cosa que se interponga en el camino.

Es probable que Dios le haya dado a usted un gran sueño y le haya revelado el gran destino que ha planeado para su vida, pero si su carácter no está preparado para ello, el destino le destruirá. Su carácter es el fundamento de su destino. Es por eso que nunca tendrá un destino más grande que el que su carácter pueda soportar. Necesita estar listo para asumir la responsabilidad de su destino. Si no puede lidiar con su sueño, nunca podrá tratar con su destino.

Su carácter es el fundamento de su destino.

Así que, si le parece que está atorado entre su sueño y su destino, permita que Dios trabaje en su corazón. Pregúntele si hay algún área de su carácter que él pueda moldear o mejorar. La Biblia habla de refinar los metales preciosos mediante el fuego, de forma que sean puros para su propósito (vea Zacarías 13:9). Dios puede haberle dado grandes sueños, seguidos de enormes pruebas, para revelarle problemas que ya existían en usted, de manera que pueda resolverlos y seguir adelante. Él quiere llevarle al lugar donde pueda guiarle hacia su destino.

Luche con el orgullo

No debería sorprendernos que el orgullo sea, a menudo, la primera y más frecuente prueba que enfrentemos. Después de todo, ese es el "pecado original" principal. Es la transgresión que hizo que Lucifer cayera (Isaías 14:12-13). Y fue una atracción al pecado lo que Satanás usó para tentar a Adán y a Eva con el fin de que cayeran también (vea Génesis 3:5). Obviamente, el orgullo y la caída están ligados en forma muy estrecha (vea Proverbios 16:18).

Si somos francos, reconoceremos haber tenido que tratar con el orgullo en alguna ocasión. Aun cuando ya hayamos pasado la prueba del orgullo varias veces, probablemente continuaremos enfrentándola mientras vivamos, solo que en niveles diferentes. Es un poco parecido a un tema fundamental en la escuela, como las matemáticas. Es probable que la hayamos aprobado en tercer grado, pero necesitamos superarla otra vez en el cuarto grado. Una vez la hayamos pasado en el cuarto grado, necesitamos enfrentarla en el quinto y así sucesivamente.

La buena noticia es que cada vez que pasemos una prueba con Dios, recibiremos un nuevo nivel de responsabilidad en su reino. Pero con cada uno de estos, enfrentaremos otro nuevo nivel de prueba en el área del orgullo.

El problema está en su lengua

A continuación tenemos una guía sencilla para todo el que quiera pasar y vencer la prueba del orgullo: Cuando usted reciba el sueño, ¡no presuma en cuanto al mismo! José cometió ese error cuando les contó a sus hermanos lo que soñó. Las Escrituras dicen que sus hermanos lo odiaban "por causa de sus sueños *y de sus palabras*" (Génesis 37:8, énfasis añadido). No eran solamente los sueños de José lo que ofendía a sus hermanos, era la manera en que él hablaba de ellos, la forma en que él se expresaba acerca de sí mismo. En otras palabras, José presumía; conclusión: era un presumido.

Ahora bien, presumir es una señal de inmadurez, pero debemos ser un poquito considerados con él en cuanto a esto. Después de todo, él tenía solamente diecisiete años. Pero los que tienen diecisiete años no son los únicos que presumen. Por desdicha, muchos de los que tienen treinta y cinco, cincuenta y sesenta también presumen. Parece que toda persona es susceptible de alardear y autopromoverse, al igual que toda persona es susceptible de tener orgullo e inseguridad.

Si queremos avanzar hacia nuestro destino, tenemos que aprender a controlar nuestra lengua. ¿Por qué? Porque en la Biblia, Santiago nos dice que el que puede controlar su lengua es una persona perfecta (vea Santiago 3:2), capaz de controlar el resto de su cuerpo también. Así que si usted quiere tratar con el orgullo en su vida, va a tener que controlar su lengua. Si usted no puede controlar sus palabras, nunca va a alcanzar el destino que Dios tiene para usted.

Esto no se aplica solamente a las palabras vanidosas. También se aplica a las expresiones de ira, crítica o cualquier otra que sea contraria a las palabras y la voluntad de Dios. ¡Pero el área de la presunción es ciertamente un buen punto en el cual empezar! Así que no presuma del llamado de Dios a su vida. No se jacte de los dones que tiene. No se envanezca con las cosas que ha hecho para Dios o las que va a hacer para su reino.

He notado que tan pronto como empezamos a hablar acerca de lo que Dios ha hecho por medio de nosotros, pareciera que él, inmediatamente, deja de hacerlas. Ahora bien, hay una diferencia entre compartir su testimonio con los demás como muestra de gratitud por todo lo que Dios ha hecho y alardear por la manera en que Dios se ha movido a través de usted. La principal diferencia radica en quién se lleva la gloria. Dios no compartirá su gloria con nadie. Así que cuando empezamos a tomar la gloria destinada a Dios y nos deleitamos en ella, la unción del Espíritu Santo nos abandona. Así que mantengamos el enfoque en Dios y todo lo que él ha hecho, no en nosotros. Cuando el enfoque está en nosotros, o aun en lo que Dios ha hecho a través de nosotros, estamos dando un paseo por la resbalosa pendiente del orgullo.

Por desdicha, para que algunos de nosotros logremos controlar nuestro alardeo, sencillamente necesitamos dejar de hablar por un tiempo, porque cuando hablamos, lo hacemos acerca de nosotros mismos. En otros términos, ¡presumimos! Si eso luce algo áspero, permítame decirle que hablo por experiencia propia. Me siento como un experto en eso porque he fallado en este tema ¡muchas veces!

Estoy seguro de que usted conoce personas que piensan antes de hablar, individuos que piensan mientras hablan y otros que piensan después de hablar. Por supuesto, también hay personas que nunca piensan, ¡no saben lo que dijeron aun después de decirlo! Siempre he sido una persona que piensa mientras habla, aunque me gustaría no serlo.

Hace años, después de que conocí al Señor y estaba tratando de esforzarme por ser más como Cristo, le pedí a mi esposa, Debbie, que me ayudara en esta área. Empezaba a preguntarme si tenía tendencia a hablar demasiado, especialmente sobre mí. Así que le supliqué a ella que fuera sincera conmigo respecto a eso. Al principio, se mostró renuente a darme una respuesta, pero después de mucha persuasión, confirmó mis sospechas, y algo más.

En su amable y amoroso estilo, ella me hizo saber que iba en el camino correcto. Así que usé su ayuda para cambiar mi patrón de comportamiento. Le dije: "Cuando vayamos a comer y haya otras personas con nosotros, ¿me darías un toquecito si me pongo a hablar demasiado? Si empiezo a hablar de mí mismo, dame una patadita por debajo de la mesa".

Bueno, mis piernas tuvieron ¡moretones por cuatro meses! (Tristemente, ¡no respondía a las primeras dos o tres pataditas!) Pero realmente quería la ayuda, así que pude mejorar en esa área. Necesitaba controlar mi lengua, y estoy muy agradecido con Debbie por estar dispuesta a ayudarme.

El verdadero problema yace en su corazón

Es necesario controlar la lengua, pero hay otro elemento importante que necesitamos entender. Si tenemos problemas con la jactancia, este no es solamente un asunto de la boca ni de la forma en que nos expresamos. Aunque parece centrarse en la boca, en realidad empieza en su corazón.

Algunas personas me han dicho: "Pero, pastor, usted no sabe lo que hay en mi corazón. No puede decir que soy orgulloso". ¡Claro que puedo, sí puedo decirlo! Incluso Jesús abordó esto en Mateo 12:34 cuando dijo: "De la abundancia del corazón habla la boca". Más adelante, en Mateo 15:18, Él dijo: "Pero lo que sale de la boca viene del corazón y contamina a la persona". Puede que yo no sepa todo lo que hay en su corazón, pero si ha estado hablando durante una hora sobre sí mismo y haciendo declaraciones orgullosas, entonces tengo una idea bastante clara de que el orgullo está en su corazón.

La Biblia lo deja claro: si usted tiene un problema con lo que sale de su boca, entonces debe mirar muy dentro de su corazón. Porque lo que sea que esté en su corazón, de una manera u otra, saldrá de su boca.

> **Si usted tiene un problema con lo que sale de su boca, entonces debe mirar muy dentro de su corazón. Porque lo que sea que esté en su corazón, de una manera u otra, saldrá de su boca.**

¿Alguna vez ha notado que el orgullo siempre tiene que ser escuchado? El orgullo tiene que opinar siempre, se haya o no solicitado una opinión. El orgullo tiene que tener una voz. El orgullo siempre tiene que decirles a todos quién es él, qué ha hecho y todo lo que va a hacer. El orgullo siempre irrumpe entre la gente. El orgullo, simplemente, no puede estar callado.

Es bueno domar la lengua, todos necesitamos disciplina en esa área. Pero si el orgullo está en su corazón, con el tiempo, hallará la forma de salir por su boca, no importar cuánta autodisciplina aplique (ni cuántas pataditas por debajo de la mesa reciba).

Lo que realmente debe suceder es que Dios haga una obra en su corazón. Porque solo al estar Dios dentro de su corazón, puede empezar a tratar con las raíces del orgullo.

La raíz del orgullo

Una razón por la que el orgullo tiende a seguir apareciendo es que nosotros, con frecuencia, intentamos tratar con el "fruto" más que con llegar a la "raíz" de ello. Cuando vemos el fruto del orgullo en nuestras vidas, nos gusta sacar las tijeras de podar y cortar las hojas, quizá hasta arranquemos algunas ramas por aquí y por allá. Pero si no tratamos con la raíz del orgullo este, sencillamente, continuará apareciendo en nuestras vidas, prolongando nuestras pruebas y retrasando nuestro destino.

La raíz del orgullo debe eliminarse o continuaremos luchando en esta área. Cuando prediqué por primera vez esta serie de sermones y publiqué este libro, hice una fuerte declaración: "La raíz del orgullo es la inseguridad". Ahora bien, esta afirmación sigue siendo cierta, pero a lo largo de los años he agregado dos palabras más para ayudarnos a comprender mejor la raíz del orgullo: inferioridad e insuficiencia. Hay momentos en nuestras vidas en los que es posible que no nos identifiquemos con la inseguridad, pero la mayoría de nosotros podemos relacionarnos con sentimientos de insuficiencia o inferioridad, como al comenzar un nuevo trabajo o al laborar con un jefe imponente.

Si usted conoce a una persona orgullosa, conoce a un elemento que —en realidad— lucha con la inseguridad, la inferioridad o la insuficiencia. Él o ella pueden estar tratando de enmascarar, con grandes palabras pomposas (las cuales ciertamente parecen y suenan como el orgullo), pero en realidad es su forma de tratar de lucir más seguros.

Para decirlo de otra forma, el orgullo es el fruto que el mundo ve debido a lo que sale de nuestras bocas. Pero lo que ellos no ven es la inseguridad en nuestros corazones, inseguridad que —en verdad— es la causa del problema. Esta es la razón por la cual nunca podremos superar el orgullo hasta que abordemos la raíz. Nuestro propio sentido de inseguridad y los sentimientos de inferioridad o insuficiencia que lo acompañan sustentan nuestro comportamiento orgulloso.

Cuando Gateway Church apenas tenía unos años, la congregación comenzó a crecer de modo exponencial. Era asombroso ver aquello, pero eso también implicaba que ahora me estaban reconociendo en los restaurantes y las tiendas de comestibles donde estuviera. Aquello era extraño, pero debo admitir que —al principio— realmente me gustó. Por otro lado, como verá, mi hermana era popular en la secundaria. Ella era muy entusiasta, por lo que la eligieron como la "estudiante más amigable" de la escuela. Sin embargo, mi experiencia en la secundaria fue muy diferente. Me reunía con gente conflictiva, consumía drogas y causaba problemas. Yo era lo opuesto al chico favorito de la escuela. ¡Pero ahora yo era el popular! Así que disfruté de la fama por un tiempo y me volví orgulloso por "mi éxito", sin reconocer completamente que eso se arraigaba en una inseguridad de mi pasado.

Sin embargo, eso al fin me atrapó y comencé a odiar la popularidad del peso que se me impuso. Requerí de algunos años y de un gran terapeuta que trabajara con las mentiras del enemigo sobre mi identidad.

Con cada nueva temporada o posición vienen nuevas inseguridades, inferioridades e insuficiencias. Usted seguirá siendo probado en esta área a medida que crezca y avance hacia su destino. Es una prueba por la que volví a pasar no hace mucho tiempo.

Cierta vez, Debbie y yo celebramos una reunión en nuestro hogar dedicada a los ancianos de la congregación Shady Grove Church, donde serví antes de fundar Gateway. Estábamos pasando un tiempo maravilloso juntos esa noche, compartiendo recuerdos y honrando al pastor Olen Griffing y su esposa, Syble, los cuales son un padre y una madre espirituales para mí así como para muchos otros creyentes. Ellos han tenido un gran impacto en nuestras vidas y ministerios y, como prueba de eso, comencé a decir cuántos espectadores me ven en la televisión.

Acababa de recibir las estadísticas de mi ministerio en televisión, las que eran bastante impresionantes: ¡los números eran en millones! Pero ese grupo de personas ya sabía lo bien que iba nuestro ministerio; no tenía que decirles nada al respecto. En lo particular, no estaba tratando de presumir deliberadamente, pero después me sentí muy mal porque me di cuenta de lo orgulloso y arrogante que me expresé.

Más tarde esa noche, le pregunté al Señor: "¿Por qué sentí la necesidad de hacer eso? ¿Por qué sigo tratando de impresionar a la gente después de todos estos años?".

El Señor me recordó amablemente: "Porque tu identidad no se puede encontrar en lo que haces ni en quién eres. Tu identidad solo se puede encontrar en mí".

Al igual que José, buscaba la aprobación de esos amigos que conocía desde hacía años. En verdad, una parte de mí decía: "¡Quiero que todos sepan que lo logré!". Sin embargo, lo que salió de mi boca fue orgullo, pero la raíz era algo más profundo.

Puede haber ocasiones en las que sintamos que tenemos que dejar que todos sepan quiénes somos y lo que hemos logrado. Tratamos de edificarnos y tener confianza en nosotros mismos en vez de descansar en nuestra condición de hijos de Dios. Esa es una de las razones por las que el orgullo se manifiesta tan a menudo en forma de jactancia. Presumir o jactarse, es realmente una manera de intentar lograr una sensación de firmeza y aceptación asegurándose de que todos sepan exactamente cuán "especiales" somos en realidad. A fin de cuentas, comenzamos a creer nuestra propia retórica y entonces el orgullo echa raíces.

Si el orgullo está en su corazón, entonces la inseguridad, la inferioridad o la insuficiencia vivirán en su alma (su mente, su voluntad y sus emociones). En esencia, sus pensamientos, decisiones y sentimientos son los componentes básicos de su alma, y cuando la inseguridad, la inferioridad o la insuficiencia se convierten en la fuerza impulsora de lo que usted piensa, hace y siente, el orgullo tiene la oportunidad de infiltrarse en su corazón.

Si lo vemos más de cerca, podemos notar algo detrás de esa sensación de inseguridad, inferioridad o insuficiencia. Es temor, el temor a que la gente no nos acepte o no nos valore a menos que sepan cuán grandes somos. Por eso hablamos acerca de nosotros mismos, con la esperanza de que nos consideren dignos de ser aceptados por los demás.

Sin embargo, hay un defecto fatal en nuestra lógica. Nuestros logros, por más impresionantes que sean, no son los que nos hacen valiosos. Incluso los sueños que provienen de Dios, por maravillosos e inspiradores que sean, no definen lo que somos.

Como creyentes nacidos de nuevo, somos hijos e hijas del Rey, lavados con sangre. Esa es nuestra verdadera identidad. Eso es lo que somos. Tenemos que llegar a sentirnos cómodos y seguros con esa identidad. De modo que cuando lo estemos, el orgullo y la inseguridad ya no tendrán poder sobre nosotros.

Yo no sé si usted ha notado esto, pero el presidente de los Estados Unidos no siente la necesidad de decirle a la gente que es el mandatario de la nación. Piénselo. ¿Puede imaginarse al presidente entrando en un salón y anunciando: "¡Oigan, pongan atención, yo soy el presidente!, ¡El Comandante en Jefe!, ¡Líder del mundo libre!; Sí, señor, a mí me dicen: 'Señor Presidente'"? No. Él sabe que es el presidente, así que no necesita decirle a nadie quién es él.

¿Se da cuenta de que Jesús tampoco tuvo que decirle a nadie quién era él? Porque sabía exactamente quién era. Pero cuando Satanás tentó a Jesús en el desierto, lo primero que el adversario hizo fue tratar de crear inseguridad en cuanto a la identidad de Jesús (vea Mateo 4:1-3). Lo primero que Satanás le dijo fue: "*Si* eres Hijo de Dios" (Mateo 4:3, énfasis añadido); y luego trató de tentar a Jesús para que comprobara algo. Pero Jesús ni siquiera honró aquel desafío con una respuesta directa. Sencillamente respondió: "Escrito está…escrito está…escrito está" (Mateo 4:4, 7, 10).

Jesús pudo haber dicho: "¡Ah, sí, yo soy el Hijo de Dios! ¡Dame un minuto, Satanás! ¡Permíteme decirte una cosa o dos acerca de mi posición como Hijo de Dios!". Sin embargo, en vez de eso, Jesús manifestó un hermoso ejemplo de seguridad. Se apoyó en la sencilla verdad de las palabras de *su* Padre. Y todo lo que él espera de nosotros cuando somos tentados con la inseguridad es que volvamos a lo que Dios, nuestro Padre, ha dicho acerca de nosotros para que nos apoyemos en esa verdad.

Así que exploremos algo de lo que él ha declarado acerca de lo que somos.

Su identidad en Cristo

Es vital que comprenda que la clave principal para que triunfe sobre el orgullo y la inseguridad está en conocer quién es usted en Cristo.

Jesús sabía quién era él en su relación con el Padre, así que no tenía que probar nada acerca de sí mismo. De la misma manera, nosotros debemos llegar a un punto en que nuestra identidad esté en Cristo y en nuestra relación *con* él, no en lo que hagamos *por* él. Si nuestra identidad estuviera en lo que hacemos, o el nombre que nos forjamos, estamos fallando la prueba del orgullo.

Entonces, ¿cómo podemos eliminar la raíz de inseguridad, inferioridad e insuficiencia que nos consume y evitar que el orgullo se desarrolle en nuestras vidas? Con dos armas poderosas: sabiendo quiénes somos y recordando quiénes éramos.

El primer arma es conocer quién es usted: un hijo del Rey, amado y apreciado por el poderoso y soberano Creador del universo.

Es fácil sentir seguridad cuando usted sabe que su Padre celestial le ama. Y realmente no importa si los demás lo saben o no. No necesitamos presumir ni contárselo a nadie, porque sabemos —desde lo más profundo— que somos sus hijos, y eso es lo más importante.

Saber eso, realmente saberlo, constituye la muerte de la inseguridad. Pero ¿qué pasa con el orgullo? ¿Cómo podemos estar seguros de que no volveremos a ser orgullosos?

La segunda arma contra el orgullo es recordarse uno mismo quién era y no olvidar que fue adoptado. Aquí tiene una hermosa ilustración que le ayudará a entender su identidad en Cristo:

Una vez hubo un príncipe que vivía en un castillo. Un día miró por la ventana y vio a una hermosa mujer. Así que pensó: ¡Tengo que conocerla! Así que se disfrazó. Se dejó crecer la barba, vistió ropas andrajosas y consiguió un trabajo común en el pueblo.

Como príncipe que era, fácilmente podría haber ordenado que la mujer fuera su esposa, pero quería que se enamorara de él. Quería conocer dónde vivía, pasar tiempo con ella y llegar a conocerla.

A lo largo de varios años, se enamoró de ella y ella de él. Este le propuso matrimonio y ella aceptó. Pero luego le dijo: "Necesito que sepas quién soy realmente. Soy el príncipe". ¡Ella quedó sorprendida! Pero estaba enamorada, así que continuaron con la ceremonia de bodas y regresaron a vivir al palacio.

El príncipe le presentó a su nueva esposa al rey y ella oficialmente se convirtió en hija de la familia real. Sabía que nació como una pobre, pero podía estar segura consciente de que su esposo la conocía y la amaba. Su nuevo padre, el rey, la amaba como a su hija. Fue adoptada en la familia real a través del amor.

Como ve, todos somos aquella joven de la historia anterior. No nacimos en la realeza, nacimos pecadores y pobres. Pero Jesús, nuestro Príncipe, miró por la ventana de su castillo en el cielo y se enamoró de nosotros. Luego vino a vivir como pobre en la tierra para ganar nuestros corazones. Al aceptarlo, fuimos adoptados en su familia real. A través de su insólito, sacrificial e incondicional amor, ¡ahora podemos vivir como hijos e hijas del Rey!

Sí, estamos seguros en Dios. No tenemos que decirle a nadie quiénes somos, porque sabemos que somos hijos amados del Rey y podemos estar seguros en su amor por toda la eternidad.

Saber que soy hijo del Rey disipa mi inseguridad. ¡Recordar que fui adoptado impide que se manifieste mi orgullo!

Somos hijos amados del Rey y podemos estar seguros en su amor por toda la eternidad.

Sin Dios, no somos nada. Jesús nos declaró esto en Juan 15:5 cuando dijo: "Separados de mí no pueden ustedes hacer nada". Cuando usted sabe esta verdad percibe una maravillosa sensación de seguridad. Es liberador estar en una habitación llena de extraños y no sentir la necesidad de decirles lo que ha hecho o quién es usted.

Cuando pasamos la prueba del orgullo, podemos ser "nadie" o hacer "nada" y aun así estar seguros, contentos y en paz porque el mayor gozo en la vida viene de conocer a Jesús.

Si Dios continúa usándonos para hacer grandes cosas, ¡es genial! Y si usa a alguien más en mayor medida, eso también es maravilloso, porque ser seguidor de Cristo no tiene que ver con probar lo que podemos hacer por Dios, sino con recibir todo lo que él ya ha hecho por nosotros. Tiene que ver con conocerlo y permitirle trabajar en nuestras vidas, ayudándonos a cumplir los roles que él nos ha asignado.

Humillarse uno mismo

Cierta vez, en mi juventud, me pidieron que hablara en una conferencia muy grande. Yo era el orador más joven de la actividad y mis padres espirituales estaban sentados en la primera fila. Fue un gran momento para mí y, definitivamente, pensé que eso se me subiría a la cabeza.

Así que oré previamente: "Dios, por favor ayúdame a ser humilde hoy".

El Señor respondió: "No puedo hacer nada al respecto. O lo eres o no lo eres. No puedo ayudarte a ser humilde".

¡Yo estaba un poco sorprendido! Pero mientras meditaba en ello, me di cuenta de que la Biblia nunca nos dice que oremos por la humildad. Simplemente dice que nos humillemos. 1 Pedro 5:6 dice: *"Humíllense*, pues, bajo la poderosa mano de Dios para que él los exalte a su debido tiempo" (énfasis añadido).

Así que, ¿cómo te humillas? He encontrado un método muy fácil: pasar tiempo con Dios cada día.

Es muy fácil ser humilde cuando uno ha permanecido un momento en la presencia de un Dios santo. Si usted entra a su lugar de oración en la mañana y se encuentra con Dios, ¡es muy difícil que salga de esa reunión sintiendo orgullo! Cuando usted se reúne con Dios, puede ver cuán grande, cuán maravilloso y cuán sorprendente es él. Usted recuerda el hecho de que ha sido solamente por su gracia que ha llegado hasta donde está. Usted sale de ese encuentro consciente exactamente de quién es y a Quién pertenece.

Por eso me aseguro de reservar tiempo todos los días para leer mi Biblia y orar. También programo un tiempo prolongado de adoración al menos una vez a la semana, por lo general en mi día de reposo. Descubrí que tener una o dos horas simplemente para adorarlo en su presencia reorienta mi corazón hacia Dios y crea un espacio para que él aborde amorosamente ciertas cosas en mi vida. Es algo diferente a adorar en la iglesia los domingos por la mañana: es un tiempo íntimo e individual para Dios y para mí. Creo que todo el mundo necesita tiempo como ese con el Señor.

También creo que todos necesitan a alguien como Debbie, una persona cercana que pueda hablar francamente acerca de usted y de su vida. Ha habido tantas ocasiones en las que Debbie se me ha acercado para hablar sobre algo que dije y cómo lo dije que le pareció orgulloso. Puede que no haya sido mi intención, pero ella trata el tema conmigo. También invito a algunos buenos amigos ante los que rindo cuentas con humildad, tal como lo hizo Terry hace tantos años en el centro de oración, y ellos —a su vez— me avisan cuando ven que algo orgulloso se cuela en alguna actitud mía.

A medida que pasa tiempo con Dios, él le mostrará quién es usted realmente en él. Además, le ayudará a comprender la seguridad que tiene como hijo o hija de él. Así es como usted se mantiene humilde y pasa la prueba del orgullo. Entonces podrá avanzar en el camino hacia el descubrimiento del maravilloso destino que Dios ha preparado para usted.

CAPÍTULO DOS

La prueba del pozo

Cierta vez escuché una historia acerca de un hombre que había tenido una mala experiencia, una noche oscura, en el trayecto a su casa después del trabajo. El hombre laboró hasta muy tarde y su turno no terminaba sino hasta muy entrada la madrugada. A fin de llegar rápido a su vivienda, por lo general, tomaba un atajo que cruzaba el cementerio. Una de esas noches sin luna, no pudo ver muy bien el camino, por lo que cayó en una tumba que había sido abierta el día anterior. Trató, como pudo, de salir de aquel hoyo, pero no podía salir. De manera que empezó a gritar, a tirar tierra y rocas hacia arriba con la esperanza de que alguien pudiera acudir a rescatarlo. Pero era media noche, y no había nadie cerca que escuchara sus gritos de auxilio. Al fin, agobiado, decidió esperar hasta la mañana siguiente, cuando alguien tendría que pasar por allí y ayudarlo. Así que, en silencio, se sentó en la esquina de la tumba.

Un poco más tarde, un borracho iba atravesando el cementerio y cayó en la misma tumba recién cavada. Aunque trató como pudo, no logró salir de aquel hoyo. Así que, al igual que el primer hombre, empezó a gritar pidiendo ayuda y lanzando rocas, pero como todo estaba en silencio y oscuro, no recibió respuesta. No obstante, de repente, una mano pareció salir de la nada y lo tocó en el hombro. Entonces oyó una voz que le dijo: "Oiga, amigo, no hay manera de salir de aquí".

De modo que, a raíz del susto y de manera asombrosa, el hombre dio un salto —como impulsado por algo desconocido—, ¡y pudo salir del hoyo!

Mis hijos me decían: "Eso es una broma de las tuyas, papá". Sin embargo, es un ejemplo que muestra la verdad de que podemos lograr mucho si somos motivados apropiadamente. Y cuando usted se encuentra a sí mismo en "los pozos" de la vida, es bueno saber qué puede hacer para salir de ellos.

La prueba del pozo: encuentre la forma de salir

Nos guste o no, todos atravesaremos algunas temporadas en que sentiremos como si hemos caído en un pozo. Tal vez no sepamos con certeza cómo caímos ahí y mucho menos cómo salir. Pero una cosa es cierta, no podremos avanzar hacia nuestro destino ¡a menos que salgamos del pozo!

José no solo estaba *sintiendo* que estaba en un pozo, estaba literalmente en uno. Acababa de recibir esos gloriosos sueños de parte de Dios, por lo que el futuro parecía esplendoroso y maravilloso. Pero, de repente, se halló en un pozo (vea Génesis 37:24), y parecía que esos sueños de honra y autoridad fueron, solamente, una broma cruel.

¿Qué pudo haber provocado que José terminara en un pozo? Y, ¿qué lecciones tendría él que aprender antes de poder salir de allí? Al igual que con él, es importante para nosotros comprender las lecciones de la prueba del pozo para que podamos vencerla y continuar.

Echemos un vistazo a la historia de José en Génesis 37:12-24.

En cierta ocasión, los hermanos de José se fueron a Siquén para apacentar las ovejas de su padre. Israel dijo a José:
—Tus hermanos están en Siquén apacentando las ovejas. Quiero que vayas a verlos.
—Está bien —contestó José.
Israel continuó:
—Vete a ver si tus hermanos y el rebaño están bien y tráeme noticias frescas.
Y lo envió desde el valle de Hebrón. Cuando José llegó a Siquén, un hombre lo encontró caminando por el campo y le preguntó:
—¿Qué andas buscando?
—Estoy buscando a mis hermanos —contestó José—. ¿Podría usted indicarme dónde están apacentando el rebaño?
—Ya se han marchado de aquí —le informó el hombre—. Los oí decir que se dirigían a Dotán.
José siguió buscando a sus hermanos y los encontró cerca de Dotán. Como ellos alcanzaron a verlo desde lejos, antes de que se acercara tramaron un plan para matarlo. Se dijeron unos a otros:
—Ahí viene ese soñador. Ahora sí que le llegó la hora. Vamos a matarlo y echarlo en una de estas cisternas, y diremos que lo devoró un animal salvaje. ¡Y a ver en qué terminan sus sueños!
Cuando Rubén escuchó esto, intentó librarlo de las garras de sus hermanos, así que propuso:
—No lo matemos. No derramen sangre. Arrójenlo en esta cisterna en el desierto, pero no le pongan la mano encima.
Rubén dijo esto porque su intención era rescatar a José y devolverlo a su padre.
Cuando José llegó adonde estaban sus hermanos, le arrancaron la túnica muy elegante, lo agarraron y lo echaron en una cisterna que estaba vacía y seca.

Encuentro algo divertido que a José lo enviaran a buscar a sus hermanos y que haya acabado "caminando por el campo" (vea Génesis 37:15). Sabemos que sus hermanos lo llamaban: "el soñador" (vea Génesis 37:19), pero ahora parece que también se la pasaba soñando despierto. A fin de cuentas, él no encontró a sus hermanos; sino que ellos lo encontraron a él. Bueno, José tenía solamente diecisiete años, así que pudo haberse distraído fácilmente por sus sueños. Pero independientemente de lo que estuviera soñando ese día, tengo la sensación de que ¡no se imaginaba lo que estaba a punto de suceder!

¡Qué sorpresa debe haber sido para él! Desde su punto de vista, todo había ido muy bien. Hacía poco le había informado a su padre que a los hermanos mayores les vendría bien una pequeña mejora en su comportamiento, y ahora su padre lo enviaba en una misión para ir a ver cómo estaban. Iba vestido con el hermoso atuendo que lo distinguía como el hijo predilecto de su padre. A José le podría haber parecido que su sueño de liderar a su familia ya se estaba cumpliendo. Pero antes de que supiera lo que estaba pasando en la realidad, ¡lo arrojaron a un pozo! Su padre no estaba a la vista, y la hermosa túnica que le había regalado le había sido quitada y sumergida en sangre de cabra. José no tenía comida ni agua y, peor aún, parecía que no había forma de salir de aquel pozo. Sabía que muy bien podría morir allí.

En ese momento, empezó a parecer como si sus sueños nunca fueran a realizarse. José estaba atravesando la prueba del pozo. Prueba que todos nosotros tenemos que soportar, en particular, en un momento u otro.

Usted sabe que está pasando por la prueba del pozo cuando nada en su vida parece ir bien. Es cuando las cosas que iban saliendo bien parecieran ir mal repentinamente. Y es durante la prueba del pozo que es muy fácil, para nosotros, desanimarnos y deprimirnos, porque estamos en un pozo y parece que no hay salida.

Cada uno de nosotros va a caer en un pozo en algún momento de nuestras vidas. La pregunta es *¿vamos a quedarnos en el pozo para* *siempre? O, ¿vamos a pasar la prueba del pozo y continuar hacia nuestro destino?*

Si usted quiere saber cómo salir de los pozos de la vida, es importante comprender cómo es que cae en ellos.

Razones por las que se encuentra en un pozo

Antes que nada, necesitamos reconocer que algunos pozos son —sencillamente— parte de la vida. En Juan 16:33, Jesús dijo: "En este mundo *afrontarán* aflicciones [o conflictos], pero ¡anímense! Yo he vencido al mundo" (énfasis añadido).

Jesús sabía que tendríamos problemas porque estaba consciente de que viviríamos en un mundo contaminado por los efectos del pecado. Como consecuencia del pecado, este mundo está lleno de problemas. Y los pozos son solamente una modalidad de ellos. Son simplemente un subproducto de un mundo caído.

Ahora bien, nosotros mismos podemos provocar los problemas (y, con frecuencia, lo hacemos), o ellos —sencillamente— deciden presentarse ¡sin que los inviten! De cualquier manera, en el curso de la vida, podemos esperar toparnos con problemas. Mientras estemos en esta tierra, pasaremos ciertas dificultades, algunos momentos desafiantes.

Cuando nos hallamos en un pozo, tendemos a pensar que tenemos poco que ver con la razón que nos llevó allí. Sin embargo, si nos examinamos, es probable que encontremos que tenemos —por lo menos— algo que ver con nuestra caída en ese pozo pero, muy a menudo, no reconocemos nuestra propia responsabilidad. Ahora bien, no estoy hablando de condenación. De lo que hablo es de la búsqueda del alma. El rey David escribió: "Examíname, oh Dios, y conoce mi corazón; pruébame y conoce mis ansiedades. Fíjate si voy por un camino que te ofende y guíame por el camino eterno" (Salmos 139:23-24). En otras palabras: "Dios, ¿hice algo para causar esta situación en mi vida? ¿Qué me trajo a este lugar? ¿Qué quieres que aprenda de él para que pueda crecer?".

Con demasiada frecuencia no reconocemos nuestra propia responsabilidad. En los tiempos difíciles, es mucho más fácil culpar a otros que evaluarnos a nosotros mismos con atención y firmeza. Y puesto que el mundo está lleno de pecado, ciertamente, ¡nunca falta alguien a quién culpar!

Se ha vuelto muy popular en nuestra sociedad actual, adoptar una mentalidad de víctima; en otras palabras, culpar a los demás por nuestros problemas. Si estamos pasando por un tiempo difícil, es fácil culpar de nuestro problema o fracaso a nuestros padres, nuestros cónyuges o hasta al gobierno.

Por ejemplo, puede que esté en un pozo financiero. Es fácil gastar, gastar y gastar hasta que, de repente, se ve en un pozo profundo. He conocido a muchas personas que van de un pozo financiero a otro y tienden a culpar a la economía, a su salario o a su educación. No piensan en si están administrando bien su dinero o diezmando o presupuestando. En vez de hacerse un examen de conciencia para tratar de descubrir lo que les corresponde por estar en ese hoyo, simplemente culpan a cualquiera que se les atraviese.

En los tiempos difíciles, es mucho más fácil culpar a otros que evaluarnos a nosotros mismos con atención y firmeza.

En los años ochenta, estaban muy de moda las camionetas Chevrolet Suburban. Antes de eso, las Suburban se usaban como furgones de despacho para distribuir flores o para transportar ataúdes. Pero, de repente, se volvieron populares y mis amigos comenzaron a comprar esos vehículos bonitos y espaciosos. Y por supuesto, ¡yo también quería una!

Así que le pregunté al Señor: "¿Puedo comprar una Suburban?". Me respondió rápidamente: "No".

Y yo, con toda mi gran sabiduría, me puse a discutir con el Señor: "Bueno, tengo presupuesto para un vehículo como ese. Estamos bien financieramente, sé que podemos permitírnoslo. Entonces, ¿la compro?".

Una vez más, dijo: "No".

Insistí: "Bueno, ¿hay alguna razón?".

Y me dijo: "Porque yo lo digo". (Así como hablan los padres a veces).

Dejé de discutir con él durante un par de meses, pero un día de primavera pensé: *Todos compran Suburbans. No es que tener una sea un pecado. Debo haber oído mal lo que el Señor dijo.* Así que comencé a buscar hasta que encontré una *gran* oferta.

(Estoy seguro de que sabe adónde voy con esto. No me juzgue, ¡sé que no soy la única persona que piensa que algo era la voluntad de Dios porque era un buen negocio!). Así que conduje hasta el concesionario de automóviles y, mientras estaba saliendo de la autopista, encendí la radio y comenzó a sonar la canción "Dirige tu corazón al hogar".

Inmediatamente, el Señor me dijo: "Dirige tu corazón al hogar. Yo no apruebo esto. Sabes que esto no es lo que quiero para ti". Pero, entonces, apagué la radio. *Realmente* quería esa Suburban.

¡Llegué al concesionario y la Suburban se veía magnífica! Y era el precio exacto que podía pagar. Le dije al vendedor de autos que lo compraría y me pidió que regresara en unas horas para ver en canto me aceptaban mi auto viejo y finalizar la venta.

En el trayecto de regreso al concesionario más tarde, ese día —en la misma salida de la autopista— volvió a sonar la canción "Dirige tu corazón al hogar". Y como lo hice la vez anterior, la ignoré.

Llegué al concesionario y descubrí que el auto aún no estaba listo, así que Debbie y yo fuimos a cenar. En el camino de regreso, abordé la misma salida, ¿y adivine? ¡Volvió a sonar la misma canción en la radio! Entonces, obviamente, como hombre piadoso que soy, ¿sabe lo que hice? Apagué la radio y compré la Suburban, ¡de todos modos!

Bueno, déjeme decirle que nada fue como pensé que sería. El indicador de gasolina se rompió poco después de que compré el vehículo, por lo que se quedó sin gasolina, dejando a toda mi familia varada a un lado de la carretera. Cada uno de los neumáticos se pincharon en distintos momentos. Luego se dañó el aire acondicionado. En junio. En *Texas*. Y no podía arreglarlo hasta octubre. Pero, ¿quiere saber el resto de la aventura?

¡El motor tuvo una pequeña fuga de aceite, se quedó sin el lubricante y explotó!

Al fin, tuve que decirle al Señor: "¡Recibí el mensaje!".

Le puse un motor nuevo a la Suburban y la vendí. Perdí miles de dólares.

Debbie me preguntó que por qué la vendí si tenía un motor nuevo y le dije: "¡Porque Dios me dijo que no lo comprara desde el principio! ¡Por eso me estoy deshaciendo de esta cosa!".

Una semana después, un amigo mío me llamó y me dijo: "Oye, mi esposa y yo compramos una nueva Suburban. La nuestra solo tiene tres años y queremos dártela. Íbamos a donarla la primavera pasada, pero había que resolver algunos detalles y el Señor me dijo que esperara hasta el otoño".

El orgullo y la desobediencia me llevaron a un pozo. Podría haber culpado al concesionario de automóviles por venderme un auto defectuoso. Pude haber culpado a Dios por no insistir más en detenerme. Podría haber culpado a la Chevrolet por hacer que las Suburban se pusieran de moda repentinamente y que eso me indujera a querer una. Incluso pude haber culpado a mi amigo por no haberme dicho antes el deseo que tenía de darme su auto. Pero fue *mi* error, *mi* orgullo y *mi* desobediencia. Necesitaba asumir la responsabilidad y ser obediente a Dios para poder salir del pozo. Y Dios me liberó.

No es mi intención parecer duro o insensible, pero si usted tiene cuarenta y ocho años de edad, y todavía culpa a sus padres por lo que usted es probablemente es tiempo de dejar eso atrás y hacer algo con su vida. Es posible que le hayan hecho cosas horribles pero, en algún momento, debe dejar de culparlos, trabajar para encontrar sanidad y seguir adelante. Usted ha sido adoptado por un nuevo Padre que lo ama y es bueno con usted. Sé que estoy usando un lenguaje fuerte, pero estoy tratando de destacar un punto importante: aunque no haya hecho nada malo y los pecados de otros lo han llevado a un pozo, puede asumir la responsabilidad de salir de él. Ahora, eso no significa que tenga que hacerlo usted mismo. A decir verdad, es posible que necesite la ayuda de un consejero o de alguien que lo guíe a través de la sanidad interior.

Si es así, realmente quiero animarle a buscar ayuda. Pero la verdad es que, en última instancia, Dios es el único que puede sacarlo del pozo. Y nunca saldrá hasta que deje de culpar a otras personas por las dificultades que encuentra en la vida.

José tenía la oportunidad perfecta para desarrollar una mentalidad de víctima. Después de todo, él —sencillamente— estaba tratando de obedecer a su padre cuando sus hermanos lo lanzaron al pozo. Y sabemos que ellos lo hicieron por envidia puesto que las Escrituras claramente dicen que sus hermanos no solamente lo envidiaban sino que, también, lo odiaban (vea Génesis 37:4, 11). De manera que habría sido fácil que los hermanos de José cargaran con toda la culpa por el incidente del pozo. Habría sido fácil para José enfocarse solamente en los pecados de ellos y no echar un buen vistazo a su propio orgullo. Es cierto que los hermanos de José tenían una actitud malvada, y que esa actitud los animó a lanzar a José al pozo. Pero este también tenía una actitud pecaminosa, la cual contribuyó al problema. José tenía una actitud orgullosa.

En Génesis 37:18 dice: "Como ellos alcanzaron a verlo desde lejos, antes de que se acercara tramaron un plan para matarlo". Medite en eso por un momento. ¿Cómo supone usted que ellos pudieron ver que era José, a una distancia tan grande? Creo que fue porque él vestía aquella túnica de muchos colores. Pudo haber sido anaranjada, verde, amarilla o morada, por lo que sabemos. Pero, independientemente de cómo se veía, es muy probable que podía notarse a gran distancia.

Estoy seguro de que a José le encantaba la túnica y la usaba cada vez que podía y a dondequiera que iba. Su padre se la había dado a él como una señal de su favor, así que es comprensible que esa prenda de vestir fuera algo especial para él. Pero sabemos que José tenía un problema con el orgullo. Y es posible, casi seguro, que cuando usaba ese atuendo lo hacía con una *actitud* de orgullo, haciendo que sus hermanos se sintieran aun más envidiosos. Sus hermanos estaban en el desierto cuidando las ovejas, trabajando arduamente para su padre; y, a más de kilómetro y medio, ellos podían ver venir esa túnica. Eso debe haberlos hecho enojar, especialmente si sentían que José siempre andaba presumiendo. Es posible que José, con su actitud, siempre proyectara algo como: "Soy el favorito de mi padre. Soy el mejor. Soy superior a todos ustedes".

Además, si lo analiza bien, notará que José tenía la edad suficiente para trabajar en el campo con sus hermanos, ¿por qué, entonces, estaban ellos trabajando en el campo mientras José se quedaba en casa? Muchos teólogos creen que su padre tuvo que separarlos porque sus hermanos lo odiaban mucho. La altanería del joven creaba demasiado conflicto y animosidad. Dado que no es probable que Jacob realmente quisiera que José controlara ni supervisara el bienestar de sus hermanos, es posible que haya enviado a José con la esperanza de que pudiera ocurrir alguna reconciliación. Después de todo, eran diez hombres adultos, trabajadores expertos y todos significativamente mayores que José. Ocho de ellos probablemente estaban entre los veinte y treinta años. Rubén y Simeón, los dos mayores, tenían cuarenta y tantos años. Sabían cómo cuidar de sus ovejas. No necesitaban que un chico de diecisiete años viniera a ver cómo estaban. Jacob probablemente sabía que a sus hijos les estaba yendo bien; tal vez estaba tratando de ayudar a que se desarrollara una relación entre todos los hermanos. Pero José era tan fanfarrón que su relación con ellos se había vuelto terriblemente tensa.

Más aún, José tenía cierta responsabilidad por haber creado esa relación tensa y hasta empeorarla. Él podría haber parecido una víctima inocente en aquel pozo, sin embargo había contribuido a que las circunstancias lo pusieran allí.

He oído historias similares de personas que creen que sus problemas son, absolutamente, resultado de las actitudes de los demás. "La gente siente envidia de mí", dicen ellos. "Yo no soy el del problema. No es la forma en que yo actúo; no es la manera en que hablo; no es el modo en que me presento. ¡Los demás son los del problema!". Cuando nos encontramos en un pozo, lo primero que debemos hacer es echarnos un buen vistazo a nosotros mismos. Necesitamos considerar si nosotros somos el problema y si somos la razón por la que estamos en el pozo. Es verdad que los hermanos de José tenían un problema, el de la envidia. Pero José también tenía el suyo, el problema del orgullo. Y ese orgullo era la verdadera razón por la que José terminó en el pozo. A veces la fuente de nuestros problemas está dentro de nuestro propio corazón.

Podemos aprender mucho acerca de la prueba del pozo viéndonos a nosotros mismos en José. Él era un hijo que gozaba del favor de su padre. De manera muy similar, nosotros somos hijos e hijas del Rey, y también tenemos el favor de nuestro Padre celestial. Medite en lo que afirma el Salmo 5:12 (RVR1960): "Porque tú, oh Jehová, bendecirás al justo; como con un escudo lo rodearás de tu favor". El favor de Dios —su gracia— nos rodea.

El padre de José, por el gran amor que le tenía, le había dado un regalo. Pero había un problema: José se enorgulleció del regalo que le dio su padre y lo mostraba cada vez que tenía la oportunidad. Empezó a identificarse con el *regalo* que lo mostraba como el hijo predilecto, más que con la *relación* que lo convertía en eso. Por lo que terminó perdiendo su don.

De manera muy similar, nuestro Padre celestial nos ha dado dones, pero a veces podemos quedar atrapados por ellos. Podemos enorgullecernos y presumirlos. Podemos comenzar a encontrar nuestra identidad o sentido de valor en ese regalo, en ese don, en vez de en aquel que nos lo dio. He tenido personas que se me acercan y tratan de entablar una conversación para decir que tienen cierto don espiritual. Pero lo único que pienso es *¿Por qué tienes que decírmelo? ¡Solo usa tu don, en lugar de alardear de él y presumirlo!* Nuestros dones o regalos no son para presumir. Son para ayudar a la gente.

Por favor entiende esto: el Dador del regalo o don es *mucho* mejor que el regalo. Necesitamos amar al Dador. Porque cuando amamos al don más que al Dador, nos enorgullecemos y corremos el riesgo de perderlo todo.

Debo aclarar algo importante. El padre de José le dio un regalo, pero no él quien se lo quitó. José perdió su túnica multicolor por sus propias acciones. La perdió porque estaba orgulloso de ella y de lo que representaba.

Cuando Dios nos regala algo no nos lo quita. La Biblia dice que los dones y el llamado de Dios son irrevocables; la versión Reina-Valera Antigua afirma que son "sin arrepentimiento" (Romanos 11:29). Eso significa que Dios no quita los dones que nos ha dado. Sin embargo, podemos perderlos si nos mostramos orgullosos. Hemos visto a muchos pastores y líderes de alto perfil a lo largo de los años usando mal sus dones debido al orgullo y la falta de integridad. Me pregunto cuántas personas tienen un don de Dios pero se lo han apropiado indebidamente o no pueden usarlo porque el orgullo se interpuso en el camino.

Es posible que se pregunte: *¿Qué pasaría si eso me pasa a mí? ¿Qué ocurriría si pierdo el don de Dios a causa de mis propias acciones? ¿Podría recuperarlo?* Para responder a eso, quiero que medite en el final de la historia de José. Este terminó siendo gobernador de Egipto, el segundo hombre más poderoso del mundo. Como consecuencia de ello, también llegó a ser el segundo hombre más rico del mundo. Él probablemente tenía cientos de túnicas de muchos colores, tantas como su corazón deseara y su armario pudiera contener. ¡Es posible que hasta haya tenido un perchero automático que hiciera girar su colección de abrigos ante él! El punto es que Dios le restauró todo lo que había perdido.

José, sin embargo, recuperó algo mucho más importante que una túnica. Recuperó la relación con su padre. Durante años, no había tenido comunicación con él, ni siquiera estaba seguro de que estuviera vivo. Pero después de que José aprendió a andar en humildad, Dios restauró su relación con su padre, así como con todo lo demás que había perdido. Aunque la Biblia no nos dice qué pasó con la túnica ensangrentada de José, en lo particular, no creo que su padre la haya desechado. Es posible que José haya recibido su amado atuendo. Y tal vez lo miró y pensó: *Gracias, Dios. Gracias por el pozo del que me sacaste y por lo que has hecho en mi vida.*

Cuando usted se encuentra en un pozo, puede sentir que todo está perdido. Pero si clama a Dios con un corazón humilde, él está dispuesto a restituirlo. La Biblia dice que si usted se humilla a sí mismo, será exaltado (vea 1 Pedro 5:6).

Cualquiera sea lo que haya perdido, Dios puede reemplazarlo al cien por uno si usted se arrepiente y anda en humildad.

Las mentiras del pozo

La lección que hemos aprendido es que es peligroso anidar el orgullo en nuestros corazones, puesto que podemos acabar en un pozo. Pero necesitamos entender que el pozo en sí mismo también puede ser un lugar peligroso. Eso se debe a lo que llamamos las mentiras del pozo.

Puede estar seguro de que cada vez que usted caiga en un pozo, encontrará las mentiras del enemigo: mentiras acusatorias, mentiras desesperanzadoras, artilugios engañosos de falsa evidencia. Si usted cree esas mentiras, se quedará en ese pozo por tiempo indefinido. Pero si quiere salir de ese pozo, va a tener que aprender a discernir las mentiras del enemigo y a resistirlas con la verdad.

La primera verdad que debemos mantener presente para vencer las mentiras del pozo es esta: Satanás es el que nos acusa, no Dios. Apocalipsis 12:10 identifica a Satanás como "el *acusador* de nuestros hermanos" (énfasis añadido). Así que cada vez que usted tenga un pensamiento acusador, sepa que proviene de Satanás. Él es calumniador y mentiroso. De hecho, es el padre de todas las mentiras. En otras palabras, si mueve sus labios está mintiendo.

Una vez escuché a un pastor contar una historia sobre un hombre que estaba sirviendo la comunión en su iglesia y, por accidente, golpeó la mesa de la comunión y derramó una pequeña copa de jugo de uva. Miró hacia arriba y vio a su pastor observándolo. Durante dos semanas, se sintió abrumado por la vergüenza y la culpa. Sabía que la mirada que le dirigió su pastor significaba que estaba enojado con él por haber gestionado mal la Cena del Señor. No podía dormir ni concentrarse porque seguía atormentándose por el incidente. De modo que, la próxima vez que vio a su pastor, comenzó a disculparse y a explicar cómo fue el accidente.

Su pastor estaba desconcertado, por lo que le preguntó:

—¿De qué estás hablando?

El hombre trató de explicar otra vez:

—Bueno... es que... cuando estaba sirviendo los elementos de la Santa Cena hace un par de semanas, golpeé la mesa y se derramó parte del jugo, ya sabe, la sangre de Cristo. ¡Y usted me estaba mirando directamente! Sabía que estaba molesto por lo que presenció.

El pastor sonrió y le respondió:

—¡Debo haber estado pensando en otra cosa porque no recuerdo que eso haya sucedido nunca!

El hombre había estado obsesionado con la situación todos los días durante dos semanas, atormentándose a sí mismo, avergonzado y sintiéndose culpable por algo que ni siquiera era un problema. Había creado un pozo mental para sí mismo y el enemigo estaba haciendo su fiesta con él.

Estoy seguro de que no es la única persona que alguna vez ha pensado demasiado en una situación a tal punto que le ha dado rienda suelta al enemigo con sus pensamientos. ¿Cuántas horas y días consumiendo su energía mental ha pasado usted, rumiando mentiras calumniosas que el enemigo le presenta sobre usted o sobre alguien más? ¿Cuántas veces ha visto una publicación de un amigo o conocido en las redes sociales que provoca un frenesí mental que tarda semanas en resolverse? No todos los pozos son hoyos reales al nivel del de José. Algunos pozos los cava usted mismo en su mente.

Es importante comprender esto porque cuando usted cae en un pozo, el diablo —inmediatamente— empieza a acusarlo. Usted puede escuchar las acusaciones de él en su mente, en sus pensamientos. Satanás le introduce pensamientos —en su mente— como los siguientes: *¿Ves? No eres nada bueno, de otra manera no estarías en este pozo. Es más, nunca servirás para nada. Nunca harás nada bueno para Dios. No podrás arreglar tu matrimonio. Nunca podrás enderezar tu vida.* Cada vez que usted escuche un pensamiento como esos en su mente, recuérdese a sí mismo quién es la fuente de ello. Porque es Satanás el que nos acusa, *no* Dios; y se nos ha ordenado que resistamos al enemigo (vea Santiago 4:7).

Hay una diferencia entre ser acusado por el enemigo y ser redargüido por el Espíritu Santo. Pero, ¿cómo puede usted reconocerla? Esta es una de las preguntas más frecuentes que me hacen y la respuesta es simple: si hay convicción, es el Espíritu Santo. Si hay condena, es Satanás. Usted puede reconocer la convicción del Espíritu Santo porque el Espíritu siempre ofrece esperanza. La convicción dice: "No deberías haberle hablado a tu esposa de esa manera, pero si te arrepientes ante mí y le pides disculpas, lo arreglaré y te ayudaré a superarlo". La convicción es específica y útil. La condena es general y perjudicial. Esta dice: "Siempre haces las cosas mal. Eres una mala persona. ¡Nunca harás algo bien! Eres un tonto. No mejorarás nunca. Las cosas no te saldrán bien". La condenación no proviene de Dios.

Siento una gran carga porque conozca verdaderamente el carácter de Dios, así que déjeme repetir esto: Dios nunca lo ha de condenar. Juan 3:17 dice: "Dios *no* envió a su Hijo al mundo para condenar al mundo, sino para salvarlo por medio de él" (énfasis añadido). Dios no nos condena: ¡Él envió a su Hijo para hacer exactamente lo contrario! La condenación siempre es del enemigo.

Cuando José estaba en el pozo, estoy seguro de que fue acusado por el enemigo y tentado a creer sus mentiras. Satanás probablemente se acercó a José y le dijo: "Ya basta, hombre. Esos sueños que tuviste *nunca* se van a cumplir. Lo has arruinado demasiadas veces con eso del orgullo y ahora, simplemente, es demasiado tarde. ¡Vas a morir en este pozo! No hay razón para llamar a Dios ahora. De todos modos ¿por qué deberías confiar en Dios? Después de todo, mira lo que Dios permitió, que te sucediera esto. Él realmente no se preocupa por ti. En verdad, nunca se ha preocupado".

Eso es lo que hace el enemigo. Cada vez que estamos en un pozo, él se presenta para acusarnos y mentirnos. ¡Satanás es experto en pozos! Y eso no le basta. También acusa a Dios. Por eso dice: "Mira lo que Dios te hizo. Mira lo que Dios permitió que te sucediera. Dios no te es fiel. ¡Si lo fuera, esto nunca hubiera sucedido!".

Nosotros también debemos luchar, como José, contra las mentiras del enemigo, si queremos salir del pozo. Sabemos que Dios es fiel. Sabemos que sus palabras son verdaderas. Sin embargo, cuando estemos en el pozo, el enemigo tratará de hacer que nos enfoquemos en nuestras circunstancias más que en la fidelidad de Dios. El enemigo manipulará hasta esas circunstancias para tratar de que sus mentiras parezcan verdad. De manera que si permitimos que las circunstancias determinen lo que creemos, podríamos quedar atrapados en las mentiras del pozo.

> Cuando estemos en el pozo, el enemigo tratará de hacer que nos enfoquemos en nuestras circunstancias más que en la fidelidad de Dios.

Es importante comprender esto porque el enemigo es *muy* engañoso. No solamente le dirá una mentira; él, además, *fabricará la evidencia* para respaldar sus mentiras. De esta manera es como él pudo hacer que el padre de José creyera la mentira de que el joven estaba muerto.

Enseguida los hermanos tomaron la túnica especial de José, degollaron un cabrito y con la sangre empaparon la túnica. Luego la mandaron a su padre con el siguiente mensaje: "Encontramos esto. Fíjate bien si es o no la túnica de tu hijo".

En cuanto Jacob la reconoció, exclamó: "¡Sí, es la túnica de mi hijo! ¡Seguro que un animal salvaje lo devoró y lo hizo pedazos!". (Génesis 37:31-33).

Los hermanos, en realidad, no le dijeron a su padre que José había sido despedazado por los animales salvajes. En vez de ello, crearon una falsa evidencia y luego le hicieron una pregunta engañosa a su padre: "¿Es esta la túnica de tu hijo?". Jacob creyó en esa evidencia y concluyó que su hijo estaba muerto. De su propia boca Jacob dijo: "Seguro que un animal salvaje lo devoró y lo hizo pedazos". Pero era una mentira; y él creyó esa mentira por más de veinte años.

Piense en eso. Durante veintidós años Jacob creyó que su hijo estaba muerto. Durante veintidós años, probablemente se quedaba dormido mientras lloraba en la noche, tenía pesadillas con un león matando a su hijo, arrancándole brazo por brazo. La Biblia dice que Jacob estaba tan lleno de pesar que no dejaba que lo consolaran, y decía: "No. Guardaré luto hasta que muera y me reúna con mi hijo" (Génesis 37:35). Pero no era cierto que José estuviera muerto. Jacob concluyó que era la verdad *basándose en una evidencia preparada*.

Observe la insensibilidad de los hermanos de José. Ellos oyeron el llanto de su padre y vieron su pesar. Aun así, nunca le dijeron la verdad que terminaría con su aflicción. Pudieron haberle quitado el sufrimiento en un instante diciéndole: "Padre, eso no es cierto. José no fue despedazado por las bestias salvajes. Nosotros, sencillamente, manchamos esa túnica con sangre". Pero nunca aclararon esa mentira que tan astutamente habían planeado. ¿Ve la dureza de sus corazones? Esa es la dureza del pecado. Así de engañoso es el enemigo.

Vivimos en un mundo endurecido por el pecado y seremos tentados por la evidencia elaborada, tal como lo fue Jacob. Si permitimos que las mentiras del pozo determinen lo que creemos, sufriremos una aflicción innecesaria.

Esto es algo que experimentó mi hijo Josh cuando predicó un mensaje de fin de semana por primera vez en nuestra congregación

Gateway Church. Unos días después, una dama escribió muchas cosas negativas y odiosas en las redes sociales, pero el punto principal de su publicación era que la única razón por la que Josh predicó en Gateway era por quien era su padre.

Josh estaba realmente dolido cuando leyó eso. Como hijo de pastor, tenía algo de experiencia con las cosas malas que se escribían y se decían sobre nuestra familia y acerca de mí, pero eso realmente lo lastimó porque sabía que había algo de cierto en ello. Su padre había fundado Gateway y le pidió que predicara ese fin de semana.

Josh había estado en California en un viaje esa semana cuando uno de sus amigos le envió un mensaje de texto sobre la publicación de la mujer. Cuando lo vio y terminó de leerlo, su avión estaba despegando para el vuelo de tres horas a casa. No tenía acceso a internet en el avión, por lo que se quedó sentado y pensando en lo que aquella señora escribió sobre él. Cuanto más pensaba en ello, más sentimientos de insuficiencia y abatimiento comenzaron a surgir.

Después de un tiempo, finalmente le dijo al Señor: "No puedo dejar de pensar en lo que esa señora dijo sobre mí. ¿Es verdad eso?".

Y el Señor le dijo: "Es verdad".

Josh se sintió derrotado al instante, pero luego el Señor continuó: "La única razón por la que predicaste en Gateway es por quien es tu *Padre*".

La verdad es que Dios fue quien le dio esa oportunidad a Josh. Satanás había fabricado la evidencia y Josh la creyó, pero una vez que tuvo un encuentro con la verdad, la mentira perdió su poder. ¡Nadie, ni siquiera alguien que publique opiniones maliciosas en las redes sociales, podría decirle lo contrario!

Si usted quiere salir del pozo, debe aprender a discernir las mentiras del enemigo. Usted es especialmente vulnerable cuando está en el foso. Sus circunstancias por lo general no lucen muy favorables y ahí es cuando precisamente Satanás manipulará esas circunstancias, incluso usando medias verdades, para engañarlo. Él quiere que usted llegue a una conclusión equivocada, por lo que le presentará esas circunstancias como evidencia de que debe creerle en vez de tener fe en Dios. Pero la evidencia inventada, aun cuando parezca convincente, no es la verdad.

Si usted quiere vencer las mentiras del pozo, tiene que aprender a enfocarse en lo que Dios ha dicho. Cuando usted está en el pozo, tiene que recordar que nada es muy difícil para Dios, no importa la evidencia que el enemigo haya fabricado.

Supongamos enfrenta algunos desafíos. Satanás le dirá: "Tú nunca vas a ser sanado. ¡Mira ese informe!" o "Tu negocio no lo va a lograr, ¡mira este artículo del *Wall Street Journal*!". Y la siguiente es una gran mentira que Satanás nos dice: "Estás casado con la persona equivocada". Luego fabricará pruebas para convencerlo de que es verdad. Hay muchas pruebas de compatibilidad disponibles en la actualidad, y algunas incluso pueden mostrar que ciertos tipos de personalidad no son compatibles, por lo que no deben casarse entre sí.

Puede mirar los resultados de la prueba y decir: "¡Dios mío, soy lo opuesto a mi esposa! Supongo que estoy casado con la persona equivocada". Por supuesto que usted es lo opuesto a su esposa, ¡por eso la llaman del sexo opuesto! Y eso es probablemente lo que, en principio, le atrajo de ella. Le gusta lo que es diferente en ella. Debbie y yo hemos estado casados por más de cuarenta y tres años, y ella todavía ¡me sorprende! Eso hace que la vida con ella sea divertida. Creo que no querría casarse con alguien como usted; si estuviera casado con usted, ¡se volvería loco!

La verdad es que cuando dos personas que son opuestas se unen, Dios puede hacer algo hermoso, debido a que los dos juntos pueden parecerse más a Jesús. Ese es el plan de Dios para el matrimonio. Sin embargo, cuando las cosas se ponen incómodas o difíciles, Satanás se presenta para mentir sobre el de su cónyuge y usted.

Aun peor que la falsa evidencia de Satanás es su mayor mentira: "Te has equivocado demasiado. Es demasiado tarde para ti. Has errado tanto que nunca cumplirás el destino de Dios para tu vida".

¿Se da cuenta de que la Biblia es un libro que trata íntegramente de restauración? Está lleno de historias sobre personas que se equivocaron tanto que parecía que ni siquiera Dios podía hacer nada al respecto, pero él los restauró a cada uno de ellos. ¡Nada es imposible para Dios! Mientras usted tenga aliento, nunca es demasiado tarde para clamar a Dios. No importa en qué pozo se encuentre. Si llama a Dios, él puede arreglar las cosas.

El propósito del pozo

Hay otro personaje de la Biblia, que lo arruinó todo y fue lanzado a otro pozo, es un individuo del que podemos aprender mucho. Su nombre era Jonás. ¿Lo recuerda? Dios había pensado en un gran destino para Jonás. Le había dado la tarea para salvar a toda una ciudad de la destrucción (vea Jonás 1:2). Pero cuando Dios le ordenó que fuera a Nínive, Jonás decidió ir en la dirección opuesta (vea Jonás 1:3). (A propósito, ¡Esa siempre es una mala estrategia!).

De modo que Jonás terminó en la versión marítima de un pozo: el estómago de un pez. "Entonces oró Jonás a Jehová su Dios desde el vientre del pez, y dijo: Invoqué en mi angustia a Jehová, y él me oyó; desde el seno del Seol clamé, y mi voz oíste" (Jonás 2:1-2 RVR1960).

Seol es, sencillamente, una palabra del Antiguo Testamento que significa "el pozo". De manera que Jonás clamó a Dios desde lo profundo del pozo. No debería sorprendernos que terminara ahí. Él lo había arruinado todo, lo había hecho muy mal. Dios le había dado una tarea muy importante y Jonás, básicamente, se rehusó a hacerla. Por eso huyó de los planes de Dios; y como resultado, terminó en un pozo. Pero desde el fondo de ese pozo, Jonás clamó a Dios. Y Dios escuchó su voz y lo libró.

Ese es el verdadero propósito del pozo: hacer que usted clame a Dios para que él pueda liberarle y traerle de vuelta a una relación con él. Eso es para llevarlo a un lugar que está tan profundo que usted no puede ver la salida, un lugar donde no puede hacer nada por salir. Porque la verdad es que, en realidad, no puede hacer *nada* por esfuerzo propio. ¡Cada impulso viene de Dios! Y una vez que se percate de ello, clamará a Dios, y él le librará.

Hace varios años, estaba de vacaciones con Debbie en Colorado. Fuimos a un lugar hermoso en el que nos estábamos divirtiendo mucho, pero me sentía abrumado. La iglesia estaba creciendo muy rápido y yo sabía que era incapaz para dirigirla. Me estaba precipitando hacia un pozo mental. Así que le dije a Debbie que necesitaba dar un paseo solo para pasar un tiempo con el Señor. De modo que salí y me senté en una roca con vista a un asombroso panorama de montañas y árboles. Sin embargo, no pude disfrutarlo porque estaba destrozado por dentro.

El Señor me preguntó: "¿Qué te pasa?". (Obviamente, él ya conocía lo que estaba pasando, pero sabía que necesitaba hablar sobre eso).

"Esto es muy grande. Lo que me has llamado a hacer, es demasiado grande para mí. No puedo con eso", dije.

Él me respondió: "Hijo, todo lo que has hecho es enorme. Siempre, siempre ha sido demasiado grande para ti. ¿Sabes cuál es el problema? En realidad pensaste que podrías hacer esto por tu propio esfuerzo. Es más, ni siquiera podías hacer esto cuando la iglesia era pequeña. Sin embargo, no se trata de lo que tú puedes hacer, sino de lo que yo puedo hacer a través de ti. No se trata de tu idoneidad, se trata de la mía".

Entonces clamé a Dios y él me rescató de aquel pozo mental. Me recordó que lo necesito todos los días. Mi pozo de dudas e insuficiencia en realidad me salvó de esforzarme por hacer que mi destino sucediera, de alguna manera, por mi propio trabajo. Hacer eso seguramente me habría matado. En cierta forma, tanto Jonás como José cayeron en unos pozos que les salvaron la vida. Jonás se habría ahogado si no hubiera sido por ese pez. Y, en el caso de José, sus hermanos iban a matarlo. Aunque fue vendido como esclavo, después, el pozo le salvó la vida.

No importa en qué pozo se encuentre, aunque usted mismo lo haya cavado, ¡Dios es lo suficientemente grande como para sacarlo de ahí!

No importa en qué pozo se encuentre, aunque usted mismo lo haya cavado, ¡Dios es lo suficientemente grande como para sacarlo de ahí!

A Dios no le es difícil sacarle de un pozo. Él es un Dios redentor que se deleita en sacar a sus hijos de los problemas. No importa en cuántos pozos se encuentre usted. Aun cuando esté en varios al mismo tiempo. Es posible que esté en un pozo con sus finanzas, o un pozo con su matrimonio o un de pozo con su trabajo, todos esos pozos representan pruebas terribles. Sin embargo, Dios puede librarle de cada uno de ellos si solo clama a él.

La cuestión más importante no es si Dios puede sacarle del pozo. El asunto más importante es si va a llamar a Dios con humildad. ¿Va a preguntarle a Dios qué está tratando de hacer en su vida? ¿O va a revolcarse en el hoyo a quejarse, murmurar y lamentarse?

Si somos sinceros, mucho de lo que nos gusta llamar "oración" no es más que quejas. Si estamos "hablando" con Dios, pensamos en ello como una oración, pero eso —en realidad— no es hablar con Dios como si fuera nuestro Padre amoroso. Eso es quejarse ante él por todo lo que no nos gusta y queremos que él cambie.

Me pregunto cómo habrán sido las primeras horas en ese pozo para José. No es difícil imaginarlo caminando de un lado a otro, murmurándole a Dios sobre lo injusto que era todo aquello: "Señor, ¿por qué permites que me pase esto? Soy un tipo tan bueno y recto. Solo quiero recordarte, Dios, que tienes un gran destino para mi vida. ¡Se supone que mis hermanos deben inclinarse ante mí! ¡No puedo creer que dejaras que me pasara esto!".

Sin embargo, después de un tiempo, la perspectiva de José debe haber cambiado. En algún lugar del pozo, debe haber clamado a Dios con verdadera humildad. Debe haber asumido la responsabilidad de sus propios pecados y fracasos; debe haber caído de rodillas y haber dicho: "Ahora lo veo todo claro, Dios. Necesito que me perdones.

Admito que soy una persona orgullosa y arrogante, y te pido que hagas una obra en mi corazón".

Cuando clamó a Dios, ¡su situación comenzó a cambiar! Aunque no fue evidente en ese momento, las circunstancias comenzaron a alinearse en dirección a su destino. Creo que en el momento en que José se arrepintió, su hermano Judá tuvo la idea de venderlo a los comerciantes madianitas, en vez de dejarlo morir en el pozo (vea Génesis 37:26-28). Entonces aquellos mercaderes madianitas llevaron a José a Egipto y lo vendieron a Potifar (vea Génesis 37:36). Ahora, ser vendido como esclavo podría no parecer una mejor alternativa que el pozo, pero era mejor que una muerte segura, y José ciertamente habría muerto si lo hubieran dejado allí.

Antes de que José llegara a ese pozo, Dios tenía un plan para sacarlo y llevarlo a su destino. De forma que, cuando clamó a Dios, este comenzó a resolver su situación, porque ser vendido como esclavo en Egipto acercó a José un paso más a su destino. Sus hermanos lo encaminaron al mal, pero Dios lo enrumbó al bien (vea Génesis 50:20).

Después de haber pasado aquella experiencia en el pozo, José fue un hombre diferente. Puede haber fallado en la prueba del orgullo, pero pasó la del pozo. Luego pasó a enfrentar y vencer ocho pruebas más en su vida. Es asombroso ver cómo hizo José lo correcto cada vez que se enfrentó a desafíos y tentaciones.

La redención del pozo

Dios siempre tiene un plan. No importa en qué pozo estemos, él tiene un método para sacarnos de allí. Y si indagamos un poco más a fondo en esta historia, podemos ver algunos tipos del plan maestro de redención que él tiene. Su plan definitivo era redimirnos por medio de su Hijo Jesucristo. Y, en esta historia, hay tipos o imágenes de Jesús.

Recuerde, los hermanos de José realmente no querían arrojarlo al pozo. ¡Su plan original era matarlo! Pero Rubén, el hermano mayor, intervino.

"No derramen sangre. Arrójenlo en esta cisterna en el desierto, pero no le pongan la mano encima". Rubén dijo esto porque su intención era rescatar a José y devolverlo a su padre (Génesis 37:22).

Ahora bien, si alguien tenía el derecho de envidiar a José era Rubén, porque era el primogénito, y él era el que debía recibir la honra. Sin embargo, Rubén entregó ese privilegio por el bien de José. En esa situación con José, Rubén tenía dos propósitos como primogénito: quería salvaguardar a su hermano y quería *devolverlo* a su padre.

En esta forma, Rubén era tipo del Señor Jesucristo. Jesús es el primogénito de Dios, aquél en quien descansa el favor de Dios. Pero Jesús entregó todos esos derechos y privilegios para que usted y yo nos volviéramos hijos e hijas favorecidos de Dios. Jesús dejó las glorias del cielo con un doble propósito: librarnos y volvernos a la comunión con su Padre. De manera que Rubén es un tipo de Cristo.

José, también, es un tipo de Cristo.

- A José le quitaron su túnica de muchos colores (vea Génesis 37:23). A Jesús le quitaron su túnica, y los soldados echaron suertes sobre ella (vea Mateo 27:28, 35).
- A José lo vendieron por veinte piezas de plata (vea Génesis 37:26-28). A Jesús lo vendieron por treinta piezas de plata (vea Mateo 26:14-15). A José lo vendieron por 20 piezas de plata a los comerciantes madianitas. Sin embargo, ellos llevaron a José a Egipto y, al venderlo, obtuvieron su ganancia. El precio de un esclavo en esos tiempos era de treinta piezas de plata. Así que la historia indica que José también fue, en definitiva, vendido por treinta piezas de plata.
- José fue traicionado por Judá (vea Génesis 37:26-27). Jesús fue traicionado por Judas (vea Mateo 26:25). "Judá" y "Judas" son la misma palabra en hebreo.

- Los comerciantes madianitas, que llevaron a José a Egipto, llevaban resina aromática, bálsamo y mirra (vea Génesis 37:25). El discípulo Nicodemo llevó mirra y áloe a la tumba para embalsamar el cuerpo de Jesús (vea Juan 19:39).
- José fue echado a un pozo y luego Dios lo sacó del pozo. Jesús fue puesto en una tumba por tres días y luego Dios lo resucitó y lo sacó de ese pozo.

Sin embargo, hay una diferencia importante entre Jesús y José: *Jesús no hizo nada para merecer que lo echaran en ese pozo.*

Por el contrario, nosotros merecíamos haber sido echados en el pozo. Pecamos y deberíamos haber sido lanzados en el pozo por toda la eternidad. Pero Jesucristo fue al pozo por nosotros para que nunca tuviéramos que ir nosotros. Él pasó tres días en el *Seol* para que no tuviéramos que pasar la eternidad ahí, en el infierno. Jesús lo hizo voluntariamente por usted y por mí, pero Dios no lo dejó a él en ese pozo.

El Salmo 16:10 dice: "Porque no dejarás mi alma en el Seol, ni permitirás que tu santo vea corrupción". Esta era una profecía mesiánica acerca de Jesús, profecía que se cumplió. Dios no dejó a su Hijo unigénito en un pozo. Y él promete que tampoco le dejará a usted allí. Si usted está en un pozo en este momento, y pareciera que no hay salida, le tengo buenas noticias: Jesucristo estuvo allí por usted. Nuestro Señor y Salvador fue al pozo por usted y, luego, Dios lo sacó de allí, como el primogénito de muchos hermanos y hermanas.

Jesucristo murió para librarlo de *cualquier* pozo, sea que cayera en él, lo empujaran o usted mismo lo cavara. Él murió para que usted pudiera tener vida eterna. Él vino para liberarlo y hacer que vuelva a tener una relación con su Padre. Así que no deje que el enemigo lo distraiga. Reciba lo que Jesús hizo por usted.

Es probable que, por andar con orgullo, usted perdiera el don que Dios le dio. Dios puede restaurarlo. Como lo hizo con José. Haga lo que hizo Jonás. Clame a Dios. Diga: "Dios, lo siento. No puedo salir de este hoyo por mi propia cuenta. ¡Pero tú puedes sacarme!".

Cuando se humille y clame a Dios, él le librará de cualquier pozo. Lo impulsará más allá del abismo y lo exaltará para que pueda caminar en el destino que planeó para usted.

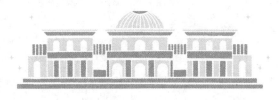

CAPÍTULO TRES

La prueba del palacio

Las llantas rechinaron un poco cuando apresuraba mi vehículo al girar en una vuelta cerrada en el estacionamiento del aeropuerto. Debbie y yo estábamos atrasados y no podíamos perder ni un minuto si queríamos abordar nuestro vuelo.

Hice una pequeña oración, en mi mente, cuando encontré un espacio para estacionarme. Mientras intentaba cuadrar el vehículo en ese puesto, olvidé que llevaba el enganche de remolque que apenas le instalé la semana anterior. El enganche sobresalía un poquito más de lo debido; de modo que, mientras retrocedía, toqué la defensa del carro de atrás. ¡Justo lo que no necesitábamos en ese momento! Me bajé del auto para investigar, solo para darme cuenta de que el impacto apenas había dañado el plástico del guardafango del otro vehículo.

Ahora tenía que escoger qué hacer. Lo correcto era dejar una nota, pero tomar el tiempo para ello seguramente haría que perdiéramos el vuelo. Lamento tener que admitir esto, pero no pude evitar notar que el vehículo era viejo y que tenía unos cuantos golpes, abolladuras y rayones. *La abolladura en el plástico difícilmente se iba a notar*, pensé. Estaba en un dilema, así que tomé una decisión. Me dije a mí mismo que el plástico dañado probablemente no tendría importancia para el dueño de ese carro, pero perder nuestro vuelo —en definitiva— nos afectaría mucho y estropearía nuestros planes.

"¡Tenemos que abordar ese avión!", dije y nos dirigimos hacia la terminal. Sin embargo, no habíamos llegado muy lejos cuando una voz baja, calmada, habló en mi interior.

"¿En verdad vale la pena eso?", preguntó la voz. "¿Abordar un avión es tan importante que vale la pena perder el favor de Dios?".

Me detuve, vi a Debbie y le dije:

—Lo siento, mi amor, tengo que dejar una nota.

—Lo sé —dijo Debbie, con una voz que era una mezcla de orgullo y alivio—. Sabía que lo harías.

—Es probable que perdamos el vuelo, ¿lo sabes?

—Lo sé —respondió ella, sin una pizca de recelo.

De manera que regresé al estacionamiento, escribí una nota y la dejé en el auto que había dañado, con mi número de teléfono y mis disculpas. Efectivamente, terminamos perdiendo el vuelo, pero pudimos tomar otro un poco más tarde. Así que nos fuimos a almorzar, disfrutamos la compañía mutua por un rato y luego abordamos el avión.

La prueba del palacio: aprenda a administrar

Lo que parecía ser tan importante en ese momento era realmente solo una inconveniencia efímera. En retrospectiva, parece ridículo que hubiera considerado esa situación como más seria que las consecuencias de no hacer lo correcto. Debido a que Jesús dijo que si soy infiel en lo poco, o en aquello que es "muy poco", entonces él, acertadamente, asumiría que yo sería infiel en "lo mucho". Y una persona a quien Dios no puede confiarle lo mucho, tendrá que esperar largo tiempo para entrar en su destino.

Jesús mencionó esto en Lucas 16:10-12:

El que es fiel en lo poco también lo será en lo mucho; y el que no es honrado en lo poco tampoco lo será en lo mucho. Por eso, si ustedes no han sido fieles en el uso de las riquezas deshonestas, ¿quién les confiará las verdaderas? Y, si con lo ajeno no han sido fieles, ¿quién les dará a ustedes lo que les pertenece?

¿Qué va a hacer usted con los bienes de otra persona? ¿Qué va a hacer con esas cosas que Dios le ha confiado? ¿Va a ser fiel y obediente sin importar su situación? ¿Qué hará con el trabajo que él le ha dado? ¿Con el jefe que le ha puesto? Esta es la prueba del palacio, también conocida como la prueba de la mayordomía, y es la primera a la que se enfrentó José después de ser sacado del pozo.

A todos nos gustaría avanzar hacia nuestro destino glorioso, pero como ya hemos visto, todo gran destino implica una gran responsabilidad. Dios está observando para ver si puede confiarnos cosas pequeñas antes de que nos dé las grandes cosas que tiene reservadas para nosotros. Hasta que pasemos esa prueba, nunca avanzaremos hacia nuestro destino.

En el libro de Colosenses, Dios nos habla de esto.

Esclavos, obedezcan en todo a sus amos terrenales, no solo cuando ellos los estén mirando, como si ustedes quisieran ganarse el favor humano, sino con corazón sincero y por respeto al Señor. Hagan lo que hagan, trabajen de buena gana, como para el Señor y no como para nadie en este mundo, conscientes de que el Señor los recompensará con la herencia. Ustedes sirven a Cristo el Señor. El que hace el mal pagará por su propia maldad, porque en esto no hay favoritismos (Colosenses 3:22-25).

Dios está diciendo que él quiere que sirvamos a nuestros amos terrenales con todo nuestro corazón, tal como si se lo hiciéramos a él. Y nos recuerda que él es el que nos recompensará, ya que es en realidad a Cristo Jesús a quien estamos sirviendo (vea el versículo 24). Así que aunque usted sea un "esclavo" (versículo 22), aun cuando esté sirviendo a un jefe no creyente, Dios quiere que sirva a ese jefe de todo corazón y con toda sinceridad; porque, cuando lo hace, usted está sirviendo "a Cristo el Señor" (versículo 24).

¿Puede usted servirle bien a alguien más? ¿Puede servirle bien a un no creyente? ¿Trabaja con incrédulos?¿Puede trabajar con personas que tengan diferentes puntos de vista políticos? ¿Puede mantener una actitud adecuada hacia ellos? Si usted no puede servir bien a los que le rodean, incluso si no le gustan o no está de acuerdo con ellos, nunca pasará la prueba del palacio.

Hay mucha gente que dice: "Cuando tenga un mejor empleo y trabaje para una mejor persona, me esforzaré más". Bueno, no va a conseguir un mejor trabajo, porque si no es fiel donde está, ¿por qué Dios le va a dar más?

Dios le ha puesto en esa situación como su siervo y está observando si usted lo representa fielmente.

Cualquiera sea su empleo, debe entender que no solamente trabaja para su empleador, también labora para Dios. Y debido a que trabaja para Dios, él le recompensará. Él le promoverá y él pondrá su bendición sobre todo lo que usted haga.

Esa es la razón por la que José era promovido en todos los lugares a los que fue después de ser vendido como esclavo. A medida que su historia avanza, vemos que no solo trabajó para Potifar, no solo trabajó para el guardián de la prisión y no solo trabajó para Faraón. José siempre trabajó para el Señor (v. 23), cualesquiera que fueran sus circunstancias o sus jefes. Y Dios lo bendijo.

No pasó mucho tiempo después de que José fuera sacado del pozo que se encontró viviendo en un palacio. Poco más tarde, se le dio autoridad sobre casi todo en el palacio. Sin embargo, tenía que recordar que nada en el palacio le pertenecía. José solo era un mayordomo. (¡Y es por eso que me gusta llamar a la prueba del palacio la prueba de la mayordomía!) Génesis 39 relata la historia.

Llevado, pues, José a Egipto, Potifar oficial de Faraón, capitán de la guardia, varón egipcio, lo compró de los ismaelitas que lo habían llevado allá. Mas Jehová estaba con José, y fue varón próspero; y estaba en la casa de su amo el egipcio. Y vio su amo que Jehová estaba con él, y que todo lo que él hacía, Jehová lo hacía prosperar en su mano. Así halló José gracia en sus ojos, y le servía; y él le hizo mayordomo de su casa y entregó en su poder todo lo que tenía. Y aconteció que desde cuando le dio el encargo de su casa y de todo lo que tenía, Jehová bendijo la casa del egipcio a causa de José, y la bendición de Jehová estaba sobre todo lo que tenía, así en casa como en el campo. Y dejó todo lo que tenía en mano de José, y con él no se preocupaba de cosa alguna sino del pan que comía. Y era José de hermoso semblante y bella presencia (Génesis 39:1-6 RVR1960).

José pasó del pozo al palacio muy rápidamente. Eso podría lucir maravilloso, pero no se olvide que José todavía era un esclavo. Aunque había sido puesto a cargo de todos los bienes de Potifar, no tenía promesa alguna de recibir una recompensa natural por hacer un buen trabajo, ¡ni siquiera un salario mínimo! José era un esclavo y, como tal, no tenía ningún tipo de derechos. Aun así, sabemos que José demostró ser un fiel guardián de los bienes de Potifar y de que pasó la crucial prueba de la administración. ¿Cómo lo sabemos?

Vea el versículo dos nuevamente: "el Señor estaba con José", y eso hizo que José fuera "un hombre próspero".

Los egipcios en ese tiempo eran politeístas, por lo que creían en muchos dioses. No sabían que el Dios de Abraham, Isaac y Jacob era el *único* Dios *verdadero*. Pero la presencia de Dios era tan evidente en la vida de José que incluso su amo egipcio sabía que "el Señor estaba con él" (v. 3)

Esa presencia tangible de Dios en la vida de José hizo que tuviera el favor de su amo. Sin embargo, José no trató de aprovecharse de su posición favorecida. En vez de eso, la Palabra de Dios nos dice que José "le servía" (versículo 4).

En otras palabras, José tenía la actitud correcta hacia su trabajo, aun en su labor como esclavo. Fácilmente podría haber hecho lo mínimo, refunfuñando todo el tiempo, y nadie lo habría adivinado. Había sido un hijo favorecido, pero ahora era un esclavo. Podría haber tomado algunas de las cosas de Potifar para sí mismo. ¿Quién lo sabría? Pero José tomó un enfoque diferente. Él no permitió que la injusticia de su situación le evitara servir fielmente a su amo. Y debido a esto, Potifar "lo hizo mayordomo sobre su casa y sobre todo lo que poseía" (Génesis 39:4). Ahora bien, esta palabra "mayordomo" se traduce en la versión Septuaginta como la misma palabra griega utilizada en 1 Timoteo y en Tito para referirse a un anciano de la iglesia. De manera que el amo de José, en realidad, le dio la posición de un "anciano" en su casa; un honor muy alto para otorgárselo a un esclavo. No solo eso, en el versículo 5, vemos que Potifar "no se preocupaba de cosa alguna sino del pan que comía". ¡Ni siquiera sabía lo que había en su cuenta bancaria! No solo nombró a José anciano en su hogar, sino que también confió en que José actuaría como tal.

Si usted lee un poco más de ese capítulo, puede ver que José tenía esa misma actitud cuando fue enviado a prisión. (Más adelante hablaremos sobre por qué fue enviado a prisión y las pruebas que enfrentó allí). Pero vemos una situación similar con su tiempo en prisión: "No necesitaba atender el jefe de la cárcel cosa alguna de las que estaban al cuidado de José, porque Jehová estaba con José, y lo que él hacía, Jehová lo prosperaba" (Génesis 39:23 RVR1960).

Insisto, José no permitió que la injusticia de su situación le impidiera ser un trabajador fiel. Y debido a que era tan buen administrador, "el Señor estaba con él" (versículo 23) en la prisión, de la misma forma en que había estado en el palacio. Así que José también fue nombrado administrador de toda la prisión. ¿Cómo pasó José la prueba administrativa? Siendo fiel con los bienes de otra persona; actuando con fidelidad al hacer lo correcto aun cuando parecía no haber recompensa por hacerlo. Obedeciendo los mandamientos y estatutos del Señor sin importar cuán sombría pareciera su situación. Y debido a eso, Dios estaba con José y prosperaba el trabajo de sus manos.

Medite en eso por un momento. Independientemente de lo que José hiciera, el Señor lo hacía prosperar. Aun el trabajo que hizo como esclavo era tan bendecido por el Señor que la casa de su amo prosperaba, ¡solo por causa de José!

¿Habría estado bien que le hubiera pasado eso a usted? ¿Le parecería bien que todo lo que usted tocara, lo hiciera prosperar el Señor? ¿Le importaría si él prosperara su matrimonio? ¿Si prosperara a sus hijos? ¿Si prosperara su trabajo, su salud y sus relaciones? ¿Qué le parecería ser como José y que el Señor prosperara todo lo que usted haga? Creo que la mayoría diría: "Quiero ser así".

La maravillosa noticia es que usted *puede* ser como José. Usted puede aprender las claves para ser un administrador fiel. Cuando aprenda esas claves, el Señor estará con usted de la misma forma en que estuvo con José. Y el Señor hará que usted prospere en todo lo que haga.

"Prosperar" ¡no es una palabra ofensiva!

Dejemos algo en claro desde el principio: "Prosperar" ¡no es una palabra ofensiva! Pero pareciera que cada vez que Dios restaura una verdad en la Iglesia, Satanás intenta tergiversarla. En otras palabras, cuando Dios nos revela una palabra, Satanás trata de hacer que abusemos de esa verdad y la transformemos en un error. Creo que Dios trató de restaurar la verdad acerca de la prosperidad bíblica en la Iglesia, pero luego Satanás tentó a algunas personas para que se volvieran codiciosas en esta área. Por desdicha, en este momento se está impartiendo una enseñanza de hiperprosperidad en la iglesia que no es precisa ni bíblica. El enemigo ha tentado a algunas personas influyentes en el ministerio a perder el equilibrio y decir que Dios quiere que todos tengan un Rolex y un Mercedes Benz. Por favor, escúcheme: están usando mal esta palabra. La "doctrina de la prosperidad" y el "evangelio de la prosperidad" se han convertido en etiquetas para una teología incorrecta y, por eso, también nos hemos alejado de la visión bíblica de la prosperidad.

Dios quiere que usted prospere, él desea que triunfe.

Sin embargo, la palabra "prosperidad" es bíblica; ¡no es una palabra ofensiva! No mire los excesos de unos pocos ni se aleje de lo que la Biblia dice que es verdad. La Biblia dice que Dios quiere que usted prospere; él desea que triunfe. ¿Por qué le va a molestar saber que Dios quiere que prospere? ¿Por qué le molestaría saber que un Dios bueno y amoroso quiere que su matrimonio prospere; que su relación con sus hijos mejore; que usted sea bendecido y de bendición para otros? Hay tantos pasajes de las Escrituras sobre la prosperidad que no puedo enumerarlos todos aquí, pero permítame mostrarle algunos.

Vea Génesis 26:12-13 (RVC):

Isaac sembró en aquella tierra y Dios lo bendijo, y ese año cosechó cien veces lo sembrado y se hizo rico y *prosperó*. Tanto se *engrandeció* que llegó a tener mucho *poder* (énfasis añadido).

¿Nota que el Señor usa palabras relacionadas con la prosperidad tres veces en este versículo (prosperó, engrandeció, poder) al referirse a Isaac? ¡Yo creo que Dios está tratando de decir algo acerca de la prosperidad aquí! Recuerde, estas no son las palabras de cualquier persona; estas son palabras en la Biblia que fueron dichas por el propio Dios. Y él no teme usar la palabra "prosperó" ni el término "engrandeció", ni siquiera el vocablo "poder". De hecho, el Antiguo testamento usa la palabra "prosperar" ¡63 veces!

Medite en las siguientes palabras del Nuevo Testamento:

Amado, deseo que seas *prosperado* en todo, y que tengas salud,
a la vez que tu alma *prospera* (3 Juan 2, RVC).

El Señor no tiene problemas con esta palabra. He aquí la razón: la
palabra que se utiliza en hebreo para "prosperar" significa "empujar
hacia adelante", o progresar; y la palabra griega que se utiliza para
"prosperar" significa "ayudar en el camino". En otras palabras, si
usted "prospera" a los demás, usted les ayuda a lo largo del camino.
Si usted "prospera" a los demás, los empuja hacia adelante; los ayuda
a llegar más lejos de donde estaban.

¿Qué le parecería que Dios le "empujara hacia adelante" en su
matrimonio? ¿Cómo le parecería que Dios le "empujara hacia adelante" en su trabajo? ¿Qué le parecería decir: "¡No, no, Dios! ¡Deja
de empujarme! ¡Ya es suficiente! ¡Ya he sido muy bendecido!"? Pero
que, de todas maneras, Dios siguiera empujándolo hacia adelante.
¿No sería maravilloso?

La gran noticia es que Dios quiere empujarlo hacia adelante y
desea ayudarle a progresar. Él quiere prosperarle en todo lo que
usted haga de la misma manera en que prosperó a José.

Sin embargo, realmente depende de nosotros si vamos a andar
en la bendición de Dios y en el favor divino como José.

Por tanto, ¿cuáles son las cuatro claves que hicieron que José
prosperara en el palacio? ¡Descubrámoslo!

La clave para prosperar:
la presencia del Señor

La primera clave para prosperar es sencillamente esta: la presencia
del Señor. Si Dios está con usted, va a prosperar, porque Dios prospera en todo lo que hace. ¿Sabe que los riesgos de Dios siempre son
seguros? Él nunca ha fallado en nada de lo que ha hecho. De modo
que si él está a su lado, ¡usted tendrá éxito! Eso no significa que

todo le saldrá bien siempre o que nunca pasará por una tormenta. Ya hemos establecido que tendremos problemas en este mundo. Pero si Dios está con usted, sin importar la situación, ¡va a tener éxito! Él lo llevará a través de la tormenta. Si Dios está con usted, siempre va a empujarle hacia adelante. Si Dios le acompaña, usted no puede evitar ser bendecido. De manera que la clave para prosperar es, sencillamente, tener la presencia del Señor en su vida.

José la tenía de manera tangible. Me sorprende que Potifar, que no conocía al Señor, pudiera reconocer que Dios estaba con José: "Y su amo [Potifar] se dio cuenta de que el Señor estaba con él y lo hacía prosperar en todo lo que emprendía" (Génesis 39:3 RVC). Potifar se percató de que el favor de Dios descansaba sobre el joven José.

¿Su jefe, que tal vez sea inconverso, reconoce que Dios está con usted? ¿Reconoce él que su empresa está siendo bendecida porque usted está empleado allí? De eso se trata esta prueba. Porque si Dios está con usted, él prosperará todo lo que usted haga.

La frase "el Señor estaba con él" se encuentra en toda la Biblia y se utiliza para describir a muchas otras personas de fe. No es inusual para el Señor bendecir a sus siervos con su presencia. El Señor quiere bendecirle a usted también con su presencia. Y esta es la clave para prosperar: tener la presencia del Señor consigo en todo momento. Pero eso nos lleva a otra cuestión.

¿Cuál es la clave para tener la presencia del Señor?

La clave de la presencia del Señor: la obediencia

Me temo que, con frecuencia, no nos gusta mucho la palabra "obediencia". (Lo raro es que pareciera que nosotros queremos que *a los demás* sí les guste). Si nos gusta o no la palabra "obediencia", ese no es el caso. No podemos escapar a esta sencilla verdad: La obediencia es la clave para tener la presencia de Dios en nuestras vidas. Si no obedecemos a Dios, él no puede andar con nosotros. Debido a su naturaleza santa y justa, Dios anda solamente con siervos obedientes.

Vemos esta asociación en 2 Crónicas 17:3-4 (RVC):

El Señor estuvo con Josafat, porque éste no se fue tras los baales, sino que siguió los caminos por los que antes anduvo David, su padre; buscó al Dios de sus antepasados y siguió sus mandamientos y no lo que hacían los de Israel.

La Biblia dice que Dios "estuvo con Josafat" (versículo 3). ¿Por qué? Porque él "siguió sus mandamientos [los de Dios]" (v. 4). El Señor estaba con Josafat porque anduvo en los caminos de Dios, porque obedeció. Y se nos dice que Josafat siguió el ejemplo de David, que también había vivido en la presencia de Dios.

Saúl ya vivía temeroso, porque era claro que el Señor ayudaba a David y se había apartado de Saúl ... Sin embargo, actuaba con prudencia en todo lo que hacía, y el Señor le ayudaba en todo (1 Samuel 18:12, 14 RVC).

El Señor estaba con David, pero se había apartado de Saúl. Hasta el propio Saúl estaba consciente de ello. ¿Era eso porque Dios tiene favoritos? No. La Biblia dice muy claramente que el Señor estaba con David porque "actuaba con prudencia en todo lo que hacía" (versículo 14). En otras palabras, David era obediente al Señor y, debido a eso, "el Señor le ayudaba en todo" (versículo 14).

¿Por qué se había apartado el Señor de Saúl? En 1 Samuel 15, leemos acerca de la forma en que Saúl falló en obedecer al Señor. Dios le había hablado a Saúl y le había dado instrucciones directas. Sin embargo, Saúl rehusó hacer lo que Dios le había dicho que hiciera y luego intentó justificar su desobediencia en vez de arrepentirse. De manera que la presencia del Señor se separó de él. Dios no anda con los desobedientes. "¿Están ustedes dispuestos a obedecer? ¡Comerán lo bueno de la tierra! ¿Se niegan y se rebelan? ¡Serán devorados por la espada! El Señor mismo lo ha dicho" (Isaías 1:19-20).

En este pasaje, el Señor dice que si usted quiere "comer lo bueno de la tierra" (versículo 19); en otras palabras, si quiere prosperar, tiene que querer y obedecer. Luego dice, además, que si usted *no* quiere y obedece, sino que se rehúsa y se rebela, *no* prosperará sino que, de hecho, será devorado. Eso parece muy claro y directo: Rehúse obedecer y expóngase a sí mismo a las fuerzas de la destrucción. U ¡obedezca y prospere!

Note que Dios dice que tenemos que *querer y obedecer* para poder prosperar. Claramente, para Dios nuestras *actitudes* son tan importantes como nuestras *acciones*. Él quiere que le obedezcamos y que lo hagamos con un corazón dispuesto.

¿Sería posible ser obediente y, aun así, no estar dispuesto? Solo pregúntele al padre de un adolescente a quien se le ha pedido que limpie su habitación antes de salir. Si ha escuchado alguna vez los fuertes golpes que acompañan a la limpieza a veces, podrá imaginar cómo ve Dios algunas de nuestras obediencias.

Dios quiere que lo obedezcamos, pero quiere que lo hagamos con un corazón dispuesto. Y la razón es que lo que *él en realidad desea es nuestro corazón*. Es precisamente por eso que se nos dice en 2 Crónicas: "Porque los ojos de Jehová contemplan toda la tierra, para mostrar su poder a favor de los que tienen corazón perfecto para con él" (2 Crónicas 16:9 RVR1960).

Él nos quiere *a nosotros*, no solamente un acto nuestro. Y si nosotros lo queremos a ÉL, si queremos su presencia en nuestras vidas, tenemos que obedecerle y hacerlo de todo corazón. ¡Es una elección!

Miren, hoy les doy a elegir entre la bendición y la maldición: bendición, si obedecen los mandamientos que yo, el Señor su Dios, hoy les mando obedecer; maldición, si desobedecen los mandamientos del Señor su Dios y se apartan del camino que hoy les mando seguir, y se van tras dioses extraños que jamás han conocido (Deuteronomio 11:26-28).

Dios ha puesto ante nosotros una bendición y una maldición. La elección, en realidad, es muy sencilla. Y esta es la elección que Dios nos ha dado: "Si me obedecen, serán bendecidos. Si me desobedecen, no serán bendecidos". La bendición de Dios viene a través de la obediencia.

Por favor, comprenda que Dios no está hablando aquí acerca de su salvación. La salvación no es por obras sino por gracia, la cual viene por medio de la fe en la sangre expiatoria de Jesucristo; pero en este versículo, Dios está hablando de *ser bendecido en esta vida*. Él nos informa que podemos escoger ser bendecidos o maldecidos durante nuestro paso por la tierra. Y si escogemos obedecer sus mandamiento, habremos escogido la bendición: "Si ellos obedecen y le sirven, pasan el resto de su vida en prosperidad; pasan felices los años que les quedan. Pero si no hacen caso, sin darse cuenta, cruzarán el umbral de la muerte" (Job 36:11-12). Si nos apartamos de Dios, lo que encontraremos es muerte. Sin embargo, escuche por favor, esta no es una maldición de Dios para nosotros. Simplemente vivimos en un mundo maldito y caído. No significa que Dios no nos ama o que no tenemos acceso a él. Pero sí significa que no disfrutaremos los beneficios de su presencia de la misma manera.

¿Le gustaría pasar sus días en prosperidad y sus años bajo la protección de Dios disfrutando de las cosas buenas que tiene para usted? Entonces, obedezca a Dios y sírvalo.

Permítame enfatizar, nuevamente, que esta no es una doctrina de obras. Esta es una doctrina de *obediencia*. Sabemos que la salvación es un regalo de Dios, pero tenemos que entender que la *bendición* de Dios viene a través de la obediencia. Y esto es así porque nuestra obediencia a Dios es la indicación completamente verdadera de que nuestro corazón en realidad le pertenece a él.

Josafat, David y José anduvieron en obediencia a Dios. Como resultado, Dios estaba con ellos. Ellos mostraron su amor hacia Dios obedeciéndolo con corazones dispuestos, y él bendijo sus vidas con su presencia. De la misma manera, si le mostramos a Dios nuestro amor por medio de la obediencia a él, con corazones dispuestos, ¡Su presencia estará con nosotros!

Por favor, comprenda que no estoy hablando de la omnipresencia de Dios; la presencia de él que está en todo lugar y en todo momento. Cada persona en este mundo, cada creyente y no creyente, está ante la omnipresencia de Dios. Aun las rocas y las piedras siempre están en la presencia de Dios, ya que él está en todas partes. Pero como creyentes, esa no es la clase de presencia de Dios con la que queremos conformarnos; Dios nos ha invitado a tener una *verdadera* intimidad con él.

Tampoco estoy hablando de la presencia interior de Dios. Cuando usted nace de nuevo, por fe, el Espíritu Santo viene a habitar dentro de su corazón. Esa es la presencia interior de Dios. Y es algo maravilloso tener al Espíritu Santo del Dios viviente habitando dentro de usted. Sin embargo, hay algo *más*: la presencia manifiesta de Dios. Esto es cuando Dios viene de manera tangible y deja que su presencia sea evidente. Estoy seguro de que casi todo creyente ha experimentado esa dulzura especial que, algunas veces, llena la atmósfera durante los momentos de adoración y oración. Esa es la presencia manifiesta de Dios.

Hay otras ocasiones cuando la presencia de Dios se manifiesta de formas inusuales o inesperadas. Muchos tenemos momentos como esos. Recuerdo haber experimentado un momento así cuando perdí a mi abuela. Yo estaba en el hospital cuando ella murió; entré al baño y empecé a llorar. Estaba triste porque yo la amaba mucho. Ella vivió con nosotros cuando yo era niño. Al arrodillarme en el interior del pequeño baño del hospital y llorar, de repente pareció como que ese pequeño cuarto se llenaba con la presencia de Dios. Sentí como si Jesús estaba allí conmigo, poniendo su mano sobre mi hombro. ¡Percibí su presencia de una forma muy poderosa y tangible! Al evocar ese acontecimiento, recuerdo cuán maravilloso es experimentar la presencia manifiesta de Dios.

¿Ha conocido a alguien que obviamente tiene la presencia de Dios sobre sí? Usted no puede evitar darse cuenta de ello. José era una persona así. Tanto que hasta Potifar lo notó.

Este es el deseo de mi corazón: quiero ser así. Deseo vivir en la presencia manifiesta de Dios cada momento de cada día. Y espero que usted comparta mi deseo. Si es así, recuerde que la clave para tener la presencia de Dios en su vida es la obediencia.

La clave para tener la presencia de Dios en su vida es la obediencia.

De la misma manera que la obediencia provocará que la presencia de Dios se manifieste en su vida, la desobediencia hará que ella se aleje.

Algunos de ustedes pueden estar recordando otra Escritura y pensar que lo que he dicho aquí no encaja. Hebreos 13:5 dice: "Porque Dios ha dicho: Nunca los dejaré; jamás los abandonaré". Insisto, el Señor es omnipresente. Es cierto que nunca nos dejará. El problema es que nosotros somos los que podemos dejarlo.

Al principio de mi ministerio, estaba extremadamente ocupado. Era pastor asociado en una iglesia donde las necesidades de la congregación y de las personas a las que servíamos eran abrumadoras. Para apaciguar mi apretada faena, comencé a evadir mi tiempo devocional con el Señor. Fue algo gradual, pero llegó a un punto tal que durante los servicios de la iglesia, corría haciendo cualquier cosa pertinente y no me detenía para dedicarme a la adoración. Estaba haciendo cosas buenas, pero ya no apartaba tiempo para estar con el Señor.

De repente, empecé a ver que todo me estaba saliendo mal en mi vida. Fue una cosa tras otra, los golpes siguieron llegando. Hasta que le dije al Señor: "¿Por qué me dejaste? No entiendo por qué está pasando todo esto".

Fue entonces cuando me dio una visión acerca de una tormenta de granizo. Caían enormes trozos de granizo por todas partes, pero Dios tenía un paraguas de acero. Cuando me acerqué a él y caminé con él y le obedecí, él me protegió. El granizo no pudo atravesar el paraguas de acero. Pero cuando optaba por desobedecer a Dios y alejarme de él, quedaba afuera expuesto a la tormenta, tratando de esquivar el granizo.

¡Debo decirte que no puedes esquivar las consecuencias! Cuando nos alejamos de la presencia del Señor, dejamos de disfrutar de los beneficios de su presencia.

El ejemplo bíblico más claro de eso lo podemos ver en la vida de Caín. Génesis 4:16 dice: "Caín se alejó de la presencia del Señor". ¿Por qué pasó eso? Simplemente, porque Caín fue desobediente. Caín había desobedecido a Dios, primero, en lo referente a las ofrendas; y luego, cuando asesinó a su hermano Abel. Sin embargo, Dios le dio la oportunidad de confesar lo que había hecho. Por eso le preguntó a Caín: "¿Dónde está tu hermano?". Por supuesto, Dios sabía dónde estaba Abel. Él no necesitaba que Caín le informara eso. Él, sencillamente, estaba dándole a Caín una oportunidad para que confesara su pecado y se arrepintiera. Como usted puede ver, Dios no buscaba una perfección sin pecado en Caín, sino que buscaba un corazón arrepentido.

Las cosas podrían haber resultado muy diferentes para Caín. Pero, en vez de confesar su pecado y decir: "Oh, Dios, lo siento, hice algo que no debí haber hecho", Caín negó toda responsabilidad por lo que había hecho.

Y contestó con sarcasmo: "¿Soy yo acaso guardián de mi hermano?".

Entonces, Dios dijo: "La voz de la sangre de tu hermano clama a mí desde la tierra".

De esta forma, Dios estaba diciéndole a Caín: "Siempre supe lo que habías hecho. Solo quería que lo confesaras y lo reconocieras como algo malo".

Sin embargo, Caín se rehusó a confesarlo y arrepentirse; el resultado fue que Caín "se alejó de la presencia del Señor". A causa de la desobediencia, la presencia de Dios ya no se manifestaba en la vida de Caín.

La desobediencia, también, les costó a Adán y a Eva la presencia de Dios. Ellos habían disfrutado la presencia manifiesta de Dios en el huerto del Edén. La Biblia dice que Dios caminaba en el huerto bajo el fresco del día (Génesis 3:8). Pero después de que Adán y Eva pecaron, ellos se escondieron de la presencia de Dios. Dios se presentó ante Adán y le dio una oportunidad para arrepentirse; además, fue ante Eva y también le dio una oportunidad para que se arrepintiera de su transgresión. Sin embargo, el pecado de ambos los hizo esconderse de la presencia de Dios.

La meta no es la perfección, todos cometemos errores. Pero Proverbios 28:13 dice: "Quien encubre su pecado jamás prospera; quien lo confiesa y lo deja, alcanza la misericordia". Este versículo no dice: "El que es perfecto alcanza la misericordia". Lo que dice es que aquellos que abandonan sus pecados y se vuelven de ellos arrepentidos alcanzarán —tendrán— misericordia. Y los que encubren sus pecados no prosperarán.

Volvamos a ver el caso del rey David. Él comprendía muy bien lo referente a la presencia manifiesta de Dios. Él sabía lo que era tener la presencia de Dios descansando sobre él. Se dijo de él que era un hombre conforme al corazón de Dios. Y, sin embargo, muchas veces desobedeció a Dios. Él sabía lo que era perder la presencia de Dios por la desobediencia. Pero también sabía que podía clamar a Dios arrepentido por su pecado, pidiéndole que lo perdonara. En el Salmo 51:11, David suplica: "No me alejes de tu presencia ni me quites tu Santo Espíritu".

Cuando David se arrepintió de todo corazón, el Señor lo perdono. En contraste con el caso del rey Saúl y su falta de arrepentimiento, David volvió a andar en los caminos del Señor, a andar en obediencia, y la presencia de Dios restauró su vida. David prosperó. Saúl no.

El perdón de Dios también está a la disposición de usted. Si ha sido desobediente o rebelde, nunca es tarde para arrepentirse y volver a ser acogido a la presencia de nuestro misericordioso Señor.

La presencia de Dios es lo que hace que usted prospere en todo lo que realiza. Y la obediencia es la clave para una vida caracterizada por la presencia de Dios. Esto hace que surja otra pregunta. ¿Cuál es la clave de la obediencia?

La clave de la obediencia: la fe

He oído decir a muchas personas: "Sé que la obediencia es importante, pero parece que no puedo obedecer a Dios en ciertas áreas. Lo he intentado una y otra vez". Usted tiene que comprender que obrar por sus propias fuerzas, hacer su mejor esfuerzo, no es la respuesta. La única clave para una vida de obediencia es, en realidad, la fe. Porque si usted verdaderamente *cree* que una vida de obediencia producirá las bendiciones de Dios, no solo *intentará* obedecerlo a él, ¡usted *deberá* hacer eso!

Piénselo. Si verdaderamente cree que las consecuencias de determinada acción van a ser malas para usted, decidirá no hacerlo. Y si, en realidad, cree que Dios le va a recompensar por hacer lo correcto, entonces decidirá hacer eso. La frase crucial es esta: "si usted cree", porque la fe es lo que produce obediencia en nuestras vidas.

Si usted verdaderamente cree en algo, lo hará. Y si cree lo que Dios ha dicho, usted hará lo que él le diga que haga. La clave de la obediencia es la fe. Volvamos a ver Colosenses 3:22-24:

Esclavos, obedezcan en todo a sus amos terrenales, no solo cuando ellos los estén mirando, como si ustedes quisieran ganarse el favor humano, sino con corazón sincero y por respeto al Señor. Hagan lo que hagan, trabajen de buena gana, como para el Señor y no como para nadie en este mundo, conscientes de que el Señor los recompensará con la herencia. Ustedes sirven a Cristo el Señor.

Somos llamados a obedecer, "conscientes" —no "adivinando" ni "imaginando"— que el Señor nos recompensará. La Biblia dice claramente que la clave de la obediencia es la fe. La fe es la razón por la que un granjero planta las semillas. El granjero trabaja, suda y ara la tierra, porque *cree* que crecerá una cosecha de la semilla que plantó. La fe no es tan misteriosa como nosotros hacemos que parezca.

Medite en eso. Cada día usted pone su fe en un millar de objetos inanimados, todo el tiempo. Cuando usted entra en su carro y hace girar la llave para encenderlo, tiene fe de que el vehículo va a encender. Por desdicha, muchos cristianos tienen más fe en un calentador de agua que en Dios. No sé usted, pero cuando abro el grifo del agua caliente y esta se siente fría, no concluyo de inmediato que el calentador no funciona.

Ahora bien, fíjese que una vez vivimos en una casa en la que creo que el calentador de agua estaba ubicado tres casas más abajo. Abríamos la válvula de agua caliente, íbamos a ver una película y volvíamos a revisar si el agua ya estaba caliente. Esa es una exageración, pero el punto es que esperábamos porque sabíamos que el agua al fin se calentaría. Teníamos fe en ello.

Algunas personas abren el grifo de la oración, y si se siente frío al principio, lo vuelven a cerrar. Pero cuando usted abre el grifo de la oración y lo deja abierto, ¡se pondrá más caliente de lo que pueda imaginar! Así es la fe. La fe es creer, aun cuando el agua esté fría. Es dejar el grifo abierto, no importa lo que digan las circunstancias, porque Dios ha dicho que viene el agua caliente, ¡y usted le cree!

Entonces, ¿por qué no creer que recibiremos una recompensa si obedecemos los mandamientos del Señor? Esto es muy claro en toda la Biblia. Y esa creencia no significa que pensemos que todo va a resultar perfectamente siempre. Significa que cuando reflexionemos en nuestras vidas, veremos la provisión y la prosperidad de Dios. Si realmente creemos eso, obedeceremos y —si obedecemos— disfrutaremos de "lo bueno de la tierra" (Isaías 1:19). En otras palabras, la fe —en última instancia— trae prosperidad y la presencia de Dios. Así que tengamos presentes estas palabras de Éxodo: "Si ahora ustedes me son del todo obedientes y cumplen mi pacto, serán mi propiedad exclusiva entre todas las naciones. Aunque toda la tierra me pertenece" (Éxodo 19:5). Si *creemos* eso, anhelaremos obedecerle. Querremos ser un tesoro especial para nuestro Padre.

Hasta los niños tienen una promesa de Dios en cuanto a la obediencia.

Hijos, obedezcan en el Señor a sus padres, porque esto es justo. "Honra a tu padre y a tu madre" —que es el primer mandamiento con promesa— "para que te vaya bien y disfrutes de una larga vida en la tierra" (Efesios 6:1-3)

Dios dice que si los hijos honran a sus padres, vivirán mucho tiempo en la tierra y, aun mejor, "para que te vaya bien" (v. 3). (No sé ni siquiera si usted querría vivir mucho tiempo si las cosas no le van bien). En otras palabras, la obediencia a sus padres traerá la bendición de Dios.

Por cierto, si le parece que las cosas nunca le han ido bien, podría preguntarse si ha dejado de honrar a sus padres. La Biblia nos dice que este es "el primer mandamiento con [una] promesa" (v. 2). En otros términos, este es un buen punto para comenzar a aplicar las verdades de la obediencia y las bendiciones. Este mandamiento no dice que honre a su padre y a su madre si son buenas personas. No dice que honre a su padre y a su madre si son cristianos. Simplemente dice que honre a su padre y a su madre para que las cosas "le vayan bien" (v. 3).

Creo que una de las razones por las que tengo el favor de Dios en mi vida es porque he hecho el compromiso de honrar a mis padres. Ellos no son perfectos, nadie lo es; pero son mis padres. No voy a hablar de forma negativa acerca de ellos. Voy a honrarlos tal como Dios dice que debo hacerlo. Y si los honro, me irá bien.

¿Cómo honran los hijos a sus padres? Lo primero y más importante es obedecerles: "Hijos, obedezcan a sus padres en el nombre del Señor, porque esto es justo" (Efesios 6:1). ¿Sabe por qué obedecen los hijos? Los hijos obedecen porque ellos creen que les irá bien si lo hacen. Si un hijo cree que él o ella recibirá una recompensa al obedecer, esa creencia —en definitiva— influenciará su comportamiento. Y si un hijo cree que él o ella tendrá un par de nalgadas por desobedecer, esa expectativa influenciará su comportamiento igualmente.

Cuando nuestros hijos estaban creciendo, nosotros recompensábamos su buen comportamiento; y disciplinábamos su mala conducta. Nuestros hijos creían que si hacían lo bueno, yo los recompensaría. Y también creían que si desobedecían, estarían en problemas. Por supuesto, yo prefería recompensarlos que castigarlos, y estoy seguro que nuestro Padre celestial siente lo mismo. Me encantaba recompensarlos con regalos especiales porque quería que ellos comprendieran que cuando uno hace algo bueno, Dios lo recompensará. Yo quería que ellos aprendieran que la obediencia verdaderamente resulta en bendición.

Algunos hijos desobedecen porque no creen. Dudan que la desobediencia haga que no "les vaya bien". Sin embargo, es sorprendente ¡cuán rápido puede ser corregida esa falta de fe con una adecuada disciplina paterna!

Estoy consciente de que se han escrito libros que contradicen lo que la Biblia afirma acerca de disciplinar a los hijos. Pero la disciplina piadosa ayuda al niño a creer que la obediencia trae buenos resultados y la desobediencia trae resultados dolorosos. Nuestro deber como padres es preparar a nuestros hijos para que se desempeñen bien en el mundo real, y eso incluye las consecuencias. Colosenses 3:25 continúa diciendo: "El que hace el mal pagará por su propia maldad, porque en esto no hay favoritismos". Si les enseñamos a los niños que la desobediencia no tiene consecuencias, entonces crecerán y tomarán malas decisiones que los lastimará a sí mismos tanto como a los demás. No les "irá bien".

Nosotros, los adultos, no somos muy diferentes de los niños: Desobedecemos a Dios porque no *creemos* que realmente vayamos a sufrir consecuencia alguna por nuestra desobediencia. Y si verdaderamente *creyéramos* que Dios nos recompensa cuando le obedecemos, *querríamos* obedecer. Obedecemos porque creemos. Desobedecemos porque no creemos.

**Obedecemos porque creemos.
Desobedecemos porque no creemos.**

Dios dijo que aquellos que no le obedecieran no entrarían en su reposo. En otras palabras, no entrarían a ese lugar en su destino donde Dios bendeciría cada aspecto de sus vidas. "¿Y a quiénes juró Dios que jamás entrarían en su reposo, sino a los que desobedecieron? Como podemos ver, no pudieron entrar por causa de su incredulidad" (Hebreos 3:18-19). Con frecuencia asumimos que los hijos de Israel no entraron en su destino porque no anduvieron en obediencia. Pero si leemos el versículo diecinueve vemos que, en realidad, no fue la desobediencia la que les impidió entrar, sino la incredulidad. Si ellos hubieran *creído* en las palabras de Dios, le habrían obedecido. Y si le hubieran obedecido, habrían entrado en su reposo.

Cierta vez un jovencito me dijo: "Pastor Robert, yo creo en el diezmo. Pero, simplemente, ¡no lo practico".

¡Eso me pareció absurdo! Así que le respondí: "Ah, entiendo. Yo creo en el baño. Pero, simplemente, ¡no lo practico!".

Si usted cree algo, lo practica o lo hace. La clave es creer. Si cree lo que dice la Biblia acerca de las recompensas del diezmo, que Dios reprenderá al enemigo por usted y abrirá las ventanas de los cielos para bendecirle, ¡hágalo! Si no lo hace, entonces realmente no cree en la Palabra de Dios.

Dios quiere que cada uno de nosotros entremos en nuestra tierra prometida. Nuestra tierra prometida es un lugar donde la bendición de Dios está sobre nosotros, prosperándonos en todo lo que hacemos. La clave para tener esa bendición es tener su presencia manifiesta en nuestras vidas. La clave para que su presencia se manifieste es obedecer sus mandamientos. Y para andar en obediencia a sus mandamientos, vamos a tener que creer. Vamos a tener que tener fe. Por tanto, ¿cuál es la clave para tener fe?

La clave de la fe: oír la Palabra

La clave para que tengamos fe está en oír la Palabra de Dios. Quiero enfatizar esto: La clave para que tengamos fe *no* está en *obedecer* la Palabra de Dios; la clave para tener fe está en *oír* la Palabra de Dios. Ahora, creo en obedecer la Palabra, y nosotros tenemos que obedecer a Dios si queremos tener su bendición en nuestras vidas. Sin embargo, no es la obediencia lo que produce la fe. Sino que es la fe la que produce obediencia. Y la fe solamente viene a través de la Palabra de Dios. Eso no es idea mía. Dios dejó esto muy claro en Romanos 10:17 (RVC), cuando dijo a través del apóstol Pablo: "Así que la fe proviene del oír, y el oír proviene de la palabra de Dios". Este pasaje de la Escritura dice que si yo oigo la Palabra de Dios, "la fe proviene". En otras palabras, la fe se hace presente. Así que todo lo que tengo que hacer es oír la Palabra de Dios. De manera que hay algo acerca de oír la Palabra de Dios que produce fe.

Ahora, yo sé que la Biblia dice que también debo ser un hacedor de la Palabra. Santiago 1:22 dice: "Sed hacedores de la palabra y no solamente oidores que se engañan a sí mismos". Pero oír la Palabra es lo que constituye la clave ¡para hacerla! Porque mientras más oiga la Palabra de Dios, más fe voy a tener. Y en tanto tenga más fe, más voy a querer obedecer a Dios y vivir de su Palabra.

La razón por la que muchas personas no son hacedoras de la Palabra es porque ellas, en realidad, no tienen fe. Pero el motivo por el que no tienen fe es porque ellas no han oído mucho de la Palabra. La Biblia dice que la forma en que la fe llega a nosotros es por medio de *oír la Palabra* de Dios.

De manera que mientras más Palabra de Dios haya en usted, más fe tendrá. Mientras más fe tenga, más obedecerá. En tanto más obedezca, habrá más de la presencia manifiesta de Dios en su vida. Y mientras más viva en la presencia de Dios, más prosperará y tendrá éxito dondequiera que Dios le ponga ya sea sirviente en un palacio, gerente en un edificio de oficinas o sea un progenitor que permanece en casa.

Todos podemos prosperar, y ¡cada uno de nosotros puede tener éxito! La manera en que empezamos eso es oyendo la Palabra de Dios. Así que empiece a hacer a la Palabra de Dios parte de su vida.

Cuando mi hijo James era adolescente, sabía que quería estudiar administración de empresas. Así que le pedí a mi buen amigo Steve Dulin, un hombre de negocios muy exitoso, que lo asesorara. Steve le dijo a James que realmente necesitaba conocer la Palabra de Dios y lo desafió a memorizar cuatro pasajes de las Escrituras a la semana. Luego, lo animó a comprar la Biblia en audio para que la escuchara cada vez que se subía al auto e incluso cuando dormía por la noche. (¡Eso fue cuando no existían los teléfonos inteligentes ni los iPods ni nada parecido!). Así que James fue a una librería (de las que existían antes) y encontró las opciones de Biblias en audio en los estantes del establecimiento. Ahí vio que la versión Reina Valera Actualizada costaba $49.95, la Nueva Versión Internacional estaba a $49,95 y otra versión novedosa costaba $49,95. Entonces vio que la versión Reina Valera antigua solo costaba $9.95. Ahora bien, algo que debe saber sobre James es que siempre ha sido ahorrador por naturaleza y, como estudiante, además andaba corto de dinero. Así que, ¿adivine qué versión compró y escuchó todos los días? ¡Lo adivino! ¡La Reina Valera antigua!

Después de que James estuviera escuchando la Biblia durante algunas semanas, recibí una llamada de mi otro hijo, Josh, preguntándome: "¿Qué está pasando con James?".

Le respondí: "No sé de qué estás hablando". Josh dijo: "Bueno, acabo de hablar por teléfono con él, pero cuando contestó el teléfono, dijo: '¿Cómo estáis vos, hermano? ¿Habéis estado en el campo con nuestro padre?'". Fue entonces cuando me di cuenta de que James había estado escuchando la Biblia versión Reina Valera *antigua*. Así que Debbie y yo le compramos la Reina Valera Actualizada. Después de la universidad, James se puso a trabajar en un negocio de construcción de viviendas y tuvo mucho éxito. Luego, en 2009, durante una recesión, empezó a sospechar que lo iban a despedir. Un día fue a almorzar con el dueño y, efectivamente, descubrió que lo despedirían pronto debido a la situación de la economía. Ese mismo día, almorcé con el dueño de un negocio en nuestra iglesia. Me preguntó cómo estaba James y le mencioné que podría estar siendo despedido. El hombre me dijo: "Bueno, tengo un puesto vacante. La razón por la que pregunté por James es porque quería ver si estaría bien contigo que hablara con él al respecto".

¡El mismo día, a la misma hora, James fue despedido de un trabajo y le ofrecieron otro! ¡Eso es lo que yo llamo prosperidad! Fue el Señor prosperando a James e impulsándolo hacia adelante. James *conocía* la Palabra de Dios y Dios lo prosperó.

Le insto a que escuche la Palabra de Dios siempre que pueda, mientras se prepara por la mañana, mientras conduce al trabajo o mientras lava los platos. Las aplicaciones bíblicas de los teléfonos inteligentes hacen que esto sea muy simple ahora. Lea la Biblia a diario. Memorice pasajes de la Escritura, medite en ellos y escriba versículos en tarjetas para pegarlos en su espejo para que los lea siempre que los vea. Si usted escucha su Palabra de manera congruente, la fe vendrá de forma natural, tal como Dios lo prometió. Y a medida que su fe aumente, encontrará que está andando en obediencia. A medida que camine en obediencia, va a tener la presencia de Dios en su vida. Y si la presencia de Dios está con usted, ¡tendrá éxito y prosperará!

En Gateway, usamos una frase muy popular que influye en la forma en que ministramos: "Escucha. Cree. Obedece". Si alguna vez visita nuestra iglesia o mira nuestros servicios en línea, es posible que la escuche. Incluso la tenemos impresa en camisetas y gorras. Y viene directamente de Romanos 10:17, que dice: "Así que la fe es por el oír, y el oír por la palabra de Dios". Sabemos que cuando somos fieles a la Palabra de Dios y escuchamos lo que él dice, lo creemos y lo obedecemos, por consecuencia la presencia de Dios estará con nosotros y nos prosperará.

En 2008, el liderazgo de la congregación Gateway Church estaba en negociaciones para adquirir un terreno en Southlake, Texas, para construir un edificio más grande. Encontramos setenta hectáreas en una excelente ubicación, al lado de una autopista principal y frente a la plaza del pueblo que tenía muchas tiendas y restaurantes. Pidieron, originalmente, veinticinco millones de dólares por el terreno, pero pudimos llegar a un acuerdo fenomenal por doce millones.

Unos días antes del cierre, el desarrollador nos llamó y dijo: "Nuestros abogados revisaron el contrato y notaron que hay unos derechos mineros en el contrato, que retiraremos. Mantendremos los derechos mineros".

Eso significaba que cualquier depósito de petróleo o minerales valiosos que hubiera en el interior de la tierra no nos pertenecería a nosotros sino al desarrollador. El pastor que estaba trabajando en las negociaciones me llamó para darme la noticia y le dije que necesitaba orar al respecto.

Fui ante el Señor y le pedí una palabra.

Él respondió: "Lee Deuteronomio 11".

Ahora bien, cuando iniciamos la congregación Gateway Church, Deuteronomio 11 fue uno de los capítulos que el Señor me dio acerca de la grey. Lo había leído cientos de veces, así que dije en cierto tono de queja: "¡Ya sé lo que dice Deuteronomio 11!".

El Señor respondió: "Yo también sé lo que dice".

De modo que abrí mi Biblia y comencé a leer Deuteronomio 11. Mientras estaba leyendo, pensaba: *Sí, sí, lo sé. He leído esto. Sí. Sí.* Hasta que llegué a los versículos 11-14:

La tierra que van a poseer es tierra de montañas y de valles, regada por la lluvia del cielo. El Señor su Dios es quien la cuida; los ojos del Señor su Dios están sobre ella todo el año, de principio a fin. Si ustedes obedecen fielmente los mandamientos que hoy les doy, si aman al Señor su Dios y le sirven con todo el corazón y con toda el alma, entonces yo enviaré la lluvia oportuna sobre su tierra, en otoño y en primavera, para que obtengan el trigo, el vino nuevo y el *aceite* (énfasis añadido).

Sentí que el Señor me decía: "Estoy a punto de darte esta tierra. El grano es tuyo, el vino es tuyo y el aceite es tuyo". Así que volví a llamar al pastor y le dije: "Dígale al desarrollador que el petróleo es nuestro, y es un factor decisivo". Sabía que estaríamos dejando pasar setenta hectáreas en un lugar perfecto si decían que no, pero tenía una palabra de Dios y debía ser obediente.

El desarrollador volvió a llamar unas horas más tarde y dijo: "Está bien, les daremos los derechos mineros".

Ahora, esto es lo que es asombroso. Fuimos a firmar todo el papeleo para finiquitar el negocio y un señor que trabajaba para el desarrollador miró el contrato y dijo:

—¿Puedo hacerle una pregunta? ¿Cómo consiguió los derechos mineros?

—¿Realmente quiere saber? —le pregunté y él asintió—. Bueno, oré y Dios me dio un versículo de la Biblia, que decía que el aceite era nuestro. Así que pedimos que nos devolvieran los derechos mineros.

—Soy cristiano —respondió el hombre— así que entiendo lo que dice, pero necesito decirle algo. He estado cerrando negocios para este desarrollador por veinticinco años y debe saber que la empresa matriz de este desarrollador es un importante conglomerado petrolero. Esta es la *primera* vez que regalan los derechos mineros.

La presencia de Dios estuvo verdaderamente en esa negociación y, desde entonces, Gateway Church ha prosperado enormemente no solo por la tierra sino también por retener los derechos mineros.

¿Qué habría pasado si no me hubiera tomado el tiempo para orar después de esa llamada telefónica? ¿Qué habría pasado si no hubiera escuchado al Señor, creído lo que él dijo y sido obediente a su Palabra? ¿Y si simplemente me hubiera dado por vencido? El dinero de la compra no era mío. Estábamos administrando el dinero de Gateway, y me alegra mucho haber sido fiel al hacer una pausa y escuchar al Señor, creer su Palabra y obedecerla. Su presencia no nos defraudó. (¡Y vale la pena mencionar que cuando el Señor le diga que lea un pasaje de las Escrituras, léalo, no importa cuán familiarizado esté con él!)

La bendición de la presencia de Dios

No hay palabras para describir la bendición de tener la presencia de Dios en su vida. En este momento, puedo sentir el favor de Dios en la mía, es un sentimiento maravilloso. ¡Tanto que no quiero hacer una sola cosa que pueda estropear ese sentir! El favor de Dios le hace sentir a uno que nada es imposible. El favor de Dios hace que usted sienta que cualquier cosa que intente hacer para Dios tendrá éxito. Porque cuando siente que Dios está con usted, sabe que sus esfuerzos por él no fallarán. ¿Qué podría valer tanto la pena para perder la bendición, el favor y la presencia manifiesta de Dios?

Yo no quiero caminar en desobediencia, porque sé que si desobedezco a Dios, su presencia se irá de mi vida. ¡Y no quiero perder su presencia ni su favor!

Como tampoco quería perderlo aquel día en el aeropuerto. Por eso, en última instancia, no fue una decisión difícil dejar una nota en el auto con el que choqué, aunque sabía que perderíamos nuestro vuelo. Fue fácil hacer lo correcto una vez que recordé que Dios me ha llamado a ser fiel en las cosas pequeñas, así como en las grandes, mientras vivo mi destino de acuerdo a su voluntad.

Quiero andar en el destino que Dios ha planeado para mí. Y yo sé que si voy a ser puesto sobre mucho, debo ser hallado fiel en lo poco; incluso en un pequeño incidente como golpear una pieza plástica de un carro viejo.

Con el tiempo recibí una llamada de la señora cuyo vehículo dañé. Me disculpé por el accidente y le di la información de nuestro seguro para que ella pudiera recibir la reparación de su parachoques. Pero antes de colgar, ella dijo: "Tengo que preguntarle algo. Les he mostrado su nota a todos en mi oficina y nadie puede creer que usted verdaderamente la haya dejado allí mostrando su responsabilidad. Habría sido muy fácil irse. No sabemos si usted es un santo, un marciano o qué, pero ninguno de nosotros pudo comprender por qué dejó usted esa nota".

Esa señora no era creyente. Aun así, como Potifar, reconoció que había algo diferente en mi comportamiento. De manera que pude explicarle la razón por la que había dejado la nota. Pude hablar del evangelio con ella y decirle cuánto había cambiado mi vida Jesucristo y que él podía hacerlo con la suya también.

"Usted dijo que todos en su oficina quieren saber por qué dejé esa nota", le dije. "Asegúrese de contarles que la razón por la que dejé esa nota es porque Jesucristo ha cambiado mi vida y dígales que él también quiere hacer eso por todos ellos".

No hay nada en esta tierra que pueda compararse al gozo de un momento como ese. Un instante en el que la presencia de Dios reposa sobre usted, un momento en que usted es capaz de hacer algo muy importante para él. Pero todo empieza con ser fiel en lo poco, siendo un fiel administrador. Si yo no hubiera sido fiel en hacer lo correcto en cuanto a ese accidente, nunca habría tenido la oportunidad de ser el mensajero de Dios para la gente de esa oficina. Y me habría arriesgado a perder la presencia de Dios en mi vida, una bendición que solamente se comparte con aquellos que andan cerca de él en obediencia.

Recuerde que la fidelidad —la buena administración— es precursora de la presencia de Dios. Y su presencia es lo que hace que tengamos éxito en todo lo que hacemos.

Así que recuerde que la fidelidad, la buena administración, es precursora de la presencia de Dios. Y su presencia es lo que hace que tengamos éxito en todo lo que hacemos. Es lo que hace que tengamos el favor de Dios en nuestras vidas. Quiero que todos tengamos el favor de Dios en nuestras vidas. ¡Y la maravillosa verdad es que el favor de Dios y su presencia están a la disposición de todos y de cualquiera!

Así como José, usted puede vivir en el favor, la bendición y la prosperidad de Dios. Dios *puede* y *quiere* bendecirle. De manera que sea fiel en lo poco. Sea un buen empleado, un buen administrador de lo que él le ha dado "como para el Señor" (Colosenses 3:23). Pase tiempo en la Palabra de Dios y vea aumentar su fe. A medida que la fe llegue, la obediencia le seguirá naturalmente. Y cuando usted honre a Dios y ande en obediencia a él, él le honrará a usted con su presencia. Entonces su favor y su bendición reposarán en su vida y, al igual que José, usted prosperará en todo lo que haga.

Y entonces sabrá que ha pasado la prueba del palacio de la administración. Puede esperar con gozo escucharlo a él decir: "Bien, siervo bueno y fiel; en lo poco fuiste fiel, sobre mucho te pondré; entra en el gozo de tu señor" (Mateo 25:21).

CAPÍTULO CUATRO

La prueba de la pureza

Todo estaba inusualmente tranquilo mientras predicaba aquel domingo.

Bueno, reconozco que no pastoreo la congregación más expresiva del mundo precisamente. No obstante, la mayoría de las veces, puedo contar con un firme "amén" y "así es" que se oye en toda la audiencia. Pero no ese día. Durante todo el sermón —y aunque mi prédica era, con frecuencia, apasionada— la gente continuaba seria y callada.

¿El tema? La pureza sexual.

Después, me hicieron una pregunta interesante: "¿Por qué supone que no hubo muchos 'amén' hoy?".

"¿Qué piensan *ustedes*?", fue mi única respuesta.

En realidad, es algo extraño que el tema de la sexualidad nos haga sentir incómodos en estos tiempos. Después de todo, vivimos en una sociedad que parece estar absolutamente saturada de sensualidad y sexualidad. Y pareciera inclinarse a hacernos sentir tan cómodos como sea posible acerca del sexo y los asuntos relacionados.

No hace mucho, en los años 1990, nuestro país pasó por un escándalo que implicaba inmoralidad al nivel más alto de la oficina presidencial. Algunos verdaderamente se horrorizaron; otros, simplemente vieron el incidente desde un punto de vista político. Sin embargo, a la mayoría no pudo importarle menos. Pero lo que más me sorprendió acerca de ese capítulo tan triste de nuestra historia fue la idea generalizada de que el comportamiento privado del presidente no tenía nada que ver con su rol de liderazgo en el país. Nada podía estar más lejos de la verdad.

Cualesquiera sean sus convicciones políticas, usted tiene que comprender que hay ciertas verdades que nunca cambian, y Dios nos las ha descrito cuidadosamente en la Biblia.

La prueba de la pureza: el dominio de la sexualidad

Nuestra cultura popular podría decir que la moralidad sexual no tiene nada que ver con el carácter; pero, Dios "lamenta" no estar de acuerdo: La moralidad sexual tiene *todo que ver* con el carácter. Y el carácter es muy importante para Dios. De manera que si queremos andar en el destino que Dios ha planeado, vamos a tener que entender lo que él tiene que decir acerca de la pureza sexual.

No malinterprete lo que estoy diciendo aquí, Dios nos hizo para ser seres sexuales. Él quiere que toda persona disfrute una vida sexual maravillosa, satisfactoria, con su cónyuge. Sin embargo, al igual que con cualquier otro regalo que Dios nos ha dado, tenemos la responsabilidad de administrar ese regalo de manera que lo agrade a él. Dios está observando para ver si somos fieles gobernadores en esta área de nuestras vidas también. Recuerde, si somos fieles en lo poco, Dios sabe que puede confiarnos lo mucho. Pero si somos infieles en lo poco, él dice que también seremos infieles en lo mucho (vea Lucas 16:10).

Es muy importante entender esto porque una persona que sea inmoral en esta área de su vida, también lo será en las otras. Un individuo que engañe a su cónyuge, también engañará a su empleador (o a su país). Esta no es una idea que yo me haya inventado. Esto es, sencillamente, *lo que Dios dice en su Palabra*. Dios dijo que el que sea infiel en lo poco, también lo será en lo mucho (vea Lucas 16:10). Yo no dije eso; ¡Jesús fue el que lo dijo! De manera que nuestra conducta sexual sí le importa y mucho a Dios. Es muy importante que seamos hallados fieles en esta área de nuestras vidas.

El carácter es un asunto fundamental. Si el carácter funciona, el resto de la casa funciona. Si la base es mala, todo lo demás será malo. Nunca podemos ser inmorales "solo" sexualmente porque la inmoralidad sexual abre la puerta a una multitud de otros pecados. Si somos inmorales sexualmente, también mentiremos y engañaremos, porque tenemos que esconder nuestro pecado. La Biblia dice que el rey David era "un hombre conforme a mi [el de Dios] corazón" (Hechos 13:22). Aun así, la inmoralidad sexual lo llevó a mentir y, con el tiempo, a asesinar en un intento por cubrir su pecado.

Desde ese escándalo político que mencioné, ocurrido en la década de 1990, todos hemos escuchado historias de otros grandes líderes, políticos y empresariales que tropezaron con la inmoralidad sexual y permanecieron como líderes confiables en sus profesiones. Sin embargo, no es exagerado decir que eso se ha convertido en la norma en nuestra sociedad actual. Entiendo la necesidad de ser generosos con los que cometen errores, pero entristece ver que nuestra cultura ha declinado a tal punto que muchos dicen que la inmoralidad sexual de un líder no tiene que ver con su capacidad de liderazgo. Algo tan espantoso como esto es una indicación aleccionadora de que nuestra sociedad necesita un avivamiento y un consecuente arrepentimiento, por lo que ello debe impulsarnos a escudriñar nuestros propios corazones y orar por esta situación. Pero sean cuales sean las ideas que la cultura popular pueda estar promoviendo, solo las ideas de Dios realmente valen.

En el reino de Dios, el carácter tiene mucho que ver con la aptitud para el liderazgo. Debemos entender que si permitimos cualquier transigencia en esta área, estamos arriesgando el destino que Dios nos ha dado. Por supuesto, Dios es redentor por naturaleza. Si usted ha caído en este aspecto y se arrepiente sinceramente ante Dios, él le perdonará y le restaurará. Pero si *persiste* en la inmoralidad, no llegará a su destino. ¿Por qué? Porque Dios está buscando mayordomos fieles en los que pueda confiar de todo corazón.

Esta es la prueba de pureza, y en nuestra sociedad hipersexualizada, cada uno de nosotros enfrenta esta prueba crucial diariamente. Por dicha, todos podemos inspirarnos y comprender la historia de José. Cuando se enfrentó a una gran tentación, ¡José pasó esta prueba con gran éxito! Génesis 39 relata la historia.

José tenía muy buen físico y era muy atractivo. Después de algún tiempo, la esposa de su amo empezó a mirarlo con deseo y le propuso:
—¡Acuéstate conmigo!
Pero José no quiso saber nada, sino que contestó:
—Mire, señora: mi amo ya no tiene que preocuparse de nada en la casa, porque todo me lo ha confiado a mí. En esta casa no hay nadie más importante que yo. Mi patrón no me ha negado nada, excepto usted, que es su esposa. ¿Cómo podría yo cometer tal maldad y pecar así contra Dios?
Y por más que ella lo acosaba día tras día para que se acostara con ella y le hiciera compañía, José se mantuvo firme en su rechazo.
Un día, en un momento en que todo el personal de servicio se encontraba ausente, José entró en la casa para cumplir con sus responsabilidades. Entonces la mujer de Potifar lo agarró del manto y rogó: "¡Acuéstate conmigo!".
Pero José, dejando el manto en manos de ella, salió corriendo de la casa. (vv. 6-12)

La razón por la que José pasó esta prueba es muy simple: cuando la tentación alcanzó proporciones enormes que podrían envolverlo él ¡corrió! Dios nos aconseja que sigamos el ejemplo de José y "huyamos de la inmoralidad sexual" (1 Corintios 6:18). El significado literal de huir es "*escapar*". Dios no dice que simplemente debemos alejarnos de la inmoralidad. ¡Él nos dice que huyamos de él! Y eso es exactamente lo que hizo José, aunque tuvo que dejar su manto en manos de la esposa de Potifar para lograr escabullirse.

Note lo que José llama inmoralidad: "tal maldad y pecar así contra Dios" (Génesis 39:9). José huyó de la tentación porque entendió algo que nuestra sociedad parece haber olvidado: la inmoralidad sexual es mala y pecaminosa. José también sabía que el mal no sería solo contra su amo Potifar. Entendió que la inmoralidad sexual también sería un mal contra Dios y dañaría su relación con el Señor. Así que corrió.

En muchos sentidos, este es solo otro aspecto de la mayordomía fiel, porque en los Diez Mandamientos, Dios nos prohíbe codiciar cualquier cosa que pertenezca a nuestro prójimo, incluida su esposa (vea Éxodo 20:17).

La esposa de Potifar estaba tentando deliberadamente a José para que la codiciara, por lo que la mayordomía de José estaba siendo probada en ese aspecto. Ahora, no estoy tratando de avergonzar a esa mujer ni menospreciarla; el enemigo estaba atacando a José a través de ella. (Recuerde, nuestra batalla no es contra sangre y carne). Y la pregunta ya no era si José podría administrar fielmente las *pertenencias* de otro hombre. Ahora era otra cosa, ¿podría ejercer la mayordomía fiel de la *esposa* de otro hombre?

Sin embargo, hay más que considerar. ¿Podría José administrar su propio cuerpo? ¿Sería capaz de administrar sus propios apetitos y deseos? ¿Serviría José fielmente a Dios en este aspecto de su vida?

Estas son preguntas muy importantes que cada uno de nosotros tendrá que enfrentar. Nos agrada pensar que podemos disciplinarnos en nuestro caminar con Dios, pasando tiempo en la Palabra y en oración. Pero muchos de nosotros no podemos, siquiera, dominar nuestros apetitos físicos de una forma que honre a Dios. Esta es una de las primeras áreas en las que tenemos que aprender a disciplinarnos a nosotros mismos porque si no podemos controlar nuestro cuerpo ¿cómo podríamos ser fieles en cualquier otra área? El apóstol Pablo comprendía esto. En 1 Corintios 9:27 (DHH), él dijo: "Al contrario, castigo mi cuerpo y lo obligo a obedecerme, para no quedar yo mismo descalificado después de haber enseñado a otros". Si no queremos ser descalificados del destino que Dios nos dio, tenemos que aprender a mantener nuestro cuerpo físico bajo control, y no solamente en el aspecto de la comida. Tenemos que controlar nuestro apetito sexual también.

La tentación sexual es un asunto que toda persona debe confrontar. Una vez, estaba dando una charla en un retiro para hombres e hice la siguiente pregunta: "¿Cuántos de ustedes han tenido problemas con la lujuria?". Casi el noventa por ciento de los hombres levantaron sus manos. Entonces, reflexioné un poco y continué: "¡Bueno, es obvio que el otro diez por ciento tiene problemas con la mentira!".

Tratar con la tentación sexual es, sencillamente, una parte de quienes somos; porque Dios nos creó para ser seres sexuales.

Seamos sinceros. Tratar con la tentación sexual es, sencillamente, parte de lo que somos; porque Dios nos creó como seres sexuales. Nos hizo como criaturas sexuales y él quiere que disfrutemos ese aspecto de nuestra identidad. Como todo lo demás que Dios ha creado, él tiene un plan maravilloso para esa parte de nuestras vidas. Sin embargo, ¿vamos a seguir su plan, tal como lo describe en su Palabra? O, ¿vamos a andar en desobediencia?

Tratar con la tentación sexual es, sencillamente, parte de lo que somos; porque Dios nos creó como seres sexuales.

Recuerde, el camino de la obediencia es siempre el mismo de la bendición de Dios. El camino de la obediencia siempre es el de la promoción de Dios. Así que, si queremos cumplir el sueño que él tiene para nuestras vidas, tendremos que poner esta área bajo el control de Dios. Yo, particularmente, luché con la prueba de pureza, pero Dios me mostró algunas claves que me ayudaron a pasar esta importante dificultad, que creo también le ayudarán a usted. Pero primero, hablemos de por qué es imperativo permanecer puro.

La impureza afectará a su familia

Si alguien le dice que la impureza sexual no afectará a su familia, esa persona es mentirosa o está muy engañada. Si usted permite que la impureza se convierta en parte de su vida, eso *afectará* a su cónyuge, a sus hijos y a sus nietos.

En 2 Samuel 11 al 13 encontramos una de las ilustraciones más famosas de esta realidad. Todo comienza en el capítulo 11, cuando el rey David ve a la hermosa Betsabé bañándose en el tejado. Sabemos que la codició, cometió adulterio y finalmente asesinó a su esposo. No es hasta que el profeta Natán confronta a David, en el capítulo 12, que se arrepiente. Y luego, en el capítulo 13, vemos las consecuencias del pecado de David: sus hijos comienzan a cometer inmoralidades graves.

Pasado algún tiempo sucedió lo siguiente. Absalón, hijo de David, tenía una hermana muy bella que se llamaba Tamar; y Amnón, otro hijo de David, se enamoró de ella.

Pero como Tamar era virgen, Amnón se enfermó de angustia al pensar que sería muy difícil llevar a cabo sus intenciones con su hermana. Sin embargo, Amnón tenía un amigo muy astuto que se llamaba Jonadab, hijo de Simá y sobrino de David. Jonadab preguntó a Amnón:

—¿Cómo es que tú, todo un príncipe, te ves cada día peor? ¿Por qué no me cuentas lo que te pasa?

—Es que estoy muy enamorado de Tamar, la hermana de mi medio hermano Absalón —respondió Amnón.

Jonadab sugirió:

—Acuéstate y finge que estás enfermo. Cuando tu padre vaya a verte, dile: "Por favor, que venga mi hermana Tamar a darme de comer. Quisiera verla preparar la comida aquí mismo, y que ella me la sirva".

Así que Amnón se acostó y fingió estar enfermo. Y cuando el rey fue a verlo, Amnón dijo:

—Por favor, que venga mi hermana Tamar a prepararme aquí mismo dos tortas y que me las sirva (2 Samuel 13:1-6)

Permítame hacer una pausa aquí y explicar algunas cosas sobre este pasaje. Como verá, el rey David tenía ocho esposas que se mencionan por nombre en la Biblia. Es posible que tuviera más que no se nombran. En su época, los reyes solían tomar esposas para sellar alianzas militares. Absalón y Tamar eran hijos de una mujer, y Amnón era hijo de otra mujer. Así, Amnón y Tamar eran medio hermanos. Suena *como* una telenovela, lo sé. Pero algunas partes de la Biblia son como telenovelas porque involucran a humanos. La Biblia dice que Amnón estaba enamorado de su media hermana, aunque sabía que eso era malo y que nunca podría resultar en matrimonio porque la ley decía: "Maldito el que se acuesta con su hermana, la hija de su padre o la hija de su madre" (Deuteronomio 27:22).

Sin embargo, vemos en 2 Samuel 13:3 cómo el amigo de Amnón, Jonadab (que también era su primo), comenzó a influir en Amnón para que hiciera algo con respecto a sus sentimientos inapropiados hacia Tamar. Jonadab también se describe como "astuto" y "sutil", que son palabras similares que se usan para describir a Satanás en la Biblia. Al igual que el enemigo, Jonadab comenzó a influir y tentar a Amnón para que hiciera lo que sabía que estaba mal. (¡En mi opinión, Amnón necesitaba mejores amigos!) Amnón acudió a su padre, el rey David, que accedió a enviar a Tamar a la casa de Amnón para preparar comida y cuidarlo. Después de que Tamar hizo algunos pasteles, él se negó a comer. Luego hizo que todos menos Tamar salieran de la habitación. Retomemos la historia de nuevo aquí:

> Y cuando ella se las puso delante para que comiese, asió de ella, y le dijo: Ven, hermana mía, acuéstate conmigo. Ella entonces le respondió: No, hermano mío, no me hagas violencia; porque no se debe hacer así en Israel. No hagas tal vileza. Porque ¿adónde iría yo con mi deshonra? Y aun tú serías estimado como uno de los perversos en Israel. Te ruego pues, ahora, que hables al rey, que él no me negará a ti. Mas él no la quiso oír, sino que pudiendo más que ella, la forzó, y se acostó con ella. Luego la aborreció Amnón con tan gran aborrecimiento, que el odio con que la aborreció fue mayor que el amor con que la había amado. Y le dijo Amnón: Levántate, y vete. Y ella le respondió: No hay razón; mayor mal es este de arrojarme, que el que me has hecho. Mas él no la quiso oír, sino que llamando a su criado que le servía, le dijo: Échame a esta fuera de aquí, y cierra tras ella la puerta (2 Samuel 13:11-17).

Esta historia es perturbadora en muchos niveles. El amor de Amnón por Tamar se convirtió en lujuria, y cuando cumplió su cometido se convirtió en odio. Escuche, una violación *nunca* se hace por amor.

Entonces, *¿por qué* le estoy contando esta conflictiva historia? Dos razones. Primero, para recordarle que el enemigo es cruel. Que quiere arruinar su vida. Él sabe lo que la impureza sexual le hace a una relación. Sabe que el amor se convierte en odio. Cuando se introduce la impureza sexual en una relación, se puede perder el respeto y, sin respeto, no hay amor. La segunda razón por la que cuento esta historia es porque creo que David tuvo la oportunidad de detener los pecados de sus hijos. Quiero decir, ¿cómo no vio la petición de Amnón por lo que era? Él podría haber visto a través de eso y decir: "¿Qué? ¿Quieres que vaya a tu dormitorio y que te dé de comer? ¡No me engañes!". Pero la razón por la que David no lo vio fue porque su propia vida estuvo embargada por la impureza. Sí, se arrepintió de su inmoralidad con Betsabé y Dios lo perdonó, pero el pecado tiene consecuencias. David tenía un punto ciego en cuanto a la impureza de sus hijos porque tuvo la misma debilidad.

Usted puede llevar a sus hijos a la iglesia y enseñarles todo lo que necesitan saber acerca de Dios, pero si tiene inmoralidad sexual en su vida, su familia sufrirá las consecuencias. Le está dejando, al enemigo, una puerta abierta para su familia.

Sé que esto parece duro, pero no deje que nadie le engañe. La inmoralidad en su propia vida siempre tendrá un impacto negativo en la de sus hijos. La Biblia incluso nos dice que la iniquidad de los padres se transmite a los hijos.

Dios ... misericordioso, lento para la ira y grande en amor y fidelidad, que mantiene su amor hasta mil generaciones después y que perdona la maldad, la rebelión y el pecado; pero no tendrá por inocente al culpable, sino que castiga la maldad de los padres en los hijos hasta la tercera y cuarta generación (Éxodo 34:6-7)

Si no nos ocupamos de la iniquidad en nuestra propia vida, la veremos repetirse en la de nuestros hijos. Pero observe que este pasaje no dice que los pecados de los padres se transmiten a los hijos (aunque se cita con frecuencia de esta manera). Más bien, habla de la *iniquidad* que se transmite.

Hay una diferencia importante entre el pecado y la iniquidad. El pecado es el movimiento exterior; la iniquidad es la motivación interna. El pecado es la acción; la iniquidad es la actitud. El pecado está en la mano; la iniquidad está en el corazón.

Si la iniquidad está en el corazón, la mano seguirá en consecuencia. Si la actitud está en el corazón, entonces lo que sigue es la acción. Por lo tanto, si queremos superar nuestras luchas en el área de la pureza sexual, debemos tratar con la motivación interna. Tenemos que lidiar con la iniquidad porque las cosas ocultas del corazón son las que nuestros hijos heredarán de nosotros.

La palabra *pecado* significa "infringir, transgredir o pasarse de la raya". Si ingresa a la propiedad de otra persona y hay un letrero que dice "Propiedad privada", usted está invadiendo la propiedad de otro. Eso es transgresión, eso es pecado. Pecado es ir a donde se supone que no debe ir o cruzar una línea que se supone que no debe cruzar.

Cuando Dios dice: "No pases por encima de esta línea", y nosotros la pasamos, eso es pecado. Eso es transgresión. Pero la actitud del corazón que impulsa la acción es la iniquidad. Por ejemplo, el adulterio es pecado, pero la lujuria es iniquidad. El adulterio es el movimiento exterior, pero la lujuria es la motivación interior. Necesitamos entender que la lujuria es una iniquidad y que esta yace en el corazón.

Escuché a algunos hombres decir: "Bueno, sé que lucho con estas cosas, pero en realidad nunca he hecho nada. Nunca he puesto la lujuria en acción. Claro, miro pornografía y batallo con la lujuria. Pero siempre he sido fiel a mi esposa".

Tal persona necesita entender que no son los *pecados* de los padres los que se transmiten a los hijos; son las *iniquidades*. Si permitimos que la lujuria permanezca en nuestro corazón, la vamos a ver en nuestros hijos, porque Dios dijo que visitaría las *iniquidades* de los padres sobre los hijos hasta la tercera y cuarta generación (vea Éxodo 20:5). A John Wesley, teólogo de la década de 1700, a menudo se le atribuye haber dicho: "Lo que una generación tolera, la próxima lo aceptará". Si la lujuria está en el corazón de una generación, puede pasar a las manos de la siguiente.

Sin embargo, hay buenas noticias: Dios ha abierto un camino para que seamos libres tanto de nuestros pecados como de nuestras iniquidades. Isaías 53:5 dice: "Pero Él fue herido por nuestras transgresiones, molido por nuestras iniquidades". (Recuerde, las *transgresiones* son externas y se relacionan con nuestros pecados o faltas. Las *iniquidades* son internas y tienen que ver con nuestro corazón).

Jesús fue herido externamente por nuestros pecados externos. Y fue molido interiormente por nuestras iniquidades interiores.

En otras palabras, todo lo que necesitamos para ser libres del pecado y la iniquidad ha sido hecho por Jesucristo a través de su extraordinario sacrificio. Jesús nos ha liberado del pecado y la iniquidad por su obra expiatoria en la cruz. Pero si no permitimos que él nos libere de la iniquidad, le daremos a nuestros hijos una herencia que no queremos que tengan.

La impureza siempre es lujuria, no amor

A menudo le digo a la gente: "Si tienes un noviazgo con alguien y te dice: 'Si me amas de veras, harás lo que te pido', eso es mentira". ¡La impureza *siempre* es lujuria, *nunca* es amor! Si tienes una relación adúltera, no es amor; es lujuria. La esposa de Potifar no amaba a José, lo deseaba. Si lo hubiera amado, no habría mentido sobre él ni le habría permitido permanecer en prisión todos esos años.

La mayoría de los pecados nacen del egoísmo y la lujuria es el pecado más egoísta que existe. La lujuria no quiere gratificación para nadie más que para la persona misma. A la lujuria no le importa si el cónyuge resulta herido. A la lujuria no le importa si los niños resultan lastimados. Si se lo permite, la lujuria tomará el control y no solo le afectará a usted, sino también a su familia actual y futura.

Ahora quiero dirigirme directamente a la persona soltera. Sé que está bajo una tremenda presión del mundo para negociar su pureza sexual. Nuestra cultura está extremadamente sexualizada. Pero usted debe entender la verdad. Satanás es mentiroso y la inmoralidad sexual tiene consecuencias (pero no son las mismas consecuencias que produce el amor). Esas consecuencias traen un gran dolor y mucha angustia. A veces, debido a la incomodidad con el tema, los padres y los líderes no explican adecuadamente por qué Dios dice: "No pases esa línea". Dios no es un puritano que no quiere que se divierta. Él le advierte que no cruce esa línea del pecado porque sabe que el dolor y la muerte están del otro lado. Es como cuando un papá les dice a sus hijos que no jueguen en la calle. No es porque no quiera que se diviertan, es porque no quiere que los atropelle un coche. Dios le ama y no quiere que usted tome el camino de la destrucción. Nuestro mundo está lleno de personas deshechas y heridas, y nos preguntamos por qué. ¿Será porque la pureza se ha convertido en un chiste? La cultura pop ha hecho de la virginidad un problema a resolver en vez de algo a proteger y atesorar.

Dios le ama y no quiere que usted tome el camino de la destrucción.

Una vez una pareja joven me preguntó: "Nos amamos y nos vamos a casar, entonces ¿qué diferencia hace una hoja de papel?".

La forma en que formularon la pregunta me hizo saber que el enemigo les estaba diciendo que se enfocaran en la licencia matrimonial, no en sus acciones amorosas. ¡El enemigo es astuto!

"Ninguna", fue mi respuesta. "La hoja de papel no hace ninguna diferencia en absoluto. Sin embargo, te diré lo que sí hace la diferencia: la bendición de Dios. ¡Eso hace toda la diferencia en el mundo!".

¿Quién no querría la bendición de Dios sobre su relación sexual con su cónyuge? Cuando caminamos en obediencia a Dios, tenemos su bendición. Pero cuando andamos desobedeciéndolo, invitamos la destrucción a esa área de nuestras vidas. La única forma de cerrar la puerta es a través del arrepentimiento.

Esto es lo que Debbie y yo hicimos con nuestros hijos. Es posible que usted no tenga la misma convicción o capacidad, pero les dijimos a ellos que si conocían a la persona adecuada, piadosa y a quien también confirmáramos como su futuro cónyuge, y todavía estaban estudiando en la universidad, continuaríamos pagando su educación después de casarse. No queríamos usar esa situación para mantenerlos como rehenes y obligarlos a esperar hasta después de graduarse para que se casaran, si la tentación de cometer inmoralidades antes del matrimonio era demasiado grande. Les dijimos: "Preferimos que contraigan matrimonio pobres y puros que graduados e impuros". Sabía por experiencia el problema que implica la impureza antes del matrimonio, y estaba dispuesto a dar el ejemplo hasta con mi dinero. Era muy importante para nosotros que nuestros hijos se mantuvieran puros.

Algunas parejas que han estado casadas por años también necesitan entender esto porque pueden haber abierto la puerta a la destrucción antes de casarse y no saben cómo cerrarla. Si ese es su caso, siga leyendo. Puedo ayudarle a cerrar esa puerta.

He observado que el sexo prematrimonial puede abrir la puerta a la insatisfacción sexual después de que se hayan dicho los votos matrimoniales, porque si va a tener sexo prematrimonial, tiene que hacerlo a escondidas. Si una pareja joven va a ser inmoral o impura, no lo van a decir abiertamente; aunque no sea lo común. Si sus padres preguntan: "¿Qué vas a hacer en tu cita esta noche?", por lo general, no van a responder con "Vamos a tener sexo. ¡Estaré en casa a las once de la noche!". No, probablemente mentirán.

Toda impureza implica engaño. Entonces, si usted tuvo sexo prematrimonial, tuvo que andar a escondidas, y eso desarrolló un apetito por el "sexo oculto", un apetito que Dios nunca tuvo la intención de que usted desarrollara. Al transigir de esa manera, usted prepara su matrimonio para el fracaso.

Sé que puede parecer una declaración fuerte, pero he sido testigo de los tristes resultados de esto con demasiada frecuencia. Cuando aconsejo a parejas que han pasado por adulterio, he aprendido a preguntarles algo como lo siguiente: "No estoy tratando de entrometerme, pero necesito saber esto para que podamos cerrar una puerta. Ustedes dos ¿tuvieron sexo prematrimonial?". En casi todos los casos, la respuesta es "Sí".

Así es como sucede. Cuando usted practica el sexo prematrimonial, se escabulle, se oculta y siente mariposas en el estómago. Siente un aumento repentino de adrenalina porque está haciendo algo prohibido y emocionante. Pero después de casarse, ya no tiene que ocultarse y la adrenalina desaparece. Entonces uno de ustedes dirá:

"Simplemente, no es lo mismo". Y es posible que pueda comenzar a ver videos XXX y pornografía porque está tratando de satisfacer un apetito que fue creado por el pecado.

Es por eso que el hombre comienza a hablar —o a coquetear— con una compañera de trabajo en su oficina: para tratar de satisfacer el apetito por lo prohibido que despertó en él el sexo prematrimonial. Luego empezará a entablar una relación extramatrimonial con ella. Para hacer eso, ¿qué tendrá que hacer? Eso mismo, ¡adivinó! Ocultarse, encubrir la aventura amorosa, poner en práctica el engaño. Así es como obtendrá la misma descarga de adrenalina, con esa mujer, como la que disfrutaba con su esposa antes de casarse. Así que asocia ese sentimiento con el amor, por lo que comenzará a pensar que ama a su compañera de trabajo y no a su esposa. Luego se divorciará de su cónyuge y se casará con su compañera de trabajo.

Entonces ¿qué pasa luego? Ya no tiene que esconderse. Ahora el ciclo de pecado y engaño está listo para repetirse. Es por eso que algunas personas se han divorciado tres, cuatro y cinco veces. No quiero decir esto de todos los que han tenido múltiples matrimonios, porque no siempre es esa la razón, pero hay algunas personas que han creado un apetito que nunca puede ser satisfecho aparte de una relación ilícita. Otros individuos inconscientemente se dan cuenta de eso y no quieren casarse, en absoluto, porque temen que el matrimonio pueda "arruinar" lo que hacen. Por eso continúan en una vida de pecado, que es exactamente lo que quiere el enemigo.

Tenga en cuenta que este escenario no solo sucede con los hombres. Las mujeres también pueden desarrollar un apetito poco saludable por el romance o la intimidad emocional asociada con andar a escondidas. Este no es un problema exclusivo de "hombres" o de "mujeres", es un conflicto *humano*. Estamos tratando de satisfacer un apetito que Dios nunca quiso que tuviéramos, un deseo que fue creado y sustentado por la lujuria, no por el amor.

Si usted quiere cerrar la puerta que ha abierto al sexo prematrimonial, hágalo de la misma manera que la cierra con cualquier otro pecado: confiéselo y arrepiéntase. Dígaselo a Dios y a alguien en quien ambos confíen. Por desdicha, muchas parejas cristianas que han tenido relaciones sexuales prematrimoniales no quieren admitirlo. Quieren simplemente pasar eso por alto, fingiendo ante los demás y pretendiendo ante sí mismos que nunca sucedió. Pero sí, sucedió; pero, hasta que se arrepientan de ese pecado, seguirá afectándolos.

Si ese es su caso, no estoy tratando de condenarle, no estoy diciendo que tenga que difundir sus fallas al mundo. No tiene que publicarlo en sus redes sociales ni etiquetarme en ellas para nada. Pero si quiere cerrar esa puerta, no puede pasar por alto el hecho de que tuvo sexo prematrimonial. Tiene que tratar eso como pecado. Tiene que ir ante su cónyuge y pedirle perdón por haber violado los mandamientos de Dios. Tiene que llamar al pecado por su nombre: "pecado"; y arrepentirse los dos y ante Dios. Pídale a un amigo o pastor de confianza que ore por ustedes dos. Arrepiéntanse y oren juntos por el perdón, porque si no lo tratan como pecado, dejarán una puerta abierta para que el enemigo entre en su matrimonio.

Es muy importante cerrar esa puerta. Si no lo hace, afectará su matrimonio, su familia y a sus hijos.

La impureza afectará su relación con Dios

Las relaciones familiares no son las únicas afectadas por la inmoralidad. Eso también incidirá negativamente en su relación con Dios. ¿Por qué? Porque la inmoralidad trae consigo mucho engaño y Dios es el Dios de la verdad. No hay falsedad ni engaño en él.

La inmoralidad siempre implica engaño y manipulación, ya que para participar en el pecado, usted tendrá que moverse a escondidas y mentir cada vez que sea necesario. Cualquier persona involucrada en inmoralidad es mentirosa y engañosa. Esa es la conclusión.

Ahora bien, entiendo que esta es una afirmación fuerte, y le aseguro que no estoy juzgando a nadie. Simplemente estoy describiendo cómo era yo. Sé de lo que hablo porque era una persona muy inmoral. (En otras palabras, hablo por experiencia).

Las personas inmorales deben encubrir sus cosas, por lo que se vuelven engañosas en todas las áreas de sus vidas. Al hacerlo, finalmente aprenden a ser engañosas no solo con su cónyuge o sus padres, sino también con Dios.

Por favor, no me malinterprete: ¡Dios no puede ser engañado! Él sabe exactamente lo que usted y yo estamos haciendo. Pero cuando usted abre su vida a la impureza, usted se hace vulnerable a los espíritus demoníacos. Y esos espíritus le dicen que nadie ve lo que está haciendo, ni siquiera Dios.

Usted no puede participar en la impureza y también tener una relación franca y transparente con Dios. Es posible que vaya a la iglesia y levante las manos para adorar a Dios, pero cubre su corazón. Aprende a orar sin lidiar con el pecado. Pero, ¿qué dice Dios acerca de ese tipo de oraciones?

El Salmo 66:18 afirma: "Si en mi corazón hubiera yo abrigado maldad, el Señor no me habría escuchado". Y Proverbios 28:9 nos dice: "Dios aborrece hasta la oración del que se niega a obedecer la ley".

Así que, por favor, no se deje engañar. Si tiene una relación inmoral, esta se interpondrá entre la verdadera comunión con Dios y usted. Cuando el engaño le controle, puede convencerse de que el pecado no cuenta y que aun así puede escuchar a Dios. Pero es posible que en realidad no esté escuchando a Dios. Hasta puede que escuche a un espíritu hablándole, ¡pero no es el Espíritu Santo!

Una pareja que tenía una relación impura y que llegaron a tal punto de inmoralidad, me dijeron que hasta oraban juntos. Debo admitir que esas palabras me enfermaron, puesto que ese es el colmo del engaño. Puede que con esas oraciones le estén hablando a un espíritu, ¡pero el espíritu al que le están hablando *no* es santo! Sin embargo, empiezan a creer que ese espíritu es Dios, aunque —en realidad— es un demonio disfrazado de ángel de luz. Los que participan en la inmoralidad sexual alcanzan un grado de ceguera tal que ni siquiera pueden ver su pecado. Y llegan a creer que Dios tampoco lo ve.

Usted no puede tener una relación sincera con Dios si está andando en la impureza. Si persiste en la inmoralidad, sus mentiras y sus engaños se convertirán en su estilo de vida. Aprenderá a ser una persona religiosa en vez de una piadosa. Aprenderá cómo ir a la iglesia y poner una "cara". Aprenderá a orar con "rostro" de cristiano. Incluso aprenderá a acudir a Dios con una "pose" falsa. Pero Dios no se deja engañar por esas "poses".

Al final, también perderá la sintonía con la voz del Espíritu Santo. Porque sabe que el Espíritu Santo le dice una y otra vez: "Apártate del pecado. Vuélvete a Dios. Vuélvete a lo que es correcto". La razón por la que Dios le suplica es porque ve el final del camino lleno de muerte y destrucción: la familia rota, el matrimonio deshecho y una vida destrozada. Él ve todo eso. Sin embargo, él le ama, por eso le suplica que regrese.

Si usted permite que la lujuria permanezca en su corazón, aprenderá a caminar en una relación rebelde con el Espíritu Santo. Aprenderá a decir "no" al Espíritu Santo una y otra vez. Aprenderá a ignorar la voz de Dios y a entristecer al Espíritu Santo.

Que no le engañen. La inmoralidad *afectará* su relación con Dios. Si cree que puede mantener la inmoralidad en su corazón y aun así tener una relación pura con Dios, ha sido engañado.

Precisamente por eso el apóstol Santiago escribió lo siguiente a la Iglesia:

Cada uno es tentado cuando sus propios malos deseos lo arrastran y seducen. Luego, cuando el deseo ha concebido, engendra el pecado; y el pecado, una vez que ha sido consumado, da a luz la muerte. Mis queridos hermanos, no se engañen (Santiago 1:14-16)

Santiago se pregunta: ¿Cómo podría usted volver a sus caminos pecaminosos ahora? ¿Cómo pudo permitir que esa lujuria lo alejara de la verdad? Debe haber sido engañado porque usted sabe que la lujuria se convertirá en pecado y que este resultará en muerte.

Santiago les está suplicando a los creyentes que no se dejen engañar sino que permitan que Dios haga una obra en esa área de sus vidas. Si está engañado, Dios le está suplicando que se arrepienta porque esa es la única forma en que puede tener una relación con él. Así que debe acudir a Dios en sus términos, no en los de usted. Arrepiéntase, renuncie a su pecado y dígale a Dios que quiere volver a tener relación con él. El arrepentimiento es vital. Esta es una declaración fuerte, pero todos necesitamos escucharla: si usted permite que el pecado prospere en esta área de su vida, *no* alcanzará su destino.

La impureza afectará su futuro

Satanás tratará de persuadirlo de que la inmoralidad no tiene un impacto real sobre usted, su familia ni su futuro. Y puede presentar un caso bastante concluyente.

Sería difícil hallar un ejemplo que pareciera más convincente que el de José. Después de todo, él era un esclavo. Él no tenía derechos. No tenía futuro. Nunca podría casarse. Nunca podría tener una familia propia. Aunque se le permitiera casarse, su esposa también sería esclava, propiedad de otro hombre. Su futuro no prometía ningún tipo de satisfacción sexual. Por tanto, ¿qué tenía realmente que perder cediendo a la tentación?

La verdad es que José tenía todo que perder. Pecar contra Dios le habría costado su comunión y su relación con él. Habría perdido la bendición de Dios y la clave de su destino. Habría perdido lo que Dios tenía planeado para su futuro si no hubiera pasado esa prueba.

José tenía todo que perder y usted también. Pero eso no es lo que el enemigo le dirá en un momento de tentación. Satanás le dirá que no hay consecuencias reales para la inmoralidad. Le dirá que nadie lo sabrá nunca. Pero puedo asegurarle que hay dos personas que *definitivamente* lo sabrán: Dios y usted.

El rey Salomón habla de esto en Proverbios 7, cuando narra la historia de una mujer inmoral que atrae a jóvenes a su hogar cuando su esposo sale de la ciudad. Ella le dice a un joven:

Ven, bebamos hasta el fondo la copa del amor;
 ¡disfrutemos del amor hasta el amanecer!
Mi esposo no está en casa,
 pues ha emprendido un largo viaje.
Se ha llevado consigo la bolsa del dinero
 y no regresará hasta el día de luna llena».
Con palabras persuasivas lo convenció;
 con halagos de sus labios lo sedujo.
Y él enseguida fue tras ella,
 como el buey que va camino al matadero;
como el ciervo que cae en la trampa,
 hasta que una flecha le abre las entrañas;
como el ave que se lanza contra la red,
 sin saber que en ello le va la vida.
(Proverbios 7:18-23, énfasis añadido)

¡No sé cómo podría ser más claro! Como el buey que va camino al matadero (v. 22), es el hombre o la mujer que persigue la inmoralidad sexual. Esto *afectará* su futuro.

La inmoralidad es desobediencia a Dios, la cual hará que su favor y su bendición desaparezcan de su vida. Puede que viva hasta los 105 años, pero no habrá vivido la maravillosa existencia que Dios planeó para usted. La impureza le costará la presencia de Dios en su ser y, además, le costará su destino.

Así que, ¿cómo nos protegemos de la impureza? Primero que todo, debemos saber dónde comienza ella.

La impureza empieza en el ojo, no en el corazón

Puesto que la lujuria está en el corazón, podría ser fácil suponer que la impureza empieza ahí. Pero no es así. La impureza, en realidad, empieza en el ojo. Empieza con la vista.

Note que el pasaje de la Escritura dice que la esposa de Potifar: "miró a José con deseo" (Génesis 39:7). La Biblia nos dice que José era un hombre de hermoso parecer (vea el versículo 6), así que, supongo, es simplemente natural que ella notara que él era atractivo. Sin embargo, en algún punto, ella empezó no solamente a notar a José, sino también a *observarlo*. Después que ella empezó a ver a José, solo era cuestión de tiempo antes de que esa mirada se convirtiera en anhelo, o lujuria, para decirlo más claramente. Cuando "notar" se convirtió en ver, fue cuando la lujuria surgió. De manera que la impureza empezó en los ojos de ella, cuando empezó a ver a José con deseo.

El siguiente es un consejo, en cuanto a alejarse de la inmoralidad, que le ayudará mucho: ¡No mire a las personas bien parecidas o hermosas! No se permita a sí mismo mirar o seguir viendo porque si lo hace, invita a la lujuria a su vida. Así que mire hacia otro lado.

El pecado de adulterio de David comenzó cuando él salió a la terraza y miró a Betsabé bañándose (vea 2 Samuel 11:2); pero, ¿por cuánto tiempo la miró? En vez de mirar, David pudo haber volteado y ver hacia otro lado. Pudo haber vuelto al interior del palacio y clamar al Señor por ayuda. Sin embargo, en vez de eso, continuó mirando e, inevitablemente, la lujuria apareció.

Cuando yo era adolescente, mi pastor de jóvenes estaba tratando de ayudarnos en esta área, y nos dijo: "La segunda mirada es lujuria". Por desdicha, ese consejo no pareció ayudarme mucho, porque yo hacía una primera mirada ¡*muy larga*!

Cuando usted lo piensa, es probable que José tuviera muchas oportunidades para mirar. Él era el administrador de la casa y tenía dominio sobre todo lo que había en ella. Es posible que supiera cuándo se bañaba la esposa de su amo y cuándo se vestía, y con toda seguridad, ella era una mujer hermosa. No habría sido difícil para él mirar cuando la ocasión se presentaba. Pero si José se hubiera permitido mirar, le habría dado a la lujuria una oportunidad para invadir su corazón y tal vez habría caído en pecado cuando asomara la tentación.

La razón por la que José no cayó cuando llegó la tentación fue porque no había lujuria en su corazón. Y la lujuria no estaba ahí, en su corazón, porque él no le había permitido entrar en sus ojos. *"No vea"* debería convertirse en el lema de todos nosotros. No mire pornografía. No vea sitios inapropiados en internet. No mire películas que tengan escenas sexualmente explícitas. No observe programas de televisión que sean seductores. Hombre, si usted ve a una mujer que no está vestida de manera apropiada, el primer pensamiento que debería venir a su mente tiene que ser: ¡*No ver!*, porque si usted mira, la lujuria es el siguiente paso. Después de la lujuria está la inmoralidad.

Permítanme hacer una pausa aquí. Desde que prediqué esta serie por primera vez hace dos décadas, muchas cosas han cambiado. La pornografía en sí no es nueva, pero el acceso a ella se ha incrementado en forma dramática.

Hace años, para ver pornografía, tenía que subirse a su auto y mostrar su rostro en una librería para adultos. Ahora, muchos de nosotros tenemos computadoras personales y teléfonos en nuestros bolsillos con la capacidad de acceder a cualquier cosa en cualquier momento, en un tiempo récord. Con solo unos pocos clics, cualquiera puede encontrar fácilmente pornografía. No solo eso, sino que podría estar en las redes sociales mirando fotos de la fiesta de cumpleaños de su primo o del auto nuevo de un amigo, y de repente ¡bam!, aparece un anuncio con una foto explícita. Y hay que tomar una decisión.

El enemigo está constantemente atrayendo a hombres y mujeres por igual a que solo echen un *vistazo*.

De hecho, en los últimos años, el Grupo Barna realizó un estudio aleccionador sobre la pornografía en Estados Unidos, encuestando tanto a cristianos como a no creyentes. El estudio es un terrible llamado a la acción para la iglesia. Me gustan los números, así que permítame compartir algunas estadísticas para ayudar a demostrar la enormidad de nuestro problema con la pornografía. Los resultados indicaron que uno de cada tres estadounidenses busca pornografía al menos una vez al mes. Un estudio diferente informó que aproximadamente el 91,5 % de los hombres y el 60,2 % de las mujeres (de 18 a 73 años) consumieron pornografía en el último mes. Alrededor de 72 % de los hombres no cristianos (de 13 a 24 años) usan pornografía cada mes, y el 20 % de los hombres se encuentran con pornografía diariamente. También ha habido un aumento en el número de mujeres que ven pornografía: el 36 % de mujeres no cristianas (de 13 a 24 años) ven pornografía con regularidad. Este no es solo un problema de "hombres".

Y aunque las estadísticas entre los cristianos practicantes no son tan altas, no son cero: el 41 % de los hombres cristianos (de 13 a 24 años) y el 13 % de las mujeres cristianas (de 13 a 24 años) buscan pornografía al menos una o dos veces al mes.

Y no son solo los jóvenes los que luchan con esto. Quiero destacar otra estadística muy aleccionadora: uno de cada cinco pastores de jóvenes y uno de cada siete pastores principales usan pornografía de manera periódica. Esto suma más de cincuenta mil líderes de iglesias estadounidenses que usan pornografía. Y para los cristianos, todavía hay una gran vergüenza y culpa en torno al uso de la pornografía, por lo que es muy posible que estos números sean mucho más altos. Esta es una verdadera crisis moral en nuestro país y en la iglesia.

A lo largo de los años, la idea de ver pornografía no solo se ha normalizado en nuestra sociedad, sino que ella en sí misma también se ha vuelto "más explícita, violenta y racista". Los productores han tratado de competir con una industria sobre inflada y masas insensibles al hacer que su contenido sea aún más degradante y fuerte. Ver pornografía es más común y promovido que nunca, especialmente entre los adolescentes y adultos jóvenes que piensan que todos miran pornografía de vez en cuando. En esencia, muy pocos jóvenes piensan que la pornografía es algo malo. De hecho, cuando se les pidió que clasificaran las "cosas malas" en orden de gravedad, la mayoría de las personas colocaron ver pornografía bastante abajo en la lista. Y no va a creer esto: los adolescentes y los adultos jóvenes clasifican "no reciclar" y "comer en exceso" como significativamente más inmoral que ver pornografía. Y los jóvenes no solo la están viendo, sino que también están participando en ella. La mayoría de los adolescentes y adultos jóvenes, tanto hombres como mujeres, informan haber "recibido una imagen desnuda [de alguien] por mensaje de texto, correo electrónico, redes sociales o aplicaciones". Y el 40 % informa haber *enviado* imágenes de ese tipo a alguien.

De modo que, ¿por qué es un problema el uso de la pornografía? ¿Por qué estas estadísticas son tan preocupantes? Porque la gente no quiere reconocer el grave daño que eso causa. El enemigo ha inundado nuestra cultura con inmoralidad y la ha cubierto con mentiras sobre el empoderamiento y la libertad. Sin embargo, las acusaciones que conectan la pornografía y la trata de personas no pueden ignorarse. Los informes indican que "miles de niños y jóvenes víctimas de la trata humana se han visto obligados a realizar películas pornográficas" sin su consentimiento. El contenido no consensuado y el abuso son comunes dentro de la industria porno, por lo que es casi imposible saber qué contenido es o no acordado por consenso.

Si todo eso no le hace detenerse, debe saber esto: ver pornografía tiene graves consecuencias para su alma, para su relación con Dios y con los demás. Las investigaciones indican que los efectos del uso de la pornografía pueden contribuir a los matrimonios sin sexo, la infidelidad, el pago por sexo, una disminución del deseo de casarse o tener hijos y una salud mental más deficiente. Un estudio dice que el uso habitual de pornografía "reduce drásticamente la capacidad [de una persona] para amar" o experimentar afecto e intimidad saludables en el matrimonio. Los científicos han descubierto que el uso habitual de pornografía puede afectar literalmente el cerebro de la misma manera que las drogas, causando antojos compulsivos, problemas para tomar decisiones y comportamiento adictivo. Los estudios también están investigando las afirmaciones de que el uso de pornografía se relaciona con un aumento de la violencia sexual, la explotación y otros delitos sexuales. Por eso, ¡no deje que el enemigo le engañe! La pornografía es un problema adictivo, dañino y omnipresente en nuestra sociedad.

Todos hemos escuchado esta mentira capciosa: "Solo miraré, pero no haré nada". ¿Sabe lo bien que funciona eso? ¿Alguna vez ha escuchado a alguien decir: "Solo voy a mirar; no voy a comprar"? ¡Eso no funciona! Si mira, comprará porque mirar despierta su deseo o su lascivia. Si empieza a buscar casas, va a comprar una casa nueva. Si empieza a buscar autos, comprará un vehículo nuevo. Los concesionarios de automóviles lo llaman "la fiebre de autos nuevos".

Compramos una casa nueva hace un tiempo y, por alguna razón, comencé a mirar unas nuevas parrilleras de acero inoxidable para asar carne. Eran muy brillantes y preciosas. Por supuesto, yo tenía una en perfectas condiciones. Funcionaba bien, pero era negra. No era brillante como las nuevas. De modo que comencé a mirar las nuevas y, cada vez que íbamos a una tienda, le decía a Debbie: "Voy a ver las parrilleras para asados".

Sin embargo, cuando realmente comencé a pensar y a orar al respecto, tal como oro por cada decisión financiera que tomo, escuché al Señor decir: "No necesitas una parrillera nueva. ¡Deja de mirar!". Si hubiera seguido buscando, al fin habría comprado una. Así que dejé de buscar.

Este es mi punto: si no va a comprar una parrillera nueva, no vaya a la tienda donde las venden. Si no está en el mercado del adulterio, ¡no mire!, ¡no vea!, ¡no busque!

Permítame mostrarle qué principio completamente bíblico es este. El Salmo 101:3 (RVR1960) dice: "No pondré delante de mis ojos cosa injusta". ¿Y si nos propusiéramos hacer eso, no poner nada malo ante nuestros ojos? Medite en cómo nos afectaría eso. Cada vez que vamos al cine, vemos un programa de televisión, leemos una revista o abrimos nuestros teléfonos, estamos poniendo algo ante nuestros ojos, por lo que debemos tener cuidado con eso.

A Debbie y a mí nos encanta ver películas juntos, pero tenemos cuidado con las que decidimos ver. Debbie es sensible a la violencia: la perturba y la mantiene despierta por la noche. No tengo la misma sensibilidad, pero no veré una película con desnudos. Simplemente no lo haré. Sería como llevar a un alcohólico a un bar. Fui cautivo en esta área, por lo que no puedo echar un vistazo ya que puede despertar algo en mí. Pero la elección de mantener mis ojos puros vale la pena. Y he vencido en esta esfera por más de treinta y cinco años. Escúcheme: decida no poner *nada* delante de sus ojos que pueda incitar la tentación. Investigue los estándares por lo que clasifican las películas o los programas de televisión antes de verlos. Coloque salvaguardas de responsabilidad en sus dispositivos digitales para evitar que vaya a ciertos sitios o permita que aparezcan ciertos anuncios.

Proverbios 27:20 (RVR1960) dice: "El Seol y el Abadón nunca se sacian; así los ojos del hombre nunca están satisfechos". La Biblia dice que los ojos nunca están satisfechos. Los ojos tienen una lujuria propia. Esto también se describe en 1 Juan 2:16 (RVR1960) como "los deseos de la carne, los deseos de los ojos y la vanagloria de la vida". Así que hay lujuria de los ojos o, para decirlo de otra manera, lujuria de la vista.

En Mateo 5:28-29, Jesús nos dice: "Pero yo digo que cualquiera que *mira* a una mujer y la codicia ya ha cometido *adulterio* con ella en el corazón. Por tanto, si tu ojo derecho te hace pecar, sácatelo y tíralo" (énfasis añadido).

Jesús nos muestra una progresión aquí. Él nos está diciendo que el *ojo* puede hacernos pecar. Está hablando del pecado de mirar. La progresión que describe involucra primero mirar, luego lujuria y finalmente inmoralidad. Por tanto, implícitamente, nos está dando verdadera lección de sabiduría aquí: ¡deje de mirar!

Jesús nos dice más acerca de los ojos en Mateo 6:22-23: "La lámpara del cuerpo es el ojo; por eso, si tu ojo está sano, todo tu cuerpo estará lleno de luz. Pero si tu ojo está malo, todo tu cuerpo estará lleno de oscuridad. Así que, si la luz que hay en ti es oscuridad, ¡cuán grande será la oscuridad!". Jesús está diciendo que lo que pongamos frente a nuestros ojos es lo que, con el tiempo, terminará en nuestros corazones e impactará todo nuestro cuerpo. Si continuamos poniendo oscuridad frente a nuestros ojos, nuestro cuerpo terminará lleno de esa oscuridad. Si miramos cosas que provocan lujuria, nuestros cuerpos terminarán llenos de esa lujuria. De manera que debemos poner ante nuestros ojos lo que es bueno e íntegro. Si ponemos ante nuestros ojos lo que es "luz", todo nuestro cuerpo será impactado por esa luz.

Job dijo: "Hice un compromiso con mis ojos de no poner la mirada en ninguna doncella" (Job 31:1, RVC). Ese es un buen pasaje de la Escritura ¡para que lo memoricen todos los hombres! Job hizo un pacto con sus ojos e hizo otro con Dios al mismo tiempo. Dígale a Dios: "¡No voy a mirar! Si veo a alguien que sé que me va a seducir, miraré para otro lado. No echaré un segundo vistazo. No voy a mirar por más tiempo. Miraré hacia otro lado".

Yo sé, demasiado bien, que los ojos pueden abrir la puerta a la oscuridad porque el Señor trató verdaderamente conmigo en este aspecto. Si usted también lucha con esto, hay esperanza. Dios sabía que viviríamos en estos tiempos, por lo que su Palabra eterna aún es aplicable. La Biblia dice: "Ustedes no han sufrido ninguna tentación que no sea común al género humano. Pero Dios es fiel y no permitirá que ustedes sean tentados más allá de lo que puedan aguantar. Más bien, cuando llegue la tentación, él les dará también una salida a fin de que puedan resistir" (1 Corintios 10:13). La tentación *siempre* se puede vencer, y Dios *siempre* proporcionará un escape. Solo necesitamos permanecer cerca de él todos los días. ¡*Podemos* controlar nuestra vista! Si está fallando en esta área, no ha perdido su destino, pero hay pasos que debe seguir para pasar esta prueba.

La importancia de la sinceridad y la rendición de cuentas

Una cosa que usted necesita comprender es que Satanás trabaja en la oscuridad. Así que, si usted tiene dificultad con la pureza sexual, necesita sacarla a la luz y descubrirla. Porque mientras más la esconda, más poder le dará a Satanás.

El hombre que lucha con la lujuria, a menudo, tiene temor de sincerarse con su esposa porque le da miedo que ella vaya a rechazarlo. Él necesita comprender que, en realidad, lo que destruye la confianza de su esposa es su engaño, no la lujuria. Mentir y ocultar es lo que podría hacer que su esposa lo rechace o pierda el respeto por él.

He hablado con muchas parejas que han sufrido en esta área de su matrimonio. En cada caso, lo que hirió al cónyuge mucho más que la propia inmoralidad, fue el engaño y la pérdida de confianza que resultó de ello.

Si usted tiene problemas en esta área, corra *hacia* su cónyuge, no se aleje de él o ella. Vaya con su cónyuge y dígale: "Te amo. Te quiero solo a ti. Sin embargo, la tentación sexual está tan generalizada en nuestra sociedad que he adoptado algunas prácticas que no debería tener. Ya no quiero seguir haciendo esas cosas y quiero rendirle cuentas a alguien". Le ayudará enormemente si, simplemente, es sincero; sea franco al respecto y ríndale cuentas a alguien. Hace muchos años, tomé la decisión de hacer eso —rendir cuentas—, no solamente a Debbie, sino también a mis amigos. Rendir cuentas no es algo fácil, pero ha demostrado ser bueno y saludable.

Hace solo unos meses, uno de los ancianos de nuestra iglesia abordó el tema conmigo, y no me ofendió en lo absoluto.

—¿Cómo te va en ese aspecto? —me dijo.

—Me va muy bien —respondí—. Gracias por preguntarme. Debbie y yo estamos muy bien, y yo mucho mejor.

—¡Qué bueno! —me dijo—. Sé que Dios nos bendice como iglesia. Solamente quiero que sepas que estoy listo para ayudarte si esta área llegara a convertirse en un problema. Si el enemigo te ataca, quiero que sepas que tienes un hermano que te ayudará.

Aprecio eso. ¡Es algo bueno! ¡Es muy saludable!

Sin embargo, llegar a tomar la decisión de rendir cuentas no siempre es fácil o cómodo. Cuando decidí rendirle cuentas a Debbie, llevábamos siete años de casados. Nos sentamos a conversar y le dije: "Necesito confesarte algo acerca de mi pasado. Sabes que tengo un pasado inmoral, pero quiero contarte *todo* acerca de eso". Entonces, le conté todo.

Ahora bien, yo tengo un pasado muy malo, por lo que pensé que se iba a sorprender. En realidad, temía que intentara dejarme.

Temía que me dijera: "Eres un pervertido" y se fuera. En verdad, eso fue lo que pensé. Sin embargo, a pesar de mis temores, sabía que yo necesitaba sacar a relucir mi problema. De manera que le dije: "Eso es todo, esa es la verdad. Esta es la persona con quien te casaste".

Dios, sin embargo, tenía una sorpresa para mí. En vez de rechazarme, Debbie dijo: "Yo sabía que eras imperfecto cuando me casé contigo. Lo sabía, pero te amo de todos modos. Una cosa que me encanta de ti es que eres sincero en cuanto a eso. Sabes cuando has hecho mal, le dices a Dios cuando haces mal y permites que Dios obre en tu vida. Eso es lo mejor que puedes hacer".

Después de esa conversación le dije que tenía un hábito que necesitaba romper, el de mirar. Esperaba que se sorprendiera, pero ¿sabe lo que dijo? Con un toque de sarcasmo, me expresó: "¿Crees que no lo sé?". ¡Ella ya lo sabía! Chicos, *ellas saben eso*. Sin embargo, le pedí su ayuda de todos modos. Empecé a rendirle cuenta de mis actos.

"Yo no quiero ver, pero necesito ayuda", le dije. "¿Quieres ayudarme?", le pregunté. "Si notas que me quedo mirando, quiero que ores por mí. Quiero que hables conmigo del asunto. Y quiero que me pidas cuentas".

No tenía idea de cuán rápidamente iba a ser respondida mi petición. Poco después de eso, tomamos unas vacaciones y fuimos a una piscina. No necesito decirle que ese es un lugar muy difícil para no ver eso que tienta tanto. Como era de esperarse, una dama pasó a mi lado y me quedé mirando. Cuando me di cuenta, Debbie me había dado un pellizco justo donde ninguna persona debería ser pellizcada jamás, en la parte trasera de mi brazo. Me apretó la piel fuertemente, me vio a los ojos y, con mucha determinación y una voz muy seria, me preguntó: "¿Debo orar por ti?".

Créame, después de varios pellizcos como ese, ¡dejé de mirar! Si usted ha tenido problemas con ver y con la lujuria —lo que mucha gente padece—, le sugiero que le rinda cuentas a su esposa y a alguien en quien confíe.

Pídale ayuda a un amigo de confianza o a un líder en su iglesia o encuentre un grupo de rendición de cuentas al que pueda asistir. Si está casado, *corra* hacia su cónyuge, no huya.

Y si su cónyuge se acerca a usted con una conversación como la que yo tuve con Debbie, por favor no lo condene. Conozco personas que han hablado con sus cónyuges acerca de tener este problema, y el cónyuge se volvió loco porque se sentía inseguro. Entiendo esto completamente, pero necesita saber que Satanás trabaja en la oscuridad. Si su cónyuge no puede hablar con usted sobre su lucha, lo está animando a mantenerlo cubierto. Por favor, no se sienta inseguro o amenazado. No está diciendo que no se siente atraído por usted. Y no está diciendo que no le ama. La lujuria no es amor. La lujuria es como un apetito malsano que nunca se satisface y solo quiere más. Lo mejor que alguien puede hacer es sacarlo a la luz y hablar de ello.

Esto está lejos de ser una analogía exacta, pero un problema con la lujuria es como un apetito malsano por el azúcar. Imagine que está conduciendo con su cónyuge y pasa por la tienda local de donas Krispy Kreme. El letrero se enciende afuera, lo que indica que las donas están calientes y frescas, y de repente escucha: "¡Deténgase ahora mismo! ¡Tenemos que parar en Krispy Kreme! Por favor, solo necesito uno... ¡docena!"

Su cónyuge ha desarrollado un apetito que es difícil de controlar y se necesita comprensión, curación, disciplina y responsabilidad para superarlo.

Obviamente, las donas y la impureza sexual no son lo mismo: la gravedad y las consecuencias para su alma, su familia y su futuro son muy diferentes. Esta es solo una ilustración demasiado simplificada. Pero lo que estoy diciendo es que la lujuria es simplemente un apetito.

Quiero que recuerde estas dos palabras: luchar juntos. Si está casado, sea honesto. Si está en el extremo receptor de una de estas conversaciones, apoye a su cónyuge y luchen juntos. Entiendo que podría necesitar un poco de consejería matrimonial. Entiendo que podría querer matar a la otra persona. Pero luchen juntos.

Si usted es soltero, encuentre un amigo, un hermano o alguien en quien confíe y con quien pueda pasar por la lucha de esta prueba. Eso me ha ayudado y a usted también le ayudará. Sacar sus luchas a la luz es algo bueno y saludable.

¿Cuál es la respuesta?

¿Cuál es la respuesta para vencer las tentaciones que nos rodean? ¿Cómo podemos pasar la prueba de pureza constantemente y ser contados fieles para alcanzar nuestro destino? Podemos ver la respuesta al observar una vez más la forma en que José pasó esta prueba.

La Biblia dice que la esposa de Potifar le hablaba a José "día tras día" (Génesis 39:10). José tuvo que lidiar con esa tentación a diario. Todos los días esa mujer trataba de hacer que el joven pecara. Todos los días, José tenía que apoyarse en Dios para obtener las fuerzas para resistir. Todos los días, el joven tenía que confiar en Dios para que lo ayudara.

A José le sobraban las oportunidades para pecar. Si la lujuria hubiera estado en su corazón, al fin habría caído. Sin embargo, cuando la tentación se hizo demasiado grande, huyó. La razón por la que tuvo fuerzas para huir es que no había permitido que la lujuria ocupara un lugar en su corazón. La había mantenido fuera de su corazón al permitirle a Dios que ocupara ese lugar, todos y cada uno de los días de su vida. José había aprendido el secreto de caminar con Dios día a día.

Al igual que José, usted encontrará tentaciones a diario. Y como él, debe lidiar con esas tentaciones confiando en Dios *día tras día*. Esta es la respuesta para obtener la victoria en esta área.

El enemigo no descansa un día en que no lo ataque. De hecho, a menudo le atacará cuando esté más débil. Él pondrá la tentación delante de usted día tras día. Así que usted tampoco puede descansar de evitar al enemigo. Hay que confiar en Dios día a día.

Día a día hay que orar.

Día a día tiene que llenar su mente con la Palabra de Dios.

Día a día debe elegir no "ver".

Día a día debe confiar en Dios para que le ayude.

El secreto de la victoria en cuanto a la pureza es simplemente confiar en Dios cada día. Si acude a Dios todos los días y pide su ayuda, él le fortalecerá para que resista la tentación. Él le dará la habilidad para que camine en pureza y obediencia a él.

El secreto de la victoria en cuanto a la pureza es simplemente *confiar en Dios cada día*.

Si usted está atado a la impureza, le animo a que acuda a Dios. No huya de él, ¡corra hacia él! Él no le condena. Al contrario, le ruega que acuda a él en busca de ayuda. Si se ha equivocado, acuda a Dios. ¡Él es su respuesta! Si se apoya en él día a día, él le acompañará y le ayudará. Y día a día comenzará a obtener la victoria en esa área de su vida.

Me sorprende la frecuencia con la que las personas que han caído en la impureza tienen tanta vergüenza que no quieren confesarlo ante Dios.

¿Adivine qué? ¡Él ya sabe eso! Y mucho antes de que usted pecara, Jesucristo ya había pagado el precio para liberarle. Satanás es el que no quiere que confiese su pecado. Él quiere mantener su pecado en la oscuridad para poder seguir teniendo poder sobre usted. Si quiere ser libre del pecado, lo mejor que puede hacer es confesarlo. Porque cuando saca el pecado a la luz, inmediatamente le quita el poder a Satanás.

No importa lo que diga el enemigo, la desobediencia en el área de la pureza lo *retrasará* o descarrilará en el camino hacia su destino. Es crucial llevar esos asuntos ante Dios y permitir que él obre en su vida.

Si ha caído en pecado, quiero que sepa que hay esperanza. Puede volver al camino de su destino. Nuestro Dios es un Dios de gracia y misericordia. Él dio a su único Hijo con el fin de abrir un camino para que usted sea perdonado y liberado. Si se arrepiente y se aleja del pecado con todo su corazón, entonces le perdonará y le restaurará. Puedo decirle por experiencia personal que él es fiel. Soy una persona restaurada que actualmente camina en el destino trazado por Dios. Pero requería un profundo quebrantamiento y un arrepentimiento completo. Apártese del pecado y vuélvase a Dios con transparencia y humildad.

Por otro lado, es posible que no esté luchando con ese problema en este momento. Tal vez ha aprendido a confiar en Dios todos los días, a huir de la inmoralidad y a apartar la mirada de la tentación. Eso es algo maravilloso, por lo que debe alabar y agradecer a Dios, que por su gracia y su poder redentor salvó su vida.

Aun así, creo que hay sabiduría para todos en las palabras que Pablo comparte con nosotros: "Así que, el que piensa que está firme, mire que no caiga" (1 Corintios 10:12). Vivimos en una sociedad sexual y sensual, una cultura que constantemente nos tentará a transigir y a pecar. Cada uno de nosotros debe "prestar atención" para pasar la prueba de la pureza. Debemos clamar a Dios para que nos ayude a ser un pueblo puro, un pueblo santo. Debemos apoyarnos en él todos los días por la gracia que nos concede de caminar en pureza delante de él y correr, como lo hizo José, cuando seamos tentados. Porque nuestro Dios nos ha mandado a ser "santos, porque yo, el Señor su Dios, soy santo" (Levítico 19:2).

Solo cuando somos hallados fieles en la prueba de la pureza, la presencia y la bendición de Dios pueden descansar sobre nuestras vidas. Solo así podremos caminar en la plenitud del destino que Dios tiene planeado para cada uno de nosotros.

CAPÍTULO CINCO

La prueba de la prisión

Poco tiempo después de que Debbie y yo nos casamos, comencé a trabajar para un ministerio local. Mi función principal era hablar en retiros de jóvenes e iglesias pequeñas. Cuando predicaba en las iglesias, la congregación a menudo recogía una ofrenda que daban. Siempre entregaba el dinero de esas ofrendas al ministerio, lo que ayudaba a compensar mi salario.

Mi empleador era un gran hombre, pero en ese momento estaba lidiando con algunas dificultades personales. Luego quedó claro que ya no podía trabajar para él, así que decidí dejar mi empleo y comenzar a ministrar por mi cuenta. Cuando le dije que me iba, me preguntó cuánto era la ofrenda de la última iglesia en la que prediqué. Le informé que recibimos cuatrocientos dólares y me dijo: "¿Por qué no te quedas con ese dinero? Eso te ayudará a empezar".

Una semana o dos, aproximadamente después de que renuncié, el pastor de la iglesia donde participé por última vez me llamó y me dijo: "Vimos a muchos jóvenes salvarse cuando estuviste aquí y supimos que ya no trabajas para el ministerio, y que estás solo. ¡Teníamos algunos fondos adicionales, por lo que nos gustaría duplicar la ofrenda que te dimos! Te vamos a enviar otros cuatrocientos dólares". Eso fue ¡una gran bendición para Debbie y para mí!

En ese tiempo, tuve un amigo que a menudo se mostraba celoso de mí y de las oportunidades que recibía. Sentía que yo siempre estaba en el lugar correcto en el momento correcto y, por el contrario, él no. Creía que yo tenía todos los privilegios y él no. De modo que cuando escuchó lo del regalo adicional que recibí, no lo vio como una bendición. Al contrario, le dijo a mi antiguo empleador que esa iglesia me había dado una ofrenda extra y que me la había guardado. Ambos sintieron que había sido deshonesto y que había robado al ministerio.

A decir verdad, ni siquiera se me pasó por la cabeza contarle a mi antiguo empleador sobre el regalo porque la iglesia me llamó *después* de que me fui. Sabía en mi corazón que no había hecho nada malo. Sin embargo, al mismo tiempo, el Espíritu Santo me estaba impulsando a enviarle los ochocientos dólares completos, así que eso fue lo que hice. No fue una decisión sencilla y no me pareció justo, especialmente porque me mintieron y me acusaron falsamente. Pero tenía que obedecer lo que Dios me estaba guiando a hacer.

Aunque el dilema de José no tiene que ver con el dinero —en este punto de su historia—, tiene que tomar una decisión similar. Pasó la prueba de la pureza con gran éxito. A pesar de que era un esclavo y parecía que no tenía nada que perder, José eligió hacer lo correcto. Cuando la tentación se hizo demasiado grande, se escapó en vez de arriesgarse a ceder ante el pecado. Escogió enaltecer a Dios y honrar su responsabilidad como mayordomo de la casa de su amo (vea Génesis 39:7-12).

Me pregunto: Dado que José decidió andar en obediencia, pese al precio que le costó eso, ¿tenía razón de esperar la bendición de Dios para su vida?, ¿sí o no?

Veamos exactamente qué sucedió.

Al ver ella que él había dejado el manto en sus manos y había salido corriendo, llamó a los siervos de la casa y les dijo: "¡Miren!, el hebreo que nos trajo mi esposo solo ha venido a burlarse de nosotros. Entró a la casa con la intención de acostarse conmigo, pero yo grité con todas mis fuerzas. En cuanto me oyó gritar, salió corriendo y dejó su manto a mi lado". La mujer guardó el manto de José hasta que su marido volvió a su casa. Entonces le contó la misma historia: "El esclavo hebreo que nos trajiste quiso burlarse de mí. Pero en cuanto grité con todas mis fuerzas, salió corriendo y dejó su manto a mi lado". Cuando el amo de José escuchó de labios de su mujer cómo la había tratado el esclavo, se enfureció y mandó que echaran a José en la cárcel donde estaban los presos del rey. Pero aun en la cárcel el Señor estaba con él y no dejó de mostrarle su amor (Génesis 39:13-20).

Sí, José escogió hacer lo correcto. Sin embargo, la recompensa inmediata que recibió por ello fue la calumnia, por lo que fue ¡falsamente acusado y echado en prisión! Los resultados no son exactamente los que esperaríamos ver de una decisión que honra a Dios.

La prueba de la prisión: perseverar

Por desdicha, este cuadro representa —sencillamente— lo que puede suceder y ocurre en el mundo caído en el que vivimos. No se equivoque, tenemos que obedecer a Dios si queremos andar en sus bendiciones. Pero la obediencia a Dios no garantiza que nunca nos sucederá nada malo. Al igual que José, debemos elegir hacer lo correcto si queremos tener la presencia de Dios en nuestras vidas. Aunque, algunas veces —así como José— haremos lo correcto y obtendremos resultados contrarios. Cuando eso sucede, estamos atravesando lo que yo llamo la prueba de la prisión.

La prueba de la prisión tiene que ver con honrar a Dios en cualquier circunstancia, incluso las injustas. Por otro lado, también podría llamarse la prueba de la perseverancia, porque es la más larga de todas las dificultades que enfrenta el cristiano. Es una prueba que dura algún tiempo y que cada uno de nosotros atravesará en algún área de nuestras vidas. Es en medio de esa prueba que aprendemos a perseverar.

Debemos elegir hacer lo correcto si queremos tener la presencia de Dios en nuestras vidas.

Quizás haya escuchado un refrán, bastante sarcástico, que dice: "Ninguna buena obra queda sin castigo". ¿Alguna vez ha hecho lo correcto, pero en lugar de recibir bendiciones, ha sufrido las consecuencias? ¿Alguna vez ha elegido obedecer la Palabra de Dios, pero los resultados hicieron que pareciera que sus promesas no eran ciertas? ¿Alguna vez le han acusado de algo que no hizo? ¿Alguna vez alguien ha mentido sobre usted o difundido un rumor falso, y la gente lo creyó? Realmente, no necesito preguntarle algo así, porque estoy seguro de que todos podríamos responder afirmativamente.

Eso es lo que le pasó a José, salvo que él terminó en prisión por varios *años*. Atravesó un largo y doloroso periodo en el que parecía que no hubiera recompensas por servir a Dios.

Sin embargo, Dios tenía un gran destino para José, pero los destinos grandes se alcanzan con un gran carácter. Para avanzar en su destino, José iba a necesitar perseverancia. Y fue durante la prueba de la prisión que Dios le dio la gracia para perseverar.

Recuerde, Jesús nos dijo: "En el mundo *tendrán* aflicción" (Juan 16:33, RVC, énfasis añadido). Jesús no dijo que *tal vez* tendríamos tribulación. Jesús no dijo que algunos tendrían tribulación. No, Jesús dijo que en tanto estuviera en este mundo, usted *tendrá* tribulación. Así que es mejor que se acostumbre.

Es probable que esté familiarizado con la parábola de Jesús acerca de las dos casas en Mateo 7:24-27. Cuando era niño solía cantar una canción acerca de eso en la escuela dominical. Decía así: "El sabio en la roca su casa construyó ... El necio en la arena su casa construyó". Bueno, hay algo que mucha gente pasa por alto acerca de esa parábola: ¡La tormenta cayó sobre *ambas* casas! Tanto sobre la del hombre necio (el que no escuchaba ni obedecía las palabras de Jesús) como sobre la del hombre sabio (el que escuchaba y ponía en práctica las palabras de Jesús) padecieron la misma tormenta. Llovió sobre justos e injustos. Sin embargo, la verdad subyacente es: La vida es tormentosa porque vivimos en un mundo caído.

De manera que, sea salvo o perdido, justo o malvado, santo o pecador, las tormentas de la vida vendrán sobre todos. La tribulación y las pruebas golpearán la casa de su vida de vez en cuando. La pregunta es: *¿Les permitirá hacer el trabajo que Dios quiere que hagan en usted?*

José estaba en medio de una tribulación severa. Había huido del pecado solo para terminar en un calabozo. ¡La prisión probablemente era un lugar horrible! Sin embargo, en esa época en Egipto, la pena, por intento de violación era la muerte; así que, en realidad, fue por la gracia de Dios que terminó en prisión y no en una tumba.

En lo particular, creo que Potifar sospechó que su esposa estaba mintiendo. Probablemente estaba consciente del verdadero carácter de ella, además de que también conocía el de José. Quería salvar la vida de José, pero tenía que hacer algo para guardar las apariencias, por lo que lo envió a prisión.

La prisión estaba bajo la autoridad de Potifar, ya que él era el capitán de la guardia. Quiero creer que Potifar lo recomendó al decirle al guarda de la prisión lo buen siervo que era José. Pero más que nada, las decisiones que José tomó en la prisión hicieron que fuera promovido allí.

Aunque José sufría injustamente, continuó haciendo lo correcto. Aunque no merecía estar en ese calabozo, no permitió que eso le impidiera hacer su trabajo "de corazón, como para el Señor" (Colosenses 3:23). Sabemos que eso es cierto porque la Biblia nos dice que José era un administrador tan bueno que terminó siendo promovido; pronto, estuvo a cargo de toda la prisión (vea

Génesis 39:22). "El Señor estaba con José y prosperaba todo lo que él hacía" (vea Génesis 39:23, RVC).

Esto es lo maravilloso acerca de José. No permitió que lo injusto de su situación detuviera la obra de Dios en su vida. No importa cuán difícil o injustas parecieran sus circunstancias, José permitió que Dios lo siguiera usando. Y es absolutamente esencial que nosotros también aprendamos a hacer eso. He observado que algunas personas esperan que Dios los libre de sus circunstancias injustas antes de hacer algo para él. Pero si estamos esperando que Dios nos libre *antes* de que le sirvamos, ¡nunca haremos nada para él!

Cuando Dios me llamó a plantar la congregación Gateway Church, todavía formaba parte del personal de la Shady Grove Church. Así que me aseguré de hablar con el pastor Olen y los ancianos antes de seguir adelante. Quería su bendición, y me la dieron de buena gana. Me apoyaron mucho y me dieron libertad, de una manera piadosa, para que comenzara una nueva iglesia. Pero, de alguna manera, se corrió el rumor —dentro de la congregación— de que me fui en forma incorrecta, que no me acerqué primero al liderazgo y que me iría solo sin su bendición.

Ese rumor se extendió como la pólvora y dejó una nube oscura sobre lo que se suponía que sería una nueva temporada asombrosa. Yo estaba consciente de que no había hecho nada malo y que se trataba de un ataque del enemigo. También sabía que se suponía que no debía defenderme, eso solo agregaría combustible al fuego. Y no podía esperar que Dios los convenciera a todos de que el rumor no era cierto para entonces obedecer lo que él me estaba llamando a hacer.

Así que continué avanzando y fundando la iglesia, confiando en que él sería mi defensor. Debo decir que la bendición de Dios ha estado en Gateway desde el principio. Agradezco mucho no haber esperado para obedecer.

Debemos permitir que Dios nos use *ahora*, cualesquiera que sean nuestras circunstancias, y confiar en él en cuanto al resultado final.

A nadie le gusta la idea de pasar por una tribulación, pero si observamos el quinto capítulo de Romanos, vemos que Dios tiene algunas cosas interesantes que decir al respecto.

> Y no solo esto, sino que también *nos gloriamos en las tribulaciones*, sabiendo que la tribulación produce paciencia; y la paciencia, prueba; y la prueba, esperanza; y la esperanza no avergüenza; porque el amor de Dios ha sido derramado en nuestros corazones por el Espíritu Santo que nos fue dado (vv. 3-5 RVR1960, énfasis añadido).

Vamos a hablar mucho sobre este pasaje en este capítulo, pero comencemos con el versículo 3, donde Pablo dice que "nos *gloriamos* en las tribulaciones". ¿Qué quiere decir con el término "gloriarnos"? La expresión griega típica para "gloria" es *doxa*. Esta significa "brillo, fulgor, majestad o esplendor". Pero la palabra griega para "gloria" en este versículo es diferente y solo se usa unas pocas veces en el Nuevo Testamento. Se puede traducir como "regocijarse". Este pasaje de las Escrituras dice que nos regocijamos en la tribulación. Así es. ¡Nos *regocijamos* en ello!

Sin embargo, si profundizamos en el griego, podemos encontrar mucho más de lo que Dios tiene que decir acerca de la tribulación. La raíz griega de la palabra traducida como "gloria" es un vocablo que, básicamente, significa "querer" o "desear". Así que este versículo no solamente nos dice que nos regocijemos en la tribulación sino que, además, nos dice que lo que en realidad tenemos que hacer es ¡*desearla*! No sé usted, pero yo no oro por la tribulación. No deseo tribulación. ¡Y mi primera inclinación es no regocijarme en la tribulación!

¿Cómo podríamos llegar a un punto en que, en realidad, *deseáramos* la tribulación y, luego, nos regocijáramos en ella cuando llegue? Creo que podemos encontrar la respuesta al comprender lo que Dios dijo acerca de la manera en que la tribulación obra en nuestras vidas. Según la Palabra de Dios, la tribulación produce algunas cosas buenas en nosotros. De manera que podemos regocijarnos en la tribulación, y hasta desearla, porque sabemos lo que ella genera.

La tribulación produce paciencia

He buscado por todas partes en la Biblia para encontrar todas las formas en las que podemos obtener paciencia. Pero en toda mi búsqueda he descubierto solamente *una*. Esa única forma es la tribulación. Romanos 5:3 nos dice que "la tribulación produce paciencia". Y, según la Biblia, no hay otra forma de obtenerla. Así que, ¿por qué no permitir que la tribulación produzca paciencia, tal como Dios dice que lo hará? ¿Por qué no dejar que la tribulación haga la obra valiosa de Dios en nuestras vidas?

En Juan 15, Jesús habla acerca de dos viñas. Una de ellas produce fruto y la otra no. La viña que no produce fruto es cortada, pero la que produce fruto es podada o "recortada". No parece que hubiera una gran diferencia en eso, ¿o, sí? Ambas viñas terminan recibiendo un corte (vea Juan 15:1-2).

Por supuesto, si tuviéramos que escoger, preferiría ser podado que cortado. El punto es que en cualquiera de los casos, usted puede esperar ser cortado. Si no hace lo correcto, será cortado o disciplinado. Si hace lo correcto, usted será recortado o podado, para que pueda llevar más fruto.

Así que, ya sea que hagamos lo correcto o lo incorrecto, vamos a experimentar algunos "cortes". Eso es lo que le sucedió a José, que hizo lo correcto y terminó siendo podado o recortado. Sin embargo, Dios tenía un plan para esa poda. El plan de Dios era que José pudiera llevar más fruto algún día.

Por eso, Santiago dijo: "Hermanos míos, considérense muy dichosos cuando estén pasando por diversas pruebas. Bien saben que, cuando su fe es puesta a prueba, produce paciencia" (Santiago 1:2-3 RVC).

Si hay algo que todos comprendemos acerca de la paciencia es esto: Todos la queremos. Y la queremos ¡ya! Pero ella no llega porque la anhelemos. La única manera en que vamos a recibir paciencia es "cuando [nuestra] fe [sea] puesta a prueba". Y es por eso que podemos "considerarnos muy dichosos" cuando estemos pasando por una prueba. Es por eso que en realidad podemos regocijarnos cuando seamos podados o cortados. Podemos decir: "Gracias, Señor, por este tiempo de poda y por esta época de prueba. Tú has dicho que esto va a producir algo bueno en mí. Que esto producirá paciencia. De manera que cuando salga de esta prueba, voy a tener más fruto del Espíritu y voy a parecerme más a Jesús".

Ahora bien, es importante que entendamos la diferencia entre paciencia y perseverancia. Las pruebas producen paciencia, mientras que la tribulación produce perseverancia. Las pruebas son cortas. Las tribulaciones son largas.

La paciencia puede ser descrita como una espera con contentamiento. Las palabras clave aquí son "con contentamiento". La paciencia no es simplemente esperar, es diferente porque todos sabemos que es posible esperar y no estar contento.

Para ilustrar de lo que digo, inmediatamente pienso en cómo me siento cuando mi computadora funciona lentamente. ¿Conoce ese círculo giratorio que da vueltas y vueltas mientras uno espera que la computadora esté lista y abra el programa para uno trabajar con ella? No sé cómo se llama en realidad, pero yo le digo la "espiral de la muerte". ¡La detesto! No puedo entender por qué mi computadora no puede ir tan rápido como yo. Se supone que es una máquina magnífica, pero luego aparece la espiral de la muerte, ¡y solo tengo que sentarme allí y verla girar, girar y girar! Esa pequeña cosa tiene una manera exclusiva de exasperarme por completo.

Dios y yo todavía estamos trabajando en esa espera "con contentamiento". Ese fruto del Espíritu aún se está desarrollando en mi vida, porque cuando la paciencia haya hecho su obra perfecta en mí, no solo esperaré, sino que lo haré "con contentamiento".

La perseverancia es similar a la paciencia, ya que también implica esperar. Pero perseverar es más que simplemente esperar con contentamiento. Tiene que ver con *luchar la batalla* mientras se espera con contentamiento. Es decir, demanda que pelee la buena batalla de la fe mientras espera.

La perseverancia requiere más tiempo que la paciencia. Usted no va a perseverar solo por una semana. La única manera de perseverar es pasando por una temporada larga y difícil. Usted puede tener paciencia durante cinco minutos mientras la espiral de la muerte gira. Puede tener paciencia por una semana o durante un mes. Pero cuando una prueba dura mucho tiempo, cuando los meses se convierten en años y aun así debe permanecer en la fe mientras el enemigo le ataca con pensamientos de duda y desesperanza, se necesita más que paciencia para resistir. Se necesita perseverancia.

La primera prueba de José duró trece largos años. Durante este tiempo parecía que Dios lo había olvidado. Durante trece años él tuvo que luchar contra sus pensamientos negativos y mantener su enfoque en Dios. Por trece años tuvo que seguir creyendo que lo que Dios había dicho era verdad. Tuvo que tener paciencia mientras la prueba continuaba un año tras otro. Pero fue más que solamente esperar con contentamiento. Tuvo que esperar con una fe ferviente en Dios. *Eso* es perseverancia.

José no fue el único personaje de la Biblia que tuvo que perseverar. David fue ungido rey de Israel, pero pasaron trece años antes de que asumiera el trono como rey. Pablo fue ungido como apóstol, pero eso sucedió trece años antes de su primer viaje misionero. Una vez, cuando acababa de predicar sobre este tema, una mujer se me acercó después del servicio para decirme que ella también había esperado trece años para tener un hijo. Ella dijo: "No podía creerlo cuando usted dijo '¡trece años!'".

Si trece años lucen como un tiempo muy largo, recuerde que Abraham tuvo que esperar veinticinco años por el hijo que Dios le había prometido. Moisés tuvo que esperar cuarenta años antes de liberar a los israelitas del cautiverio en Egipto, vagando en el desierto antes de entrar a su destino.

José pudo haberse amargado contra sus hermanos; pudo haberse resentido contra los egipcios y haberse amargado contra Dios. Pero en vez de eso, mantuvo su corazón recto y su enfoque en Dios. José perseveró. Y esa perseverancia resultó en carácter.

La perseverancia produce carácter

De acuerdo a la fórmula de Romanos 5:3, la tribulación produce perseverancia y esta genera carácter. El carácter se define como la excelencia moral. Para los cristianos, esto tiene que ver con actuar o reaccionar como lo haría Jesús.

El carácter solo se puede desarrollar a través de la perseverancia. Así como no pude encontrar nada en la Biblia más que tribulación que produce perseverancia, he buscado por todas partes y no puedo encontrar nada más que la perseverancia que produce carácter. (Si usted lo encuentra, ¡avíseme!).

Ahora, me encantaría si pudiera simplemente ir a alguien que tiene un carácter piadoso, pedirle que me imponga las manos en oración, y luego recibir carácter al instante. O desearía que la Biblia dijera: "El helado produce carácter". ¿No sería genial eso? Pero no funciona de esa manera. Usted no puede adquirir carácter haciendo que alguien ore por su persona o le imponga las manos. El carácter debe *desarrollarse* en el interior. El carácter solo se desarrolla a través de la perseverancia. Y esta solo viene cuando se resiste la tribulación.

¿No es este un mensaje alentador? Quizás no lo sea para nuestra carne.

Sin embargo, es un mensaje importante porque el carácter es absolutamente esencial para apoyar el destino que Dios tiene para usted. Y para desarrollar ese carácter, va a tener que pasar por dificultades. (Y lo cierto es que las atravesará, ya sea que aprenda esto o no).

Dios no le permitirá entrar en su destino hasta que tenga cierto nivel de carácter, ya que cuando entre en su destino, la guerra espiritual en su contra aumentará. Sus responsabilidades aumentarán. Su influencia aumentará. Necesitará un carácter fuerte para soportar, perseverar y caminar en su destino hasta el final.

Sin carácter, nunca tendrá éxito en el destino que Dios tiene para usted.

A todos nos gusta la idea de las recompensas instantáneas. Pero una de las peores cosas que alguien podría hacer por nosotros sería promovernos antes de que tengamos el carácter necesario para manejar una responsabilidad o librarnos de una prueba antes de que Dios haya logrado sus objetivos en nuestro carácter a través de ella. Por supuesto, a nadie le gusta pasar por una prueba. Pero si quiere dar un paso hacia su destino, tendrá que atravesarla y permitir que Dios desarrolle su carácter en usted.

A veces, cuando vemos a alguien pasando por un momento difícil, queremos apresurarnos y sacarlo de esa situación. Esto es especialmente cierto en el caso de los cristianos bien intencionados. No me malinterprete, muy a menudo simplemente respondemos con amor y compasión. Pero hay momentos en que Dios está tratando de usar una situación para enseñar a sus hijos algo importante, algo que necesitan saber en cuanto a su destino. Eso podría tener que ver con la gestión de sus finanzas o posiblemente incluso con sus relaciones. Y si un cristiano bueno y bien intencionado aparece y los libra de esa dificultad, es posible que nunca aprendan la lección que Dios quiere que sepan. De modo que, a fin de cuentas, terminan de nuevo en la misma situación de crisis, ¡y tienen que volver a tomar esa prueba hasta que la pasen!

Por favor escúcheme, eso no significa que no debamos ayudar a la gente. Debido a mi posición, a menudo tengo la capacidad de promover o ayudar financieramente a las personas, cosa que me encanta hacer. Pero siempre tengo cuidado. Usualmente le pregunto a Dios: "¿Quieres que haga esto? Me has dado estos recursos y esta autoridad, pero ¿qué estás haciendo en la vida de esta persona? No quiero eludir lo que estás tratando de hacer con ellos. Eso es mucho más importante".

¡Incluso Jesús tuvo que pasar por pruebas para aprender! Hebreos 5:8 dice lo siguiente: "Aunque era Hijo, mediante el sufrimiento aprendió a obedecer". La gente, a menudo, se pregunta el significado de esta Escritura.

Después de todo, sabemos que Jesús es el Hijo de Dios. Y como Jesús es Dios, es omnisciente. Eso implica que lo sabe todo. Pero este versículo dice que Jesús, el Hijo de Dios, "aprendió a obedecer". ¿Cómo podría Jesús, que todo lo sabe, *aprender* algo? ¿Y cómo pudo él, que nunca pecó, aprender a *obedecer*?

Debemos recordar que aunque Jesús es el Hijo de Dios, vino a la tierra en calidad de hombre. Como tal, sufrió al igual que nosotros. Como hombre, fue tentado en todo lo que somos tentados nosotros. Y como hombre, aprendió la obediencia a través de las cosas que padeció.

La Biblia nos dice: "Por haber sufrido él mismo la tentación" (Hebreos 2:18). También dice que él "fue tentado en todo de la misma manera que nosotros, aunque sin pecado" (Hebreos 4:15).

Como ve, cuando estuvo en el cielo, Jesús no tuvo que aprender a obedecer. Él era el Hijo de Dios y era perfecto. No había ninguna condición carnal que lo tentara a pecar. Pero como hombre en la tierra, tuvo que pasar por pruebas. Como humano, fue tentado a pecar y tuvo que vencer esas tentaciones.

No estoy diciendo que Jesús no era perfecto cuando estuvo en la tierra. Lo era. Era completamente Dios, pero es importante recordar que también era completamente hombre. Como hombre, tuvo que sufrir. *Y mientras padecía, aprendió a obedecer.*

La obediencia es un asunto de carácter que solamente puede aprenderse. No puede impartirse. No nacemos con carácter. El carácter se aprende y se desarrolla a medida que somos sometidos a la adversidad. Y este versículo nos muestra que hasta el propio Jesucristo desarrolló carácter como hombre y aprendió a través de lo que padeció.

Mientras más nos acerquemos al destino que Dios ha planeado para nosotros, más requeriremos de carácter. Y la única forma de forjar el carácter es a través de las pruebas difíciles. La persona que tiene un carácter débil solo atraviesa pruebas ligeras. El que tiene un carácter inquebrantable atraviesa pruebas y tribulaciones significativas que transforman su vida.

Ahora, por favor, no se vuelva temeroso o empiece a preguntarse qué tipo de horrible prueba tiene Dios bajo la manga. Dios no le va a enviar una prueba, sencillamente, ¡eso va a suceder! Recuerde, Jesús dijo: "En este mundo *afrontarán* aflicciones [tribulaciones]" (Juan 16:33, énfasis añadido). Así que mientras usted esté sobre la Tierra, los problemas sucederán. Eso es, solamente, parte de la vida en este planeta. De modo que sáquele el mejor provecho a su tribulación y permita que cualquier prueba por la que esté pasando en este momento, produzca carácter piadoso en usted.

Una manera en que las pruebas profundas operan en nuestras vidas es haciendo que emerjan las profundas imperfecciones de carácter. Podemos ver que esto ocurre en la situación de José. ¿Por qué supone usted que tuvo que atravesar una prueba tan difícil y larga? Yo creo que Dios quería trabajar en una parte del carácter de José. No solamente era un hombre con la bendición y el favor de Dios sobre su vida; además, tenía una tremenda habilidad de liderazgo que Dios le había dado. Si observa la vida de José, puede ver que alcanzó una posición de autoridad en cada situación que enfrentó, ya fuera como esclavo, prisionero o gobernador de Egipto. Obviamente, José tenía una capacidad especial para hacer exitosamente cualquier cosa en lo que estuviera involucrado y la gente creía en él. Aunque fue el favor de Dios lo que convirtió a José en el gobernador de Egipto, la habilidad natural que Dios le había dado fue la que lo equipó para efectuar ese trabajo. Dios le había dado un don especial. Y cuando uno tiene un don especial, es muy fácil apoyarse en él más que en Dios.

Mientras José estaba en prisión, utilizó el don de Dios para interpretar los sueños del copero y el panadero. De modo que cuando el copero regresó al palacio de Faraón, José le pidió que se acordara de él (vea Génesis 40:8-15). Pero el copero se olvidó de José, y pasaron otros dos años antes que fuera liberado de la prisión (vea Génesis 40:23; 41:1).

¿Por qué pasaron dos años más? Leamos la historia.

Entonces José dijo: Esta es la interpretación de su sueño: Las tres ramas son tres días. Dentro de los próximos tres días el faraón lo indultará a usted y volverá a colocarlo en su cargo. Usted volverá a poner la copa del faraón en su mano, tal como lo hacía antes, cuando era su copero. Yo le ruego que no se olvide de mí. Por favor, cuando todo se haya arreglado, háblele usted de mí al faraón para que me saque de esta cárcel. A mí me trajeron por la fuerza, de la tierra de los hebreos. ¡Yo no hice nada aquí para que me echaran en la cárcel! (Génesis 40:12-15).

¿Sabe por qué el copero olvidó a José? Yo creo que Dios hizo que el copero lo olvidara porque José estaba tratando de manipular sus circunstancias. Dios se movió a través de José dándole la interpretación de los sueños del copero y del panadero. Pero entonces José intervino con sus propias preocupaciones y añadió: "Le ruego que no se olvide de mí". Veamos cuántas veces José se menciona a sí mismo en el pasaje anterior: "*Yo* le ruego que no se olvide de *mí*. Por favor, cuando todo se haya arreglado, háblele usted de *mí* al faraón para que *me* saque de esta cárcel. A *mí* me trajeron por la fuerza, de la tierra de los hebreos. ¡*Yo* no hice nada aquí para que me echaran en la cárcel" (énfasis añadido). Creo que Dios podría haberlo liberado de la prisión en ese momento, pero cuando José hizo eso, Dios dijo: "¡No! No está del todo listo".

A medida que la historia continúa, notamos que pasan "dos años completos" antes de que Faraón tenga un sueño (Génesis 41:1), y el mayordomo, de repente, se acuerda de José. Fue a través de la interpretación de los sueños de Faraón que José finalmente es liberado de la prisión al palacio. Ahora, sabemos que Dios le dio a Faraón esos sueños para mostrarle lo que estaba por suceder. Pero, ¿por qué Dios no le dio esos sueños dos años antes? ¿Por qué permitiría Dios que José soportara dos años más en aquel calabozo?

José hizo muchas cosas bien en su vida, pero definitivamente era humano. Pero creo que había una profunda falla en el carácter de

144 | Del sueño al destino

él y Dios quería que emergiera. El defecto de carácter de José era la tendencia a ser orgulloso y confiar en sus propias habilidades. Creo que Dios dijo: "Si te recompenso ahora, pensarás que la manera de salir adelante es hacer algunas cosas y manipular la situación. Si te libero ahora, pensarás que ese hombre te ascendió y te sacó de la cárcel. Así que te dejaré esperar dos años más. Entonces sabrás que yo soy el que te dio la libertad".

Escúcheme: Dios *nunca* premia la manipulación. Dios planeó que José se convirtiera en el segundo al mando sobre todo Egipto y el instrumento de su provisión durante la hambruna. Pero para que José gobernara como

vaso escogido por Dios, tuvo que aprender a apoyarse absolutamente en Dios; no en su propia sabiduría o habilidad. El orgullo, la confianza en sí mismo y la autosuficiencia tuvieron que ser tratados antes de que José pudiera entrar en su destino. En medio de esa larga y difícil temporada de prueba, José aprendió que sus propias habilidades no bastaban.

Dios es el *único* que puede promovernos y liberarnos.

Es la misma lección que muchos de nosotros tenemos que aprender. Dios es el *único* que puede promovernos y liberarnos. Tenemos que dejar de tratar de manipular las situaciones y, en cambio, dejar que Dios obre a través de nuestra rendición, obediencia y confianza en él. Es solo durante las pruebas y las tribulaciones que comenzamos a ver las cosas desde la perspectiva de Dios. Llegamos a una comprensión más profunda de quiénes somos realmente y de quién es Dios. Aprendemos a responder correctamente cuando surgen los problemas. Esta es la forma en que la perseverancia produce carácter en nuestras vidas.

Todas las personas experimentan dificultades e injusticias. Pero los tiempos difíciles y las situaciones injustas que experimentamos no son factores decisivos para nuestras vidas. El tema más importante en nuestras vidas es la *manera en que respondemos* a las pruebas cuando llegan. Cuando respondemos a ellas de la manera correcta, desarrollamos carácter en nuestras vidas. *Y carácter, simplemente, es hacer lo correcto; cualesquiera sean las circunstancias.* A medida que se desarrolla el carácter, sucede algo maravilloso: comenzamos a tener esperanza.

El carácter produce esperanza

Cuando usted responde de la manera correcta en una situación difícil o injusta, algo le sucede a su perspectiva. Empieza a ver el panorama general: lo que Dios piensa para su vida. De repente, Dios parece mucho más grande que su prueba o su problema. Así es como funciona el carácter para producir esperanza. La esperanza ve las cosas desde la perspectiva de Dios, independientemente de cómo se vean las circunstancias.

Más de una vez, José hizo lo correcto y sufrió los resultados contrarios. A causa de Satanás, a menudo terminaba siendo víctima de alguna injusticia. Pero, ¿se dio cuenta de que Satanás nunca tuvo nuevos trucos? Empleó las mismas tácticas con José más de una vez.

Primero, usó la túnica de José para fabricar evidencia de que él había sido devorado por animales salvajes (vea Génesis 37:31-32). Más tarde, volvió a usar la túnica de José para elaborar las pruebas de que había intentado violar a la esposa de Potifar (vea Génesis 39:12-15). No sé ustedes, pero si yo fuera José, ¡no estoy muy seguro de que volvería a usar otra túnica! Aunque me estuviera congelando de frío, si alguien me ofreciera un abrigo o una túnica, le diría: "Aléjate de mí, Satanás. ¡No quiero ningún abrigo!".

Cuando era joven, José solo intentaba hacer un buen trabajo para su padre, Jacob, y terminó siendo arrojado a un pozo (vea Génesis 37:13-14, 23-24). Más tarde, solo estaba tratando de ser un buen mayordomo para Potifar y fue encarcelado (vea Génesis 39:20).

José interpretó sus sueños para sus hermanos, y ellos lo vendieron como esclavo y se olvidaron de él (vea Génesis 37:6-10, 24-30). Años más tarde interpretó un sueño para el copero, pero este regresó al palacio y se olvidó de él (vea Génesis 40:23).

He aquí la razón por la que digo todo esto: una vez que Satanás descubre que algo funciona, lo usará una y otra vez. No tiene que inventar nada nuevo, ¡ya sabe cómo puede llegar a usted! Por ejemplo, no se imagina cuántas personas me han dicho: "Me ofendí por algo que pasó en la iglesia y no volví en cinco años". Y pienso: *Bueno, ¿alguna vez le ofendieron en la tienda de comestibles? ¿Alguna vez le han ofendido en un restaurante? Sin embargo, ¿sigue volviendo a esos lugares?* Satanás sabe que a algunas personas puede continuar recordándoles las ofensas dentro de la iglesia para que se mantengan alejadas de la adoración colectiva, la enseñanza de la Palabra y la comunión de los creyentes. Entonces, cuando ya están aislados, puede tentarlos y perseguirlos aún más.

A pesar de los trucos de Satanás, José siguió usando abrigos (¡creo!). Continuó haciendo un buen trabajo y administrando lo que colocaban a su cuidado. Y siguió interpretando sueños, lo que le abrió la puerta para entrar en su destino.

¿Ha notado que la mayoría de las pruebas hasta ahora tienen que ver con la mayordomía: qué tan bien podría José administrar sus acciones, las pertenencias de otro hombre, su propio cuerpo y ahora su actitud? Por favor, comprenda que no cumplirá el destino que Dios le ha dado si no es un buen mayordomo. Debemos ser buenos mayordomos.

Debido a sus circunstancias, hubo muchas ocasiones en las que José pudo haberse amargado. Es probable que tuviera algunos desliz y que permitiera que la amargura entrara en su corazón por un tiempo durante esos trece años de espera. No lo sabemos. Sin embargo, al final, mantuvo su corazón recto ante Dios y respondió de la manera correcta a las situaciones injustas. Mantuvo su enfoque en Dios y perseveró. Esa perseverancia desarrolló el carácter de José, lo que lo ayudó a ver las cosas desde la perspectiva de Dios. Y ver las cosas desde esa perspectiva produjo esperanza en el corazón de José.

Y aquí está lo grandioso: *José no permitió que su esperanza se convirtiera en desilusión.* Su tribulación duró trece largos años. Después que pasaron los primeros once años, interpretó el sueño del copero, y cuando el sueño se hizo realidad, José probablemente pensó que su liberación al fin había llegado. Estoy seguro de que estaba deseando salir de la cárcel cualquiera de esos días. Pero estos se convirtieron en semanas y las semanas en meses, ¡y los meses se convirtieron en dos años más! José tuvo una oportunidad perfecta para decepcionarse, pero mantuvo su esperanza en Dios.

Ahora, necesito decirle algo acerca de la esperanza. La esperanza no es que Dios le librará *de* sus circunstancias.

La esperanza es el conocimiento de que Dios caminará con usted *a través* de sus circunstancias.

Hay un verso popular sobre la esperanza que a menudo se aplica mal. Dice así: "La esperanza que se demora enferma el corazón" (Proverbios 13:12 LBLA), y aunque esto es cierto, a menudo perdemos el contexto y malinterpretamos el significado real. Como ve, Proverbios 13 es un capítulo de contrastes. Por ejemplo, el versículo 11 dice que la riqueza obtenida por la deshonestidad disminuirá. De modo que no dice que haya algo malo con la riqueza en sí misma. Pero si la obtiene indecentemente, la perderá. Ese es un contraste. Bajo esa perspectiva, creo que el versículo 12 se traduciría mejor como sigue: "La esperanza *errónea* enferma el corazón". No es que la esperanza en sí misma enferme el corazón, porque Romanos 5:5 dice: "La esperanza no defrauda", y la Biblia no puede contradecirse. Solo tenemos que ver dónde está puesta nuestra esperanza. En esencia, si su esperanza está puesta en que sus circunstancias cambien, y no lo hacen, su corazón se enfermará. Pero si su esperanza está en Dios, que nunca cambia, nunca tendrá un corazón enfermo.

La esperanza diferida es una esperanza desubicada. Y cuando está pasando por una prueba larga y difícil, muy fácilmente puede convertirse en decepción. Por tanto, no debe permitir que eso suceda.

Debe seguir confiando en Dios y esperando en él. Para aquellos que hemos pasado por largas tribulaciones, a veces es más fácil decirlo que hacerlo. Pero usted debe perseverar y permitir que él le muestre su perspectiva. Reenfoque dónde está su esperanza. Porque si está fuera de lugar y se convierte en desilusión, terminará enfermo del corazón.

José luchó contra eso trece largos años. Si hubiera permitido que esas situaciones injustas y toda la espera le robaran la esperanza en Dios, habría tenido el corazón enfermo. Tal enfermedad podría haberlo hecho morir antes de llegar a su destino. Pero mantuvo su esperanza y su confianza en la provisión y la presencia diaria de Dios, no en la fecha en que comenzara su futuro fuera de la prisión.

No sé cómo se ve esto en su propia vida: si espera un mejor trabajo, necesita curación física o quiere tener un hijo. Es muy tentador esperar que sus circunstancias cambien. Pero cuando usted pone su esperanza en Dios más que en su necesidad, todo cambia.

Como ve, la esperanza no es solo para el futuro. ¡También es para el presente! No importa la prueba por la que esté pasando en este momento, incluso si está en un calabozo, la esperanza dice que Dios está allí con usted. Dios está con usted ahora.

He notado que hay una tendencia en algunas iglesias a predicar continuamente sobre un mover de Dios que aún está por venir. Eso me molesta porque, en realidad, no están predicando esperanza. Parecen haber pasado por alto la realidad de que actualmente estamos viviendo en un mover de Dios.

La gente debe saber que no tenemos que esperar un mover de Dios en el futuro. ¡Estamos en un mover de Dios en este preciso momento! Hemos estado en un mover de Dios desde que Jesucristo vino a la tierra. ¡*Ahora mismo* puede tener liberación! ¡*Ahora mismo* puede tener sanidad! ¡*Ahora mismo* puede tener los dones del Espíritu Santo! No tiene que esperar algún movimiento de Dios en el futuro. ¡Dios se está moviendo en la tierra ahora mismo!

Sé que hay momentos de efusión especial del Espíritu Santo. Pero debemos agradecer a Dios por lo que su Espíritu está derramando en nuestras vidas en *este instante*. Si miramos continuamente hacia el futuro o hacia el cambio de nuestras circunstancias, nuestros corazones se volverán frágiles y enfermizos en medio de la espera.

¡La esperanza es *ahora mismo*!

Esperanza es creer que Dios está obrando todo para nuestro bien en *este momento*.

La esperanza es creer que Dios nos ama y nos va a cuidar en este momento.

Esperanza es creer que estamos en el centro de la voluntad de Dios para que podamos tener paz y alegría en *este momento*.

Esperanza es creer que Dios está con nosotros en *este momento*, sin importar las pruebas o tribulaciones por las que estemos pasando.

Esa es la esperanza bíblica, no una esperanza diferida ni desubicada.

Y el carácter produce una especie de esperanza piadosa.

¿Y adivine qué produce la esperanza?

La esperanza produce citas

Romanos 5:5 (PDT) nos dice que: "*Esa esperanza no nos va a fallar*" (énfasis añadido).

Echemos un vistazo a la palabra "fallar". Fallar significa no cumplir con algo. Fallar es lo opuesto de "acertar". De manera que la palabra "fallar" significa que hemos dejado de hacer o de lograr algo. Si usted dice: "Yo fallé", significa que no logró algo. Por ejemplo: Si usted pierde una cita, eso podría explicar por qué falló y se siente defraudado.

Si la "esperanza no falla" (Romanos 5:5 PDT), entonces, ¿qué es lo que hace la esperanza?

Eso es fácil, ¡la esperanza genera oportunidades! La esperanza genera citas para usted. Y las citas que la esperanza produce son *citas divinas*. Citas u oportunidades para que usted ministre a otros y vea el cambio en sus vidas, al igual que en la suya. Sin embargo, sin la esperanza usted podría quedarse atrapado en la prueba que atraviesa y perderse esas citas divinas.

José tuvo una cita divina con su futuro. Sin embargo, pudo haber perdido esa cita si hubiera permitido que su esperanza le fallara. José pudo haberse pasado los días sintiendo lástima por sí mismo. Después de todo, estaba en una situación muy injusta, y no parecía haber salida. Sin embargo, en vez de sentir autocompasión, mantuvo la actitud correcta en su corazón con los ojos puestos en Dios. Él no permitió que esa situación desesperante le evitara acercarse a otros y ministrarles en sus necesidades. José buscaba citas divinas todos los días, justo allí, en la prisión. "Y José vino a ellos por la mañana y los observó, y he aquí, estaban decaídos. Y preguntó a los oficiales de Faraón que estaban con él bajo custodia en casa de su señor: ¿Por qué están vuestros rostros tan tristes hoy?" (Génesis 40:6-7).

José pudo notar que el copero y el panadero estaban tristes porque él no había permitido que sus propios problemas lo consumieran. A pesar de sus dificultades, José había perseverado y permitido que su carácter produjera esperanza en su corazón. Y debido a que él tenía esperanza en su corazón, José no estaba enfocado en sí mismo. Él buscaba cómo ministrar a alguien más. Irónicamente, ministrar a uno de sus compañeros de cárcel, con el tiempo, ¡fue la clave para la liberación de José! Lo que llevó a la liberación de José no fue que se molestara por estar preso, ¡sino ministrar a otras personas!

Lo que llevó a la liberación de José no fue que se molestara por estar preso, ¡sino ministrar a otras personas!

Al igual que José, usted debe mantener su esperanza en Dios, no importa lo que esté atravesando. Debe recordar que él tiene citas divinas para usted todos los días. Hay personas a su alrededor que necesitan a Dios y él quiere que usted ministre a esa gente. Sin embargo, si solamente se enfoca en sus propios problemas y pruebas, no verá las oportunidades para ministrar a las necesidades de los demás. Usted fallará en atender las citas que son tan importantes para Dios. Y si usted falla en atender esas citas importantes, fallará en atender una cita que es importante para su destino. Los hermanos de José trataron de frustrar su destino. La esposa de Potifar trató de impedir el destino de José. Luego el copero lo olvidó. Toda esa gente hizo cosas que parecían seguros impedimentos al plan de Dios con José, todas parecieron concertarse para frustrar que él alcanzara su destino. Sin embargo, a pesar de todo lo que hicieron, José continuó haciendo lo correcto. Y debido a que siguió haciendo lo correcto, no falló en atender sus citas divinas.

Usted tiene que comprender esta verdad. Solo hay una persona que puede perturbar su destino. Solo una persona que puede evitar que usted lo alcance. Solo una que puede retrasarlo. ¿Puede alguien adivinar de quién se trata? De usted. Sí, usted es el único que puede frustrar la llegada a su destino.

He aceptado el hecho de que nadie, excepto yo, puede perturbar el destino que Dios tiene para mi vida. Al igual que usted, hay quienes me han hecho y dicho cosas acerca de mí que son erróneas. Sé que si no respondo de la manera correcta a esas injusticias, puedo echar a perder el plan de Dios para mi vida. Sin embargo, también sé que si decido hacer lo correcto, no hay nada que nadie pueda decir o hacer para interferir los planes que Dios tiene para mí. Y si usted decide hacer lo correcto, nadie puede detener el destino que Dios le tiene preparado.

En la misma forma, nadie más podía interferir con el destino que Dios le había dado a José. Sin duda alguna, José es un ejemplo maravilloso para nosotros de cómo podemos perseverar y salir de la tribulación con carácter y esperanza.

Veamos a continuación en que es José tipo de Cristo.

- José fue a la prisión por algo que él no hizo. Cristo sufrió por algo que no hizo.
- José fue contado entre los criminales de la prisión. La Biblia dice que Jesús: "con los transgresores fue contado" (Isaías 53:12).

- José fue encarcelado con dos prisioneros. Uno fue liberado y el otro, condenado (vea Génesis 40:21-22). Jesús fue crucificado entre dos ladrones. Uno recibió el perdón y el otro, no (vea Lucas 23:33, 39-43).

- José le dijo al copero: "Solo te pido que te acuerdes de mí cuando te vaya bien, y te ruego que me hagas el favor de hacer mención de mí a Faraón, y me saques de esta casa" (Génesis 40:14), pero el copero se olvidó de él. El ladrón le dijo a Jesús: "Acuérdate de mí cuando vengas en tu reino" (Lucas 23:42), pero Jesús no se olvidó de él. Jesús le dijo que estaría con él ese mismo día y estuvo con él en el cielo (vea Lucas 23:43).

Este es mi consejo para usted: Aunque otra gente no cumpla su palabra, aunque otra gente se olvide de usted, Dios nunca lo hará. Dios siempre cumple su Palabra y siempre se acordará de usted.

Así que cuando esté atravesando una prueba larga y difícil, permita que ella produzca perseverancia en usted. Siga peleando la buena batalla de la fe mientras espera con alegría la liberación de Dios.

Ya conté que cuando dejé mi trabajo decidí darle los ochocientos dólares a mi antiguo empleador. Después de eso, continué predicando dondequiera que me invitaran. Pero esas oportunidades no me proporcionaban una fuente constante de ingresos y, para colmo, no teníamos seguro médico. Así que Debbie fue a una agencia de trabajo temporal para hallar empleo. Tuvo que tomar una prueba de aptitud para ver cuál eran sus habilidades para ciertos trabajos y obtuvo excelentes calificaciones en todas las áreas, excepto en matemáticas. (Esto no fue una sorpresa para ninguno de nosotros; ella misma le dirá que los números son un mal necesario en su mundo). La mujer de la agencia de empleos temporales le dijo que no había nada disponible que encajara con sus habilidades en ese momento. Pero luego agregó:

—¿Sabe qué? Vi una frase esta mañana que nunca antes había visto, pero creo que la escuché a usted decirla. ¿Qué me dijo que es su esposo?

—Es evangelista —respondió Debbie.

La señora sacó una carpeta titulada "Asociación Evangelística James Robison" y le preguntó si tendría que ver algo con eso. Debbie asintió y la dama respondió:

—Bueno, allí tienen una vacante y me gustaría al menos que fuera a una entrevista de trabajo ahí.

En ese tiempo, el ministerio de James tenía seiscientos empleados y la única vacante estaba en la nómina. A Debbie no le gustaba trabajar con números, pero fue a la entrevista de todos modos. Al final del encuentro, el gerente le dijo: "He entrevistado a otras tres personas que están más calificadas para este trabajo, pero Dios me dice que se lo dé a usted".

Debbie comenzó a trabajar ahí, lo que nos dio más ingresos y nos permitió recibir un seguro médico, ¡y no podría haber llegado en un mejor momento! Quedó embarazada de nuestro hijo Josh y no tuvimos que sacar dinero de nuestro bolsillo para pagar las citas con el médico ni el parto. ¡Esa fue una gran bendición financiera para nosotros! Pero no era todo lo que Dios tenía en mente.

Un día, pasé por la oficina de Debbie para llevarla a almorzar y, mientras estaba parado en el estacionamiento, se detuvo un automóvil. Observé que bajaba la ventanilla y dentro estaba James Robison.

"Oye, he estado escuchando acerca de todos esos niños que se salvan en las asambleas escolares y los eventos en los que estás predicando", me dijo. "Voy a Corpus Christi la semana que viene a hacer una cruzada. ¿Te gustaría ir conmigo? Me encantaría que hicieras unas reuniones escolares e invitaras a los niños a la cruzada".

Antes de darme cuenta, me estaba reuniendo con el director de la escuela secundaria más grande de Corpus Christi. Le entregué cartas de recomendación de otros directores y le dije lo que hablaría en la asamblea. Dijo que no podía convocar una asamblea escolar completa, pero que podía hablar en sus clases de salud sobre la resistencia a las drogas y el alcohol. Ese día hablé en varias clases, combinando humor con evangelio, y me fue tan bien que el director llamó a las otras escuelas del área y ¡me pidió que hiciera asambleas con ellos también! Invité a todos los que conocí a la cruzada y, cuando finalmente llegó la noche esa semana, *¡seiscientos niños se salvaron!*

Todo comenzó conmigo parado en un estacionamiento esperando para llevar a mi esposa a almorzar. Esa única cita divina, precedida por otras de esas citas, abrió aún más oportunidades para ministrar junto a James Robison, para finalmente ver a miles y miles de personas salvadas. Usted podría pensar que estaba en el lugar correcto en el momento correcto, pero estaba en el lugar de Dios en el tiempo de Dios. Él orquestó las citas divinas que prepararon el camino para mi destino.

La prueba de la prisión tiene que ver con hacer lo correcto aun cuando le acusen falsamente, aunque le encarcelen, aun cuando espere mucho tiempo a que sus circunstancias cambien.

Entiendo que este período de espera puede parecer una eternidad. Incluso usted puede comenzar a preguntarse: "¿Es Dios realmente fiel?". Lo sé porque me ha pasado. ¡Más de una vez! No tengo todas las respuestas, pero sí sé esto: Dios *es* fiel. Y él usará la prueba de la prisión para desarrollar su perseverancia y su carácter en usted.

Pídale al Espíritu Santo que le ayude a ver las cosas desde la perspectiva de Dios. Ore: "Ábreme los ojos, Señor, para que vea" (vea 2 Reyes 6:17). Y luego, no importa cuán mala sea su situación, siga haciendo lo correcto.

Es posible que vea que las cosas cambian rápidamente. O puede tomar años. En algunos casos, es posible que no entienda la perspectiva de Dios hasta que lo vea cara a cara en el cielo. El apóstol Pablo escribió sobre el "eterno peso de gloria" (2 Corintios 4:17), y esa es la perspectiva que siempre produce esperanza.

La esperanza de Dios no le fallará ni le defraudará. ¡Su esperanza le llevará a una cita divina con su destino!

CAPÍTULO SEIS

La prueba profética

Sabemos que Dios nos creó a cada uno de nosotros. Él es el Creador de todas las cosas, lo que significa que también es el Creador de nuestros destinos. Pero, ¿alguna vez ha pensado en *cómo* crea las cosas? ¿Simplemente agita su mano poderosa? ¿O sueña con algo y luego, automáticamente, surge? La Biblia nos dice, de forma muy clara, cómo crea Dios. Cuando él quiere crear algo, *habla*.

En el primer capítulo de Génesis, leemos que cuando Dios creó los cielos y la tierra, *habló* y dijo: "Sea la luz" (Génesis 1:3). Cuando Dios creó los animales, *habló* y dijo: "Produzca la tierra seres vivientes según su género" (Génesis 1:24). Y cuando Dios creó al hombre, *habló* y dijo: "Hagamos al hombre a nuestra imagen" (Génesis 1:26).

Hebreos 11:3 nos dice: "El universo fue formado por la *palabra* de Dios, de modo que lo visible no provino de lo que se ve" (énfasis añadido). Todo lo que Dios creó ha sido creado por las palabras de su boca. Dios hace que las cosas sucedan solo con *hablar*.

En Juan capítulo 1, Dios dice: "En el principio era el Verbo, y el Verbo estaba con Dios, y el Verbo era Dios ... Todo fue hecho por medio de él [el Verbo], y sin él [el Verbo] nada de lo que ha sido hecho, fue hecho" (vv. 1, 3). En estos versículos, Dios nos dice que él y su Palabra son uno. Lo siguiente que nos dice es que "todas las cosas" fueron hechas por medio de su Palabra (v. 3). (Obviamente, "el Verbo" se refiere a su Hijo, Jesús. Pero note que él llama a su propio Hijo "el Verbo"). Luego, solo por si no estaba suficientemente claro, Dios nos dice —además— que sin su Palabra (el Verbo) "nada de lo que ha sido hecho, fue hecho" (versículo 3). En otras palabras, todo lo que fue hecho, fue hecho por la Palabra de Dios y si no está hecho por la palabra de Dios, sencillamente, ¡no existe!

Así que cuando Dios quiere hacer algo, simplemente lo dice. Cuando Dios tiene un plan para algo, lo anuncia. Y cuando lo anuncia, se libera poder para que eso sea creado.

Dios tenía un plan para la vida de José. Así que, seguramente, Dios ya había hablado sobre la vida de José antes de que el joven tuviera aquellos sueños. Antes de que José pasara cualquier prueba, Dios había hablado acerca del resultado que había planeado. Mucho antes de que José entrara en su destino, el poder de las palabras de Dios ya había sido liberado para llevarlo hacia ese destino.

Dios tiene un plan para cada uno de nosotros, de la misma forma que lo tuvo para José. Y, tal como hemos visto, cuando Dios tiene un plan para hacer algo, solo *habla*. Eso significa que Dios *ya ha dicho* el plan que tiene para su vida y que *ya ha dicho* una palabra específica sobre el que tiene para la mía. Y cuando habló, su poder fue liberado para llevarnos, a cada uno de nosotros, hacia el destino que él ideó.

La prueba profética: encuentre la Palabra de Dios para su vida

Una noche en 1993, Dios me dio una visión para el ministerio. Me dijo: "Quiero que construyas una iglesia para treinta mil personas, que llegue a trescientas mil en el área del Metroplex de Dallas-Fort Worth. También quiero que esa iglesia llegue a tres millones en Texas, treinta millones en Estados Unidos y trescientos millones en todo el mundo". A la mañana siguiente, estaba leyendo la Biblia durante mi tiempo devocional y me encontré con 1 Samuel 11:8: "Y los contó ... los hijos de Israel trescientos mil, y treinta mil los hombres de Judá".

¡De inmediato el Señor confirmó en mi corazón que el sueño que tuve la noche anterior era suyo!

Siete años más tarde, fundamos la congregación Gateway Church. Unos meses después de nuestro incipiente ministerio, estaba en mi momento devocional cuando leí ese versículo otra vez. El Señor me dijo: "Te voy a recordar lo que te he llamado a hacer y voy a volver a confirmarte estos números".

Al instante recordé que, cuando plantamos la iglesia al inicio, otra iglesia nos dio 30.000 dólares.

Más tarde, ese mismo día, almorcé con un hombre que había visitado nuestra congregación dos veces y, al terminar de comer, dijo: "¡Mi familia y yo vamos a unirnos a la iglesia y estamos emocionados por eso! De vez en cuando, tenemos algunos recursos que podemos sembrar en el reino. El Señor puso en mi corazón una cantidad que quiero dar a la iglesia". Mientras me entregaba el cheque, me expresó lo siguiente: "Dios me dijo que te dijera que esta cantidad te va a confirmar algo".

Le di las gracias y le dije lo agradecidos que estábamos. Nos despedimos y, después de abordar el auto, metí la mano en el bolsillo y saqué el cheque. ¡Era por 300.000 dólares! ¡El Señor había confirmado las dos cantidades que me había dado en un sueño siete años antes!

No hay duda en mi mente de que esos números y ese sueño eran de Dios. Quería hacer algo y, en ese momento, no tenía idea de cómo sería el destino completo. Pero mi parte era —y es— continuar sirviéndole apasionadamente con todo mi corazón. Ahora, aquí hay una lección que debemos aprender: depende de Dios que cumpla su palabra y depende de mí obedecer.

Mientras continuaba orando acerca de la visión que Dios me había dado para el ministerio, leí Mateo 16:18, donde Jesús dice: "Edificaré mi iglesia". Otra forma de verlo es: "Yo [Jesús, lo que significa que no hay duda] edificaré [él es el que está haciendo la edificación, no yo] mi [porque le pertenece a él] iglesia [su cuerpo; somos todos nosotros; se necesita de todos nosotros para hacerlo]". Sabía que Dios me estaba diciendo que si me ocupaba de la profundidad de mi comunión con él mediante una relación personal, diaria, íntima y próspera con Jesucristo, él se ocuparía de la amplitud de mi ministerio. Él se encargaría de los números.

Esta es parte de mi historia, sin embargo, Dios nos ha llamado, a cada uno de nosotros para un propósito específico. No hay nadie más que pueda hacer lo que Dios le ha llamado a usted a que haga; no hay nadie más que pueda hacer lo que Dios me ha llamado a hacer. No obstante, nos corresponde a nosotros encontrar las palabras específicas que Dios ha pronunciado sobre nuestras vidas. También, nos toca creer las palabras proféticas que Dios ha dicho y, luego, obedecerle.

Esta es la prueba profética, la prueba de la Palabra de Dios. ¿Vamos a creer las palabras de Dios y afianzarnos en ellas, venga lo que venga?

"Profetizar" significa hablar como si estuviera divinamente inspirado. Es decir, que Dios —que es divino— le ha hablado a alguien. Él puede hablar a través de un sueño (como lo hizo con José), durante un momento de adoración, a través de la Biblia o por medio de un amigo, mentor o pastor.

Dios pronunció una palabra para la vida de José. Sin embargo, este atravesó algunos tiempos difíciles en los que parecía como si esas palabras y esos planes de Dios no se cumplirían nunca. En esas circunstancias dificultosas, José fue probado *por las palabras que Dios había hablado en cuanto a él*. ¿Creería el joven las palabras de Dios o las palabras de desesperación y falta de esperanza que parecían confirmar sus circunstancias?

La Biblia describe la manera en que José experimentó esta prueba: "Envió delante de ellos a un hombre: a José, vendido como esclavo. Le sujetaron los pies con grilletes, entre hierros aprisionaron su cuello, hasta que se cumplió lo que él predijo y la palabra del Señor probó que él era veraz" (Salmos 105:17-19).

Aquí dice que ellos sujetaron los pies de José con grilletes y que él mismo fue puesto entre hierros [en cadenas] (vea Salmo 105:18). Así que sabemos que José experimentó sufrimiento físico durante su prueba. Pero también habla acerca de algo más que probó el carácter de José. Dice que: "la palabra del Señor" (Salmo 105:19) en realidad, "probó que él [José] era veraz".

Cuando vi este versículo, captó mi atención al instante. Me encanta analizar los idiomas originales en los que se escribió la Biblia, así que investigué un poco. En hebreo, hay dos vocablos completamente diferentes traducidos como "predicción" y "palabra", los cuales tienen significados muy distintos. Son las expresiones *dabar* e *imrah*. De modo que este versículo, realmente, dice: "Hasta que se cumplió lo que él [*dabar*] y la [*imrah*] del Señor probó que él era veraz" (Salmos 105:19).

Ahora, permítame explicarle algo acerca de estos términos hebreos. El primero, *dabar*, se usa más de 1400 veces en el Antiguo Testamento, y es el vocablo hebreo que se traduce, a menudo, como "palabra". El término *dabar* significa: "asunto" del que se ha hablado.

Con eso presente, podemos ver que este versículo —en realidad— lo que está diciendo es: "Hasta que se cumplió lo que él [*lo que se dijo sobre* la vida de José], la palabra del Señor probó que él era veraz".

Ahora, el segundo vocablo hebreo traducido como "palabra" es *imrah*. Es de uso menos frecuente en el Antiguo Testamento —aparece más de treinta veces— y significa "mandato", "mandamiento", "dicho" o "palabra" y se refiere a la propia Palabra de Dios, la Palabra literal de Dios. Este vocablo no se usa mucho en la Biblia. Permítame presentarle algunos versículos donde se emplea la palabra *imrah*.

Las palabras del Señor son puras, son como la plata refinada,
siete veces purificada en el crisol (Salmos 12:6).

El camino de Dios es perfecto;
  la palabra del Señor es intachable.
Escudo es Dios a los que se refugian en él (Salmos 18:30).

En mi corazón he atesorado tus palabras,
  para no pecar contra ti (Salmos 119:11 RVC).

En cada uno de esos versículos, se usa la palabra hebrea *imrah*
y se refiere a la Palabra literal de Dios. Notemos también que la
palabra "refinada" en el Salmo 12:6 y el vocablo "intachable" en el
Salmo 18:30 también pueden traducirse como "refinado, probado
o depurado".

De manera que lo que el Salmo 105:19 está diciendo en realidad,
acerca de José, es esto: Hasta que el tiempo de la palabra *profética*
de José (o predicción) se cumplió, la *Palabra literal* de Dios probó que él era veraz (o, lo que es lo mismo, lo puso a prueba). La
Nueva Traducción Viviente de este versículo dice: "Hasta que llegó
el momento de cumplir sus sueños, el Señor puso a prueba el carácter de José" (Salmos 105:19). ¡Este versículo es la síntesis de todo
este libro! Pero aquí hay una idea importante: las palabras proféticas tienden a probar nuestra *fe*, pero la Palabra literal de Dios —la
Biblia— prueba nuestro *carácter*.

Hay dos asuntos que usted debe considerar: ¿Prueba usted la
Biblia o la Biblia lo prueba a usted? ¿Juzga usted la Biblia o la Biblia
lo juzga a usted?

Me encanta estudiar los comentarios de la Biblia, pero hay una
manera correcta y otra incorrecta de analizarlos. Algunos leen la
Biblia y luego van a un comentario para ver si lo que ella afirma es
verdad. Cuando leo algo en un comentario, voy a la Biblia para ver
si lo que dijo el comentarista es cierto porque la Palabra literal de
Dios, la Biblia sola, es mi estándar.

¿Cómo sabemos que asesinar es malo? La Biblia nos lo dice. ¿Cómo sabemos la diferencia entre asesinato y homicidio involuntario? La Biblia nos lo dice. ¿Cómo sabemos que mentir es malo? La Biblia nos lo afirma. ¿Cómo sabemos que robar es un delito? La Biblia nos lo dice. ¿Cómo sabemos que el adulterio es maligno? La Biblia nos lo indica. Pablo confirmó esto cuando escribió en el Nuevo Testamento que él no hubiera sabido que codiciar estaba mal si la Ley, la Palabra de Dios, no se lo hubiera dicho (vea Romanos 7:7).

Algunos individuos dicen que la verdad cambia constantemente. ¡No, es no es cierto! Nuestra comprensión de la verdad puede cambiar, pero la verdad misma nunca cambia. Contrariamente a la creencia popular, la verdad absoluta no está sujeta a opiniones personales ni a creencias científicas, políticas ni a las tendencias actuales. Todos podemos tener diferentes opiniones, pero si algo es cierto, es veraz independientemente de la opinión personal. La verdad absoluta es absolutamente cierta para todos, sin excepción. No importa lo que creamos que sabemos, la Biblia siempre será la fuente de la verdad absoluta.

Otros alegan que las leyes del país marcan la pauta. Eso tampoco es cierto. Las leyes pueden estar equivocadas. Hubo un tiempo en que la esclavitud era legal en nuestro país. La segregación era legal. Antes asesinar bebés no natos era ilegal, ahora —en este mismo momento— es legal. Sin embargo, sabemos la verdad: *cada vida* es preciosa para Dios. La legalidad no es el estándar para la verdad o la moralidad. ¡La Biblia lo es!

La Biblia es la Palabra por la cual debe medirse toda verdad. La Biblia es también la Palabra por la cual deben medirse todas las demás palabras de Dios. Por eso es absolutamente esencial que conozcamos la Biblia.

En este momento, lo sepa o no, usted está siendo probado por la Palabra de Dios. Ella está probando su carácter. Alcanzar su destino o no alcanzarlo, está directamente relacionado con la medida en que usted conozca la Palabra de Dios. No puedo enfatizar esto lo suficiente, pero *¡usted necesita conocer la Palabra de Dios!*

La Biblia es nuestro estándar. La Biblia es la Palabra por la cual deben medirse todas las otras palabras provenientes de Dios. Y, debido a eso, es absolutamente primordial que conozcamos la Palabra (la Biblia) de Dios.

En este preciso momento, usted está siendo probado por la Palabra de Dios. Dios le ha declarado su Palabra en la Biblia, y esa Palabra le está probando. Ya sea que usted alcance su destino o falle en hacerlo estará directamente relacionado a cuán bien conoce la Palabra de Dios, como está revelada en la Biblia. No puedo dejar de enfatizar esto: *¡Usted necesita conocer la Palabra de Dios!*

Alcanzar su destino o no alcanzarlo, está directamente relacionado con la medida en que usted conozca la Palabra de Dios.

Todo el tiempo veo creyentes que se esfuerzan por progresar, pero parecen estancados. Y la razón por la que no avanzan es, en realidad, muy sencilla: ¡Están violando la Escritura! En cuanto a ello, debo hacer una declaración fuerte: hay algunas personas que nunca cumplirán su destino a menos que modifiquen algunas cosas, porque sus vidas no se alinean con la Palabra de Dios.

Por ejemplo, algunas personas no se someten a la autoridad, aunque la Biblia dice que deben hacerlo (vea Romanos 13:1-7; Hebreos 13:7; Tito 3:1). Otras no diezman, aunque la Biblia dice que no diezmar es robar a Dios (vea Malaquías 3:8). Aun otras no honran el día de reposo ni se toman un día libre, aunque sea uno de los Diez Mandamientos (vea Éxodo 20:8-11). La parte triste es que la mayoría de esas personas probablemente ni siquiera saben que están violando las Escrituras.

Si usted nunca lee la Biblia, ¿cómo sabrá lo que dice? Y si usted no sabe lo que dice, ¿cómo sabrá la forma en que debe vivir?

Conozca lo que la Biblia dice

Algunos de ustedes eligieron este libro porque tienen un sueño de Dios y quieren que les diga cómo cumplir su destino. Bueno, eso es lo que le estoy diciendo: conozca lo que la Biblia dice. Y la única forma de saber lo que la Biblia dice, lo que Dios dice, es leerla y estudiarla. Así que léala, escúchela, medite en ella, memorícela y obedézcala. Como dice un amigo mío: "Si eres cristiano, es mejor que lo enfrentes: ¡tarde o temprano, tendrás que leer la Biblia!".

Cuando fui salvo, quería conocer tanto como fuera posible acerca de la Biblia. ¡Y ese todavía es mi anhelo! Al estudiar la Biblia, estudio las palabras de Dios, y ¿quién no querría hacer eso? ¡Algo en mí hace que ansíe lo que está en la Palabra de Dios! No leo muchos otros libros. Desearía hacerlo, pues la gente siempre me pregunta si he leído tal o cual libro, y he leído algunos libros buenos. Sin embargo, hay algo acerca del *Libro de Dios* que, sencillamente, no puedo dejar de leerlo. No parece que pueda cansarme de su Libro.

Cuando preparo un mensaje, nunca tengo problemas para encontrar pasajes de la Escritura apropiados. Mi conflicto es que siempre tengo demasiados versículos bíblicos y debo prescindir de algunos. Estudio, analizo y algunas veces termino con cientos de versículos, demasiados para expresarlos en un solo mensaje. Así que siempre me digo a mí mismo: *Creo que puedo quitar esta cita bíblica o tal vez esta otra. Supongo que puedo comunicar este punto con solo cuatro versículos ¡en vez de cincuenta!*

Eso puede parecer exagerado para algunos, pero no para mí. Yo, sencillamente, ¡amo la Palabra de Dios! Desde que conocí a Jesucristo y él cambió mi vida, he anhelado conocerlo tan íntimamente como pueda.

La buena noticia es que usted y yo podemos llegar a conocerlo a través de su Palabra porque él se nos revela en ella y a través de ella. La Biblia no es solo el libro de sus palabras, también es el libro de su vida. Así que quiero saber todo lo que pueda sobre ella, no porque sea ministro, sino porque soy cristiano, porque he conocido a Jesucristo y quiero saber más acerca de él.

Cuando recién fui salvo, pasaba horas y horas leyendo la Biblia. Quería saber cómo se relacionaba Marcos con Lamentaciones y cómo se relacionaba Oseas con Hechos. Quería armarlo todo como un solo libro.

Por años, leí diez capítulos al día, lo que me llevaba alrededor de una hora. Pero había veces que leía cincuenta capítulos al día, lo que me tomaba unas cinco horas. En contadas ocasiones pude leer cien capítulos al día, pero lo hice. Ahora bien, sé que no todas las personas pueden hacer eso: yo me dedico al ministerio de tiempo completo, por lo que mi trabajo me permite pasar mucho tiempo en la Palabra. Pero cualquiera, incluido usted, puede leer toda la Biblia en un solo año examinando un poco más de tres capítulos por día. Si lee diez capítulos al día, puede completar la lectura de toda la Biblia en cuatro meses o tres veces en un mismo año.

Sin embargo, lo más importante es empezar en alguna parte y dedicar tiempo a la Palabra de Dios todos los días.

Permítame decirle que estoy consciente de que hay personas que tienen dificultades para leer la Biblia todos los días o no saben por dónde empezar. Si ese es su caso, le animo a que le pida al Espíritu Santo que renueve en usted la pasión por su Palabra. Mientras lea o escuche la Biblia, hágale preguntas a Dios sobre las cosas que no entiende o pídale que le dé su perspectiva sobre un pasaje en particular. ¡Él es fiel para responder!

La Biblia es el mejor libro que existe. Las palabras de la Biblia son "vida para quien las descubre y salud para todo su cuerpo" (Proverbios 4:22 BLPH). Las palabras de la Biblia son "oro" (Proverbios 25:11). Y Dios mismo ha dicho: "Porque yo estoy alerta para que se cumpla mi palabra" (Jeremías 1:12). ¡La Biblia es la Palabra de Dios!

La Biblia no solo es importante, ¡también es divertida! Antes de que aparecieran las aplicaciones en nuestros teléfonos inteligentes, solía comprar libros de entretenimiento acerca de la Biblia. Cada vez que publicaban uno nuevo, lo adquiría. Cuando estaba en el ministerio itinerante y Debbie y yo andábamos de viaje, le pedía que me hiciera preguntas. Los libros tenían una sección para principiantes, otra para creyentes promedio y otra más para expertos. Así que ella me hacía preguntas como: "¿Quiénes eran Uz y Buz"? Ahora, usted podría pensar que no es muy importante saber la respuesta a esas preguntas, pero era interesante para mí porque yo solo quería saber *todo* lo que pudiera acerca de la Biblia.

Luego, le decía a Debbie: "Di un capítulo de cualquier libro de la Biblia". Ella escogía uno al azar y decía algo como: "Ezequiel 45". Entonces, yo trataba de decirle de qué se trataba, específicamente, ese capítulo. Yo quería memorizar tanto como pudiera. De manera que si ella me preguntaba acerca de un capítulo y yo no podía decirle de qué se trataba, le pedía que me lo leyera; y, entonces, intentaba enfocarme para memorizarlo.

Después, le decía a Debbie: "Menciona un pasaje bíblico. Veré si puedo decirte lo que dice ese capítulo, cuál es su contexto y si puedo darte otras referencias que se relacionen con él". Entonces, si ella decía: "Marcos, capítulo 7", yo trataba de decirle lo que pasó en ese capítulo. Trataba de decirle dónde se encontraba esa misma historia en Mateo y Lucas, y si estaba en los cuatro evangelios o solamente en los sinópticos.

Eso podría sonar un poco exagerado para algunos, pero mi amor por la Biblia surgía directamente del hambre en mi corazón por conocer la Palabra de Dios.

Mi hambre por la Palabra de Dios no brotó del hecho de que yo fuera pastor. Surgió porque yo era creyente. Y no es porque quiera ganar competencias de conocimiento bíblico o para aprobar exámenes de teología; es porque Jesucristo cambió radicalmente mi vida. Él me dio su Palabra escrita para que yo pudiera conocerlo mejor y llegara a ser más como él. Por eso atesoro cada una de sus palabras.

De manera que si usted quiere conocer a Dios, conozca su Palabra. Es así de sencillo.

Si usted conoce a un hombre o una mujer que esté siendo usado grandemente por Dios, ya sea un maestro de escuela, un padre que trabaja en casa, un plomero, un obrero de la construcción, un médico o un pastor, le garantizo que dedica tiempo a la Palabra de Dios. Eso es lo que los distingue.

Si usted quiere conocer a Dios, conozca su Palabra.

En lo particular, creo que cualquier persona que alcanza su destino en Dios lo logra porque conoce su Palabra. ¿Qué tan bien conoce usted la Biblia? Si no la lee, medita en él, la memoriza ni la estudia, sus pensamientos acerca de Dios y su destino se volverán confusos y conflictivos. La Palabra es lo que le mantiene alineado con Dios, incluso en las temporadas más difíciles. Si quiere alcanzar su destino, debe llegar a un punto en que conozca y ame la Biblia.

La Biblia es la Palabra de Dios. Y hasta el momento en que su sueño se haga realidad, la Palabra de Dios le ha de estar probando. Está probando su carácter. Recuerde, probar significa "refinar o purificar". Dios no le está probando para que fracase. Le está probando para ayudarle a ser más fuerte en sus convicciones y en su carácter. ¿Es usted un hombre o una mujer de Dios? ¿Se le puede confiar el destino que él ha planeado para usted?

La Palabra de Dios edificará su fe y le llevará a su destino.

Hay una razón por la que coloqué este capítulo en el medio del libro. Es porque la prueba profética a menudo se encuentra en medio de la travesía hacia su destino.

A medida que atraviesa pruebas para alcanzar su destino, ¿se aferrará a la Palabra de Dios? No importa lo que escuche, vea o experimente, ¿será fiel a la palabra que Dios ha hablado? ¿Se aferrará a la Palabra de Dios, a pesar de lo que digan sus circunstancias?

Dios todavía habla

Somos muy bendecidos al tener la Biblia. José no tenía la Palabra de Dios escrita como la tenemos nosotros. Todo lo que José tenía en ese tiempo era la palabra que Dios había puesto en su corazón, la palabra profética de Dios. Y como eso era todo lo que tenía, se aferró a ello como la palabra que Dios le había dado. Sin embargo, nosotros somos doblemente bendecidos hoy. Somos bendecidos por tener la Palabra de Dios escrita en la Biblia, ese es nuestro parámetro y tenemos que aferrarnos a él. Además, también somos bendecidos por tener la palabra profética de Dios; por tanto, tenemos que aferrarnos a ella también.

Permítame repetir eso. Dios nos ha dado su palabra profética hoy y debemos aferrarnos a ella porque Dios todavía habla.

Si usted ha sido parte de un sistema doctrinal o teológico que dice que Dios no habla en este día, quiero que sepa algo muy importante: esa idea, sencillamente, ¡no concuerda con las Escrituras! Dios no perdió su voz hace dos mil años. ¿Qué caso tendría orar si no puede recibir respuesta para sus oraciones? Dios sí habla todavía. Él nunca dice nada contrario a lo que ya ha dicho en la Biblia; sin embargo, sí habla. Él no ha perdido su voz.

Lamento decir que muchos seminarios en la actualidad están enseñando que Dios dejó de hablar hace dos mil años. Por desdicha, eso fue lo mismo que me enseñaron en la universidad bíblica. Me enseñaron que Dios ya había dicho a través de la Biblia todo lo que iba a decir, y que ya no habla. Pero eso no es cierto. ¡Sí habla! Todavía habla y una forma en que nos habla es comunicándose con nuestros corazones.

Recuerdo un incidente sucedido cuando estaba en la congregacion Shady Grove. El Espíritu de Dios comenzó a moverse, por lo que el pastor Olen fue citado ante el comité de credenciales de la denominación a la que pertenecía la iglesia para ser cuestionado.

Durante tres horas, el pastor Olen fue interrogado por ese comité en cuanto a la naturaleza del Espíritu Santo, los dones del Espíritu (específicamente hablar en lenguas) y si Dios todavía se mueve en estos tiempos. Al final de las tres horas, el comité le preguntó: "¿Cree cuando se interpreta una lengua o cuando alguien profetiza que Dios podría estar hablando a través de esa persona?".

"Sí, lo creo", respondió el pastor Olen. "No creo que sea Dios el que siempre habla cuando eso sucede. Pero sí, creo que Dios a veces habla de esa manera en nuestros días".

"¡Lo tenemos!" dijeron ellos. "Porque la Biblia ya tiene todo lo que Dios ha dicho, por lo que ahora no nos habla. Si usted dice que Dios le dijo algo y no puede darnos el 'capítulo y el versículo', entonces está agregando palabras a la Biblia, ¡y sabe lo que sucede cuando alguien agrega algo a la Biblia!".

El hermano Griffing respondió: "Ustedes, señores, me han estado cuestionando durante tres horas ya, y yo he respondido todas sus preguntas. Ahora, ¿me permiten plantearles una pregunta a cada uno de ustedes?".

Luego de que los caballeros le cedieron la palabra, él les dijo: "Ustedes me dicen que Dios ya no habla hoy. De manera que solamente tengo una pregunta que hacerles. Si Dios no habla hoy, entonces, ¿quién los llamó a predicar?".

Ante aquello, los cinco miembros del comité bajaron sus miradas. No tenían nada que decir. Entonces, el pastor Olen se dirigió al jefe del comité. "Dr. Fulano de tal, le hice una pregunta. ¿Quién lo llamó a predicar?".

El doctor aclaró su garganta y, luego, de manera reacia, respondió: "Dios. Dios lo hizo".

"Bien", dijo el hermano Olen. "¿Le importaría darme el 'capítulo y el versículo' donde está eso en la Biblia?"

Pero el ejecutivo no tuvo respuesta.

De manera que el hermano Griffing dijo: "Es obvio que Dios debe hablar en la actualidad porque habló a su corazón cuando lo llamó a predicar. Sabemos que Dios nunca dice nada contrario a la Biblia, pero todavía habla en nuestros días".

Esa fue una palabra de sabiduría que el Espíritu Santo le dio al pastor Olen para ese momento. Sin embargo, a pesar de esa palabra de sabiduría, ¡lo despidieron! Aunque, al pastor Olen, eso no le importó. Comprendió la verdad, Dios todavía habla y si Dios habla todavía, ¡no deberíamos permitir que nada ni nadie nos convenciera de lo contrario!

El apóstol Pablo debe haber enfrentado un problema similar al del pastor Olen porque le escribió a la iglesia de Tesalónica diciéndole:

"No apaguen el Espíritu, no desprecien las profecías, sométanlo todo a prueba, aférrense a lo bueno" (1 Tesalonicenses 5:19-21). Según la Biblia, Dios sí tiene algunas cosas que decirnos a través de la profecía hoy. Y no debemos "despreciar" esas profecías. Si lo hacemos, Pablo dice que corremos el riesgo de "apagar" al Espíritu Santo mismo.

Por supuesto, Dios nos habla en su Palabra escrita, y debemos aferrarnos siempre a lo que ha dicho en esa Palabra escrita. La Biblia es nuestro parámetro. Sin embargo, según este versículo de la Escritura, Dios también nos habla a través de palabras proféticas. Y se nos ordena "aferrarnos" a ellas.

Si se nos dice que nos aferremos a la palabra profética de Dios, hay algunas cosas importantes acerca de lo profético que debemos comprender.

Las palabras proféticas son solamente una parte del rompecabezas

Es importante que sepamos que las palabras proféticas son solo una parte de lo que Dios está diciendo. Hay muchos versículos acerca de la profecía en los capítulos 12 al 14 de la Primera Carta a los Corintios.

Ahí, en 1 Corintios 13:9 (RVR1960), dice esto: "Porque en parte conocemos, y en parte profetizamos". "En parte conocemos" significa que no sabemos todo. Solo Dios lo sabe todo. Lo que sabemos es minúsculo en comparación. Como no sabemos todo, nuestra profecía es solo una parte de un panorama más amplio. Por eso "profetizamos en parte".

El panorama general es como un gran rompecabezas. Dios conoce cada pieza del rompecabezas y cómo encaja cada una de ellas. Después de todo, ¡Él lo diseñó! Debemos darnos cuenta de que las pocas piezas que descubrimos y encajamos, las profecías que recibimos, no completan el rompecabezas. Nuestra profecía no es el cuadro completo; es solo una parte.

Si fuera perfecto, usted podría profetizar a la perfección, pero nadie es perfecto. Solo Dios lo es. Siempre hay un elemento humano en la profecía. La Biblia nos dice: "Y los espíritus de los profetas están sujetos a los profetas" (1 Corintios 14:32 RVR1960). Así que tenemos que tomar cada palabra profética y considerarla a la luz del panorama general.

Dios nos ha dado palabras proféticas para animarnos y hacer que lo busquemos. Pero insisto, las palabras proféticas no nos dan el cuadro completo. Debemos tomar cada palabra profética que Dios nos ha hablado y someterla a la Palabra más grande que Dios expresó en la Biblia, que es la Palabra perfecta de Dios. Cuando unimos la palabra profética que Dios nos ha hablado con su perfecta Palabra escrita, obtenemos una imagen más completa de lo que Dios está diciendo.

Aquí hay una buena ilustración de cómo funciona esto.

El último día de diciembre, no es raro que yo tenga un sueño profético sobre el próximo año. Esto no sucede todos los años, pero ha habido algunos años en que ha ocurrido. Creo que depende de lo que haya comido esa noche (estoy bromeando).

Hace años, tuve un sueño muy raro en la víspera de año nuevo. En el sueño, iba en un carro con mi amigo, Mark Jobe, que es evangelista. Un pastor amigo mío iba manejando, yo iba en el medio y Mark a mi derecha, al lado de la puerta del pasajero. Los tres estábamos juntos en el asiento del frente.

Los tres empezamos a hablar sobre lo que Dios nos decía acerca del año venidero. Mark acababa de predicar un mensaje profético que Dios le había dado. En el mensaje de Mark, Dios decía que ese iba a ser un año de oscuridad.

El pastor dijo: "Mark, no es que quiera contrariar lo que dices. Solo estoy tratando de comprender lo que Dios está diciendo. Sin embargo, en realidad, pienso que Dios también me habló a mí. Pero, a mí, me dijo que este iba a ser un año brillante".

Mark afirmó, muy amablemente: "Bueno, entiendo eso y no quisiera mostrar desacuerdo. Pero creo que Dios me habló realmente. Y me dijo que iba a ser un año tenebroso".

"En verdad, lo aprecio", respondió el pastor. "Pero creo que va a ser un año luminoso".

Mark respondió: "Bueno, comprendo lo que tratas de decir, pero..." Y así continuó la conversación. No era una discusión, de ninguna manera; era una conversación. Sin embargo, ellos seguían pujando de un lado a otro, y yo estaba sentado en el medio, viéndolos; como si estuviéramos en un partido de tenis.

De repente, interrumpí. "Señores, ¿no lo entienden? ¿No recuerdan la historia en la Biblia acerca de la novena plaga de Egipto? La oscuridad cubrió toda la tierra, pero los hijos de Israel tenían luz en los lugares donde habitaban. De manera que ¡ambos están en lo correcto! Dios está diciendo que este va a ser un año de oscuridad para aquellos que no lo siguen a él; y que va a ser un año de luz para los que sí lo siguen".

Cuando desperté de aquel sueño, sabía que el Señor acababa de hablarme acerca del año venidero. ¡Eso no se me ocurrió a mí. No soy tan listo!

Sin embargo, he aquí mi punto: En el sueño, cada hombre tenía una parte de lo que Dios estaba diciendo. Y solamente cuando se unieron las partes se pudo entender el mensaje completo de Dios.

Es importante que comprendamos esto porque, con demasiada frecuencia, escogemos las profecías que nos gustan y solamente escuchamos esas. O, escogemos a los pastores o ministros que nos gustan y solamente los oímos a ellos. Sin embargo, *todos* los dones ministeriales tienen parte en el rompecabezas de Dios y, si dejamos algo fuera, no veremos el cuadro completo.

Cuando escuchamos a diversos ministros y siervos de Dios, por ejemplo en la televisión o en YouTube, no deberíamos sintonizarlos para ver solamente a aquellos que logran tocar un punto sensible para nosotros en el momento preciso. En vez de eso, debemos preguntar: "Dios, ¿qué estás diciendo tú a través de ese predicador? Y, ¿qué estás diciendo a través de este otro? Y, ¿qué dices por medio de ese hombre?". Tenemos que prestar atención a todos los dones ministeriales porque todos son piezas del rompecabezas.

Si hubiéramos escuchado esas dos profecías de mi sueño, podríamos haber sido tentados a ver cuál se adaptaba más a nuestro gusto.

"Veamos. Un año de oscuridad y otro de luz. Mmmm. Creo que me gusta más la del año luminoso. ¡Sí, creo que esa es del Señor! ¡Esa es una palabra de Dios para mí!". Si hacemos eso, estamos aceptando una profecía e ignorando la otra. Sin embargo, Dios está hablando a través de las dos.

Como humanos, solamente conocemos "en parte"; por lo tanto, profetizamos solamente "en parte" (1 Corintios 13:9). De manera que si usted llega a tener una palabra profética, debe comprender que no es completa. Solo es una parte. Y debido a que Dios quiere que lo sigamos por fe, casi nunca nos dice todo; es decir, no nos muestra el cuadro completo.

Debido a que Dios quiere que lo sigamos por fe, casi nunca nos dice todo; es decir, no nos muestra el cuadro completo.

En cierta manera, los sueños proféticos de José muestran solo una parte de su destino: sus hermanos inclinándose ante él. No fue hasta mucho más tarde que supo el alcance total de su destino.

Las palabras proféticas deben ser juzgadas

Una vez, un chico me habló de una palabra que creyó que era de Dios. El único problema era que tenía unos diez pasajes bíblicos que probaban que no podía ser tal cosa.

Él dijo: "¡Pero pastor, tengo una palabra!". Así que tomé mi Biblia y le dije: "Yo también tengo una. Y si tu palabra no se alinea con esta, no puede ser de Dios".

Yo juzgo *todas* las palabras con esta Palabra. Eso podría ofenderte, pero juzgar la profecía es absolutamente bíblico. En el capítulo 14 de 1 Corintios, Pablo habla acerca de las profecías y dice: "Y que dos o tres profetas hablen, y los demás juzguen" (1 Corintios 14:29).

Este versículo deja claro que debemos permitir que se digan las profecías. Sin embargo, también dice que cuando esas profecías se hayan pronunciado, tenemos que *juzgarlas* o probarlas. ¿Por qué? Porque cuando los humanos hablan bajo la influencia profética, *siempre* habrá un elemento humano involucrado. Ninguno de nosotros es omnisciente. Ninguno de nosotros es infalible. Lo que nos corresponde a nosotros es discernir o "juzgar" qué parte es verdaderamente palabra del Señor y qué parte es influencia humana. Por eso la Biblia nos dice que juzguemos la profecía.

La profecía puede compararse con el agua pura que sale de un grifo y pasa a través de un colador. Las palabras de Dios son el agua pura y las de los espíritus humanos son las que quedan en el colador. Esta ilustración me la dio un pastor después de que yo ministrara proféticamente en su iglesia. Cuando la reunión terminó, él me dijo: "Gracias por venir a mi iglesia con un colador limpio".

"¿Un colador limpio?", le dije. "Nunca he escuchado esa expresión. ¿Qué quiere decir con 'un colador limpio'?".

Entonces me explicó exactamente qué era lo que quería decir.

La profecía es como el agua que sale de un grifo. Viene de Dios y es pura porque sale de él. Ahora bien, esa agua es pura cuando sale del grifo. Pero nosotros somos como el colador por el que el agua pasa. Algunas veces nuestros coladores están sucios. Así que aunque el agua esté limpia al salir del grifo, si nuestro colador está sucio, el agua contendrá algo de esa impureza al llegar al otro lado.

Hay profetas que han ministrado en nuestra iglesia cuyos coladores estaban sucios. Era como si estuvieran escuchando a Dios, pero todo lo que decían estaba manchado de hostilidad o juicio.

De manera que cuando el pastor dijo: "Gracias por venir con un colador limpio", me estaba agradeciendo por permitir que las palabras proféticas de Dios fluyeran a su congregación sin mezclar ninguna "suciedad" de mi propia personalidad o de mis propios asuntos.

Ese pastor había aprendido a hacer lo que la Biblia dice que se haga: juzgar las profecías (vea 1 Corintios 14:29). Y eso es lo que nosotros debemos aprender a hacer con las profecías. Tenemos que aprender a discernir cuál es la suciedad del colador y cuál es la palabra pura que proviene de Dios.

Cómo juzgamos la profecía

Juzgamos la profecía por medio de la Palabra de Dios

De modo que, ¿cómo juzgamos la profecía? La primera manera es probándola o comparándola con la Palabra de Dios. Ella siempre es nuestra autoridad. Dios nunca se contradice a sí mismo; de modo que una profecía verdadera nunca va a contradecir la Palabra de Dios. Las verdaderas palabras proféticas de Dios siempre son confirmadas por la Palabra escrita de Dios. Usted no puede probar una profecía contra sí misma, tiene que probarla con la Palabra de Dios. (Recuerde, la palabra para "probar" también puede significar "prueba".)

Una vez, Debbie y yo compramos una casa y pronto descubrimos que tenía una fuga de agua de larga data. El propietario anterior no sabía de ese problema, lo que produjo moho en las paredes por detrás de los paneles de yeso. El hombre era cristiano y, cuando se enteró, quiso pagar el arreglo del problema de moho.

Así que le pedí a un amigo que trabaja en el negocio de la construcción de viviendas si había algo de lo que debíamos preocuparnos con el proceso de solución del moho, y me dijo algo interesante. En el estado de Texas, hay una ley que establece que una empresa no puede realizar pruebas para detectar moho *y* remediarlo. Si una empresa prueba el moho, otra empresa tiene que eliminarlo. Luego, la empresa de pruebas regresa nuevamente para inspeccionar y confirmar que la otra empresa eliminó el moho por completo. Dijo que solía ser un proceso diferente hace años, pero cambió porque las empresas de eliminación de moho no rendían cuentas. Como ellas mismas hacían la pruebas y las reparaban, el fraude proliferaba. Cobrarían mucho dinero por las pruebas y por deshacerse del moho, pero en realidad no arreglarían nada. Sin embargo, ahora —legalmente— todo el trabajo de eliminación de moho debe ser inspeccionado por otra empresa para demostrar que el moho se ha ido.

En cierta manera similar, debemos tener un parámetro externo por el cual probemos y confirmemos nuestras palabras proféticas. Tenemos que probar todas las palabras proféticas por medio de la Palabra de Dios. Por eso es tan importante conocer la Biblia. ¿Cómo podemos probar una profecía con la Palabra de Dios si no conocemos esta Palabra? Dios nunca se contradice a sí mismo, así que una verdadera profecía nunca contradirá la Palabra de Dios.

Dios deja esto muy en claro en Deuteronomio 13. Él nos advierte que habrá profecías que van a intentar contradecir su Palabra y que esas profecías falsas, algunas veces, estarán acompañadas de señales y milagros.

Cuando en medio de ti aparezca algún profeta o alguien que predice a través de sueños y anuncie algún prodigio o señal milagrosa, si esa señal o prodigio se cumple y él te dice: "Vayamos a rendir culto a otros dioses", dioses que no has conocido, no prestes atención a las palabras de ese profeta o soñador. El Señor tu Dios te estará probando para saber si lo amas con todo el corazón y con toda el alma (Deuteronomio 13:1-3).

Dios indica que no debemos escuchar una profecía que contradiga su Palabra nunca, aunque esté acompañada por predicciones de una señal o milagro que incluso llegue a ser realidad. Si una profecía contradice la Palabra de Dios, no proviene de Dios porque ¡Dios nunca se contradice a sí mismo! Él nunca dice una cosa en su Palabra y luego otra a través de la profecía. Es por eso que la Palabra de Dios siempre tiene que ser nuestro parámetro.

Y en este pasaje, Dios dice que nos está *probando* en estas situaciones. ¿Amaremos al Señor nuestro Dios con todo nuestro corazón y con toda nuestra alma? Si lo hacemos, nos aferraremos a su Palabra, pase lo que pase. Nos aferraremos a su Palabra, no a señales o milagros ni a falsas profecías. Debemos juzgar cada profecía por la Palabra de Dios, permitiendo que su Palabra sea la respuesta final.

Yo nunca dejo de sorprenderme ante el hecho de que algunas personas me dicen: "Dios me dijo que hiciera esto" o "Dios me dijo que hiciera aquello". Y es completamente obvio que Dios nunca les dijo nada de eso porque lo que "se les dijo" que hicieran ¡fue una clara violación de su Palabra! Dios no va a contradecir lo que él ha dicho en la Biblia.

Por ejemplo, la Biblia dice que honremos al Señor con el primer diez por ciento de nuestros ingresos. Eso es un hecho. He analizado el diezmo y la mayordomía por más de cuarenta años. De modo que, si recibe una palabra o tiene un sueño que contradice esto, no es de Dios. Y si no honra al Señor con sus finanzas, no alcanzará su destino.

La Palabra de Dios es el parámetro por el cual medimos todo. No tiene nada que ver con que alguien te dé una palabra profética y pienses o sientas que esa palabra es correcta. Si su palabra no se alinea con la Palabra escrita de Dios, ¡no es válida! Si lee algo en la Biblia que difiera de sus creencias, ¿cambia sus creencias o trata de cambiar la Palabra? Por favor, escúcheme en esto: la Palabra de Dios no se ajusta a nosotros. No me diga que Dios le dijo que hiciera algo que contradice lo que afirma la Biblia. Él no lo hizo. Ni lo hará. Si es contrario a las Escrituras, entonces usted no ha escuchado la voz de Dios.

Juzgamos la profecía por medio del testigo interior

La segunda manera en que juzgamos la profecía es por medio del testigo interior, comparándola con lo que Dios nos dice en nuestros corazones. Después de todo, la Biblia dice: "El Espíritu mismo da testimonio a nuestro espíritu" (Romanos 8:16). Eso sencillamente significa que nuestro espíritu humano puede reconocer al Espíritu de Dios cuando habla. Cuando nuestro espíritu reconoce al Espíritu Santo, este da testimonio a nuestro espíritu. Y mientras más conozcamos a Dios, más preparados estaremos para reconocer su voz.

Algunas veces, puede ser que usted reciba una profecía que no parezca alinearse con lo que Dios le ha estado diciendo en lo personal. No contradice la Palabra escrita de Dios, pero aun así no parece alinearse con lo que el Espíritu Santo le ha estado diciendo a su propio espíritu. Si eso sucediera, no se preocupe. Solo ponga la profecía en espera. Si esa palabra viene de Dios, con el tiempo, él se la aclarará en su propio espíritu. Y si no proviene de Dios, ¡se seguirá quedando en espera!

Alguien me preguntó una vez: "¿No se supone que yo deba ser fiel a la profecía?".

"No", le respondí. "¡Se supone que usted debe ser fiel a Dios! Solamente manténgase fiel a él. Si usted no entiende una profecía, dígale a Dios y entréguesela a él. Diga: 'No entiendo esto. Si esta es tu palabra para mí, la recibiré. Pero por ahora, Dios, escojo recibirte a ti. Escojo confiar en ti. Y confío en que toda palabra que verdaderamente me has dicho tú llegará a ser realidad en mi vida'".

Juzgue toda profecía a través de la Palabra de Dios y de la fe de Dios.

En Jeremías 35, hay un gran ejemplo de una situación en la que la profecía tuvo que ser juzgada por el testigo interior. Los recabitas habían recibido una palabra por parte de su padre, Jonadab, diciéndoles que no bebieran vino y, luego, ellos recibieron otra palabra que contradecía a la primera (vea Jeremías 35:5-6). ¿Debían ellos escuchar al "profeta" Jeremías? O, ¿debían aferrarse a la palabra que su padre les había mandado?

Dios le había dicho a Jeremías que pusiera vino ante los recabitas y les dijera que lo bebieran (vea Jeremías 35:1-2). Así que Jeremías obedeció a Dios. Él reunió a los recabitas, puso vino frente a ellos y les dijo: "Beban vino" (Jeremías 35:5). ¿Qué debían hacer los recabitas? Su padre les había mandado no beber vino, pero ahora, ¡un verdadero profeta del Señor les estaba mandando a que bebieran vino! ¿Sabe lo que los recabitas le dijeron a Jeremías?

Los recabitas dijeron: "Nosotros no bebemos vino, porque Jonadab, hijo de Recab y antepasado nuestro, nos ordenó lo siguiente: 'Nunca beban vino, ni ustedes ni sus descendientes'" (vea Jeremías 35:6-8).

Jeremías era un verdadero profeta del Señor y estaba obedeciendo a Dios al decirles a ellos que bebieran vino. Sin embargo, *esa era una prueba.* Y la palabra que Jeremías les habló a los recabitas no les dio testimonio a ellos. No contradecía la Palabra escrita de Dios. Pero sí contradecía lo que Dios *ya les había mandado a hacer* a través de su padre, Jonadab. Y la palabra profética de su padre Jonadab todavía era un testimonio para ellos de la verdadera palabra de Dios. De manera que ellos juzgaron la profecía de Jeremías y no la obedecieron. Ellos obedecieron la palabra profética que se les había dado al principio y esa palabra parecía correcta.

Entonces, Dios le dijo a Jeremías: "Ahora, ve y cuéntale a Israel acerca de esto. Diles que los recabitas están obedeciendo la palabra que recibieron de su padre; pero ustedes, israelitas, no obedecen las palabras que yo les di a sus padres" (vea Jeremías 35:12-14).

Dios le dijo a Jeremías que hiciera eso para mostrarnos algo. Cuando Dios nos ha dicho algo, debemos aferrarnos a su Palabra y obedecerla. Debemos aferrarnos a su Palabra escrita y, además, debemos aferrarnos a su palabra profética. Y debemos juzgar toda palabra profética por medio de la Palabra de Dios y el testimonio del espíritu.

Toda palabra que viene de Dios se somete a la Palabra de Dios

Recuerde, hay un elemento humano en la profecía, debido a que los profetas son seres humanos que hablan las palabras de Dios para otros seres humanos. Y todas las palabras que vienen de Dios son sometidas a la Palabra de Dios. Eso significa que toda palabra de profecía se somete a Dios, que la dijo. Ahora, ¿me permite atentar contra su teología por un minuto?

La Biblia nos habla de un profeta auténtico que tenía una palabra verdadera de Dios, *¡pero esa palabra no se cumplió!* Ese profeta era Jonás. Yo diría que él, definitivamente, era un profeta verdadero, ¿no opina usted lo mismo? Después de todo, él tiene su propio libro de la Biblia. Sin embargo, Jonás pronunció una profecía verdadera proveniente de Dios que no se cumplió. Tendemos a pensar que si alguien es un profeta verdadero, entonces todas sus profecías se cumplirán. No obstante, ese no siempre es el caso porque *toda palabra de Dios se sujeta a la Palabra de Dios.*

Al principio, Jonás desobedeció el mandato de Dios, pero después obedeció. Fue a Nínive y dijo lo que Dios le había dicho que dijera: "Dentro de cuarenta días Nínive será arrasada" (vea Jonás 3:4). Note que Jonás no dijo: "Arrepiéntanse o serán destruidos". No, él sencillamente dijo: "¡Dentro de cuarenta días Nínive *será* destruida!" (Jonás 3:4, énfasis añadido).

Sin embargo, pasaron los cuarenta días y ¿adivine qué pasó? ¡Nínive no fue destruida! ¿Por qué? La palabra que Jonás había pronunciado era verdadera y provenía de Dios. Pero *todas las palabras provenientes de Dios son sometidas a la Palabra de Dios.* Y cuando la gente de Nínive escuchó la Palabra de Dios, decidieron que no querían ser destruidos y se arrepintieron. La Biblia dice que cuando ellos se arrepintieron, "entonces se arrepintió Dios del mal que había dicho que les haría, y no lo hizo" (Jonás 3:10).

En otras palabras, ¡Dios cambió de parecer acerca de lo que había dicho que haría! Cuando la gente de Nínive volvió a Dios, este cambió la profecía.

Uno esperaría que Jonás hubiese estado feliz al ver que una ciudad completa se había salvado de la destrucción a través de su ministerio profético. Jonás había obedecido a Dios y pronunciado la palabra profética de él para Nínive; como resultado, la ciudad se había arrepentido y no fue destruida. Sin embargo, Jonás no estaba contento. Al contrario, estaba muy enojado porque ahora parecía que él era un falso profeta. Debido a la misericordia de Dios con Nínive, ¡la profecía de Jonás no se cumplió!

Jonás incluso admitió ante Dios que esa había sido la razón por la que se había rehusado a obedecerlo en primer lugar y había huido a Tarsis.

Por eso me anticipé a huir a Tarsis, pues bien sabía que tú eres un Dios misericordioso y compasivo, lento para la ira y lleno de amor, que cambias de parecer y no destruyes. Así que ahora, Señor, te suplico que me quites la vida. ¡Prefiero morir que seguir viviendo! (Jonás 4:2-3).

Debido a que ahora a la gente de Nínive le parecía que Jonás era un falso profeta, él decidió que era mejor morir antes que enfrentar el hecho de que la profecía que había anunciado no se había cumplido. Él estaba más preocupado por la palabra que Dios había dicho a través de él que por complacer al Dios que la había enviado. Lamento decir que me he sorprendido al ver ocurrir esto, algunas veces, entre aquellos que se mueven en lo profético; ellos prefieren tener razón con sus profecías que ¡ver a una nación entera volviendo a Dios! (Lo que dije fue muy fuerte, ¿verdad?).

La situación de Jonás no era inusual. Isaías era un verdadero profeta de Dios y, hasta él pronunció una palabra que provenía de Dios y que no se cumplió. Dios envió a Isaías ante el rey Ezequías y le ordenó que le dijera: "Así dice el Señor: 'Pon tu casa en orden, porque morirás y no vivirás'" (Isaías 38:1).

Esa era una verdadera palabra profética que provenía del Señor. Sin embargo, cuando Ezequías oyó la profecía, oró y le pidió a Dios que cambiara su modo de pensar. Luego, la palabra del Señor vino por segunda vez a Isaías y dijo: "Ve y di a Ezequías: 'Así dice el Señor, Dios de tu padre David: He escuchado tu oración y he visto tus lágrimas; he aquí, añadiré quince años a tus días'" (Isaías 38:5).

Debido a que Ezequías se humilló a sí mismo y oró, Dios tuvo misericordia de él. Dios cambió de opinión y, entonces, pronunció otra palabra acerca del futuro de Ezequías, una que era radicalmente diferente de la primera. Así que la primera palabra verdadera del Señor que Isaías había anunciado no se cumplió.

Como puede ver, hay algunas palabras proféticas de Dios que son incondicionales. Eso significa que no dependen del hombre para que sucedan. No tenemos que responder de cierta manera para que ocurran. Por ejemplo, Jesús va a regresar. ¡Esta es una palabra profética incondicional porque está por suceder pese a lo que hagamos! No depende de usted.

Luego están las palabras proféticas condicionales que dependen de nuestra respuesta. Su éxito depende de si superamos estas pruebas de carácter. Hay un montón de frases condicionales que empiezan con "Si..." y siguen con "entonces". Estas son las profecías que nos prueban mientras las esperamos. Y son esas profecías condicionales las que se someten al Dios de la Palabra.

Recuerde, usted es el único que puede retrasar o descarrilar su destino. Dios puede establecer un camino para usted, pero si se aparta de él o camina por otro, no llegará al destino que él ideó para usted. Eso está condicionado a su respuesta. En otras palabras, algunas de las palabras de Dios dependen de usted.

Si termina o no en su destino depende de qué tan bien pase las pruebas. Insisto, Dios es tan misericordioso que si usted falla en una, él simplemente le permitirá seguir tomándola una y otra vez hasta que la pase porque él quiere que usted entre en su destino. Medite en ello, compárelo con un GPS (dispositivo de posicionamiento global): si hace un giro equivocado, Dios simplemente dice: "Recalculando", y le permite realizar la prueba nuevamente.

Así que debemos aferrarnos a las palabras proféticas, pero también debemos juzgarlas y probarlas para ver si son verdaderamente de Dios. Las juzgamos por la Palabra de Dios y nuestro testimonio interior. Luego debemos permanecer sometidos al Dios que ha pronunciado esas palabras.

El Dios de la Palabra está lleno de misericordia. El Dios de la Palabra es amor. Su corazón siempre se manifestará a través de las palabras que habla, lo cual es importante recordar.

Aférrese a las palabras proféticas

A lo largo de nuestras vidas, encontraremos circunstancias que contradigan las palabras que Dios ha pronunciado sobre nosotros.

Una de las cosas más importantes que podemos hacer si queremos pasar la prueba profética es —sencillamente— aferrarnos. ¡Aferrarnos a las palabras que Dios nos ha dicho! Porque habrá muchas oportunidades para soltarlas o para dejar de creer que lo que Dios dijo se va a cumplir.

Como he dicho, Dios prueba nuestra fe con la palabra profética y prueba nuestro carácter con la Palabra escrita. En definitiva, debemos continuar creyendo esas cosas que Dios ha dicho sobre nuestras vidas. Y la manera en que nos aferramos a ello es por la fe.

En abril de 2020, celebramos el vigésimo año de ministerio de Gateway Church. En ese tiempo, estaba hablando con alguien sobre la palabra que Dios me había dado tantos años antes en referencia a llegar a treinta mil, trescientos mil, tres millones, treinta millones y trescientos millones de personas. Dije: "En realidad, no sé si esos números son literales o figurados". Simplemente no vi una manera en que eso pudiera suceder.

No mucho después de esa conversación, estaba en un retiro de ancianos y, tan pronto como me desperté una mañana, sentí que el Señor me puso el dedo en la cara y me dijo: "¿Quién te dio permiso para decir que esos números eran figurados? ¿Moisés se paró a orillas del Mar Rojo y habló acerca de caminar sobre tierra figurada? ¿Quién eres tú para decir que esos números que te di no son literales solo porque no ves la manera de alcanzarlos?".

Dios me había confirmado esos números una y otra vez. En ese momento, me convencí y me di cuenta de que necesitaba aferrarme con fuerza a las palabras que el Señor me había dicho sobre mi destino.

En momentos de duda, he tenido que declarar: "Dios, voy a permanecer en la fe de que me vas a usar para ayudar y ministrar a multitudes. Tendré fe en las palabras que has dicho y mantendré la conciencia tranquila para que puedas usarme".

Si Dios le ha dicho algo a usted, ¡aférrese a ello! Si Dios ha dicho que va a hacer cierta cosa por él, ¡aférrese a eso! No deje ir la palabra que Dios le dio, pase lo que pase. Y no deje de creer en las palabras que él ha dicho.

Si Dios le ha dicho algo a usted, ¡aférrese a ello!

José pudo haberse rendido y dejar ir las cosas que Dios había dicho sobre su destino. Sin embargo, si hubiera dejado ir esos sueños, nunca habría alcanzado el destino al que Dios lo había llamado. A lo largo de la prueba, José tuvo que aferrarse a la Palabra de Dios. Tuvo que seguir creyendo que las cosas que Dios había pronunciado sobre su vida se cumplirían.

El apóstol Pablo comprendía la importancia de aferrarse a la palabra profética de Dios. Recuerde lo que le escribió a la iglesia de Tesalónica: "no desprecien las profecías, sométanlo todo a prueba, aférrense a lo bueno" (1 Tesalonicenses 5:20-21). Lo que Pablo les está diciendo es que pongan a prueba todas las profecías y que retengan aquellas que sean buenas. Las buenas profecías son las que provienen de Dios.

Si vamos a aferrarnos a esas profecías, se requerirá algún esfuerzo por parte nuestra. Pablo describió ese esfuerzo como "seguir adelante". En Filipenses 3:12, Pablo dice: "No es que ya lo haya conseguido todo o que ya sea perfecto. Sin embargo, *sigo adelante* esperando alcanzar aquello para lo cual Cristo Jesús me alcanzó a mí".

Pablo habla acerca de su destino. Está diciendo que Jesucristo lo alcanzó para un propósito específico, y Pablo quiere, más que nada, alcanzar ese propósito. Él quiere más que nada aferrarse a las cosas que Jesucristo lo llamó a hacer. Quiere aferrarse a las palabras que Dios ha pronunciado acerca de su destino. Sin embargo, Pablo dice que para lograrlo, tiene que *"seguir adelante"* (Filipenses 3:12, énfasis añadido). En otras palabras, él tiene que continuar, tiene que resistir y tiene que ejercer algún esfuerzo si va a aferrarse a las palabras que Dios pronunció sobre su vida.

Timoteo era el hijo en la fe de Pablo y este escribió para que su pupilo supiera acerca de esta prueba y la lucha que todos tenemos que atravesar.

Timoteo, hijo mío, te doy este encargo porque tengo en cuenta las profecías que antes se hicieron acerca de ti. Deseo que, apoyado en ellas, pelees la buena batalla y mantengas la fe y una buena conciencia. Por no hacerle caso a su conciencia, algunos han naufragado en la fe. Entre ellos están Himeneo y Alejandro, a quienes he entregado a Satanás para que aprendan a no blasfemar (1 Timoteo 1:18-20).

Pablo le recuerda a Timoteo las profecías que han sido pronunciadas para su vida, y lo está exhortando a aferrarse a ellas. Pablo afirma que es *por esas profecías* que Timoteo "peleará la buena batalla, teniendo fe y buena conciencia". Esto es maravilloso. Según Pablo, aferrarse a esa palabra profética es absolutamente crucial para que Timoteo pueda cumplir el llamado de Dios a su vida. Lo mismo es válido para nosotros. También necesitamos tomar las profecías dichas sobre nosotros, recibirlas plenamente con fe y una buena conciencia, para luego usarlas como armas contra la desilusión, el engaño y la tentación de desviarnos.

Después de animar a Timoteo a hacer eso, Pablo cuenta una historia de advertencia en cuanto a dos jóvenes que no se aferraron a las palabras proféticas de Dios: Himeneo y Alejandro. Pablo dice que esos jóvenes rechazaron las profecías hechas sobre sus vidas; no las recibieron con fe ni con una buena conciencia. Y por eso sufrieron un naufragio, lo que significa que no alcanzaron su destino en Dios (vea 1 Timoteo 1:19-20). Luego, Pablo incluso dice que debido a que Himeneo y Alejandro rechazaron la palabra de Dios para sus vidas, los había entregado "a Satanás para que aprendan a no blasfemar" (v. 20). Me parece que Pablo está diciendo que rechazar una palabra verdadera de Dios es una blasfemia. Estas son consecuencias bastante fuertes por rechazar la palabra profética de Dios: ser "entregado a Satanás" y haber "naufragado" (vv. 19-20), ¡pero eso es lo que dice la Biblia!

Así que si Dios le ha dado una palabra acerca de su vida, *aférrese a ella*. Quiero decir esto otra vez: solo hay una persona que puede evitar que usted avance en su destino y esa persona es *usted*. Así que no bloquee su destino. Aférrese a las cosas que Dios ha pronunciado sobre su vida.

Hace más de cuarenta años, Dios me habló acerca de dejar un empleo. Cuando me fui, el empleador me dijo: "Usted nunca llegará a alcanzar algo si se va de aquí". Pero aun siendo un joven, eso no me afectó en lo absoluto. ¿Sabe por qué no me afectó? ¡Porque Dios me había hablado! Así que yo solamente me aferré a lo que Dios había dicho.

Recientemente tuve una sorpresita mientras revisaba algunos de mis archivos en la computadora. Me encontré con uno que no había visto antes, titulado: "La primera profecía de Elaine". Ahora bien, Elaine es mi hija y, cuando era niña, recibió su primera profecía. Entonces la escribió y la guardó en mi computadora. Quería asegurarse de guardarla porque, aparentemente, ¡estaba planeando más profecías!

Eso me impresionó un poco, debo admitirlo, y también me hizo sentir un poco sensible. Ahí estaba una niña que se aferraba a la palabra profética que había recibido y, sin embargo, muchos adultos no lo hacen. Muchos adultos han dejado ir las cosas que Dios ha hablado sobre sus vidas. Han olvidado lo que Dios ha dicho sobre su destino, o simplemente han dejado de creer en él. Han permitido que las circunstancias de sus vidas nublen su visión y los convenzan de que las cosas que Dios dijo que harían por él nunca sucederían. No permita que ese sea su caso. Aférrese con fe a las palabras que Dios ha hablado sobre su vida y ¡créale!

Una de las palabras proféticas de Elaine en el documento que encontré fue que la unción del ministerio vendría a ella. Decía: "Vas a hablarle a multitudes algún día". Ahora tiene treinta y tantos años, y en los últimos tiempos, he visto que esta palabra se ha hecho realidad. La primera vez que predicó un mensaje corto de tres minutos durante un culto en nuestra conferencia de mujeres, salió de ahí con treinta invitaciones para predicar. Elaine y su esposo, Ethan, ahora pastorean juntos una iglesia en Houston, Texas. A lo largo de los años, la he visto hablar en importantes conferencias, eventos y en la televisión. Millones la han escuchado hablar de la Palabra de Dios. Es una comunicadora asombrosa, pero es la unción de Dios sobre ella lo que marca la diferencia. Elaine ha pasado por su propio peregrinaje de pruebas: su vida no ha sido todo color de rosa. Es la historia que ella debe contar, pero se ha aferrado a su palabra profética. Y a medida que avanza hacia nuevos niveles de su destino, continúa buscando la Palabra de Dios. Ella *conoce* la Biblia.

Eso es lo que José tuvo que hacer. Y eso es lo que usted y yo también debemos hacer si queremos pasar la prueba profética.

Hasta el momento en que la palabra profética de Dios se cumpla en su vida, la Palabra escrita de Dios lo pondrá a prueba. Así que conozca su Palabra. Estudie la Biblia. Medite en ella. Memorícela. Recuerde que conocer lo que Dios ha dicho en su Palabra escrita es la clave para ver cumplidas las palabras proféticas de él en su vida.

Mientras espera el cumplimiento de su destino, considere que solo hay una Persona a la que debe complacer, ¡y esa Persona es Dios! Mientras le sirva, ninguna otra persona puede detener lo que él ha planeado para usted.

Dios tiene un destino para su vida. Él tiene a alguien con quien quiere que se comprometa. Él tiene a alguien a quien quiere que alcance. Él tiene un ministerio para usted, aunque no sea uno de tiempo completo. Así que avance hacia ese destino que Dios ha prometido. Aférrese a la palabra profética de Dios, pase lo que pase. Cuando haga eso, pasará la prueba profética. Y un día entrará en su destino. Un día verá que cada palabra que Dios ha dicho sobre su vida se cumplirá.

CAPÍTULO SIETE

La prueba del poder

Cuando nuestra hija, Elaine, era pequeña, no era inusual que yo entrara en una habitación y la encontrara con todas sus muñecas perfectamente alineadas, y a ella dándoles órdenes. Les decía: "Ahora, tú vas allá; y tú, aquí; tú haces esto y tú aquello". Lo que más me impresionaba de esa escena era la forma en que aun una niña pequeña podía expresar el deseo interno de dominar al mundo que la rodeaba, ¡aunque su autoridad no llegara más lejos que con sus muñecas!

¿Alguna vez ha pensado que el deseo de poder es inherente a la naturaleza humana, que es parte del propósito con el que Dios nos hizo? Me parece que los seres humanos están hechos para querer gobernar y tener dominio sobre el mundo que los rodea. Si no me cree, solo regáleles un perro a sus hijos. Los perros pueden ser colocados de últimos en el orden jerárquico de la familia, pero sobre todo por el miembro más joven de la casa; que por lo general es el que más recibe órdenes. Ese es el caso de Elaine en nuestra familia. Ella decía: "Ese es *mi* perro" y lo mandoneaba porque así le decían a ella su mamá, su papá y sus dos hermanos mayores. Es sorprendente ver cómo, aun el hijo más pequeño, aprovechará de inmediato la oportunidad de tener finalmente algo sobre que gobernar o dominar. No importa cuán joven sea, ¡no parece necesitar lección alguna sobre cómo darle órdenes a un perro!

Si observamos a los niños, veremos rápidamente que todas las personas llegan a este mundo con el deseo de gobernar. Para ponerlo de otra forma, todos tenemos el deseo de poder. Pero, ¿de dónde obtenemos ese deseo de poder? ¡Lo recibimos de Dios!

Al observar a los niños, rápidamente vemos que cada persona llega a esta tierra con el deseo de gobernar. Para decirlo de otra manera, todos tenemos anhelo de poder. Pero, ¿de dónde sacamos eso? ¡De Dios, que nos da ese deseo! Sé que es posible que nunca haya escuchado esto antes pero, en realidad, usted tiene un deseo legítimo y justo de poder en su interior.

Con demasiada frecuencia, percibimos el deseo de poder en términos negativos solamente. Por supuesto, hay un deseo de poder que es erróneo, un deseo que tiene su raíz en el egoísmo. Pero también hay un deseo de poder que es correcto.

Jesús les dijo a sus discípulos que si querían ser grandes en el reino, tenían que ser siervos (vea Mateo 20:26). Considere que no les dijo que estaban equivocados o que tenían malos motivos para querer ser líderes, en realidad ¡les dio instrucciones sobre cómo llegar allí! Y 1 Timoteo 3:1 dice: "Si alguno desea ser obispo, a noble función aspira".

No es malo querer poder. Dios puso ese deseo en cada uno de nosotros cuando fuimos creados. Dios es todopoderoso, y la Biblia nos dice que él creó a la humanidad a su propia imagen. De manera que cuando fuimos creados, lo fuimos a la imagen de un Gobernador todo poderoso.

Génesis 1:27-28 (RVR1960) nos relata la historia.

Y creó Dios al hombre [la humanidad] a su imagen, a imagen de Dios lo creó; varón y hembra los creó. Y los bendijo Dios, y les dijo: Fructificad y multiplicaos; llenad la tierra, y sojuzgadla, y señoread en los peces del mar, en las aves de los cielos, y en todas las bestias que se mueven sobre la tierra.

Dios creó a la humanidad "a imagen suya" y lo primero que les dijo a Adán y a Eva que hicieran fue que dominaran la tierra y la "sometieran". Así que, desde el principio, Dios no solamente nos creó para tener poder, sino que, además, nos comisionó para usarlo. Él planeó que tuviéramos poder y que lo usáramos en la forma que él lo hace: para hacer el bien y mejorar la vida sobre la tierra. Estamos hechos a la imagen de un Dios todopoderoso que usa su poder para bendecir a la gente, ministrarle y ayudarla.

La prueba del poder: aprenda a administrar la autoridad que Dios le dio

Tal vez nunca haya escuchado esto, pero debo decirle que usted —realmente— tiene un deseo de poder, y ese deseo ¡viene de Dios!

Dios nos creó para que tuviéramos poder y él quiere darnos su poder, pero busca a aquellos a quienes pueda confiarlo. ¿Qué haremos con el poder que él nos da? ¿Lo usaremos sabiamente, como administradores suyos en esta tierra?

Esta es la prueba del poder.

Hasta ahora, la mayoría de las pruebas que hemos estudiado están relacionadas con la forma en que respondemos cuando pasan cosas malas en nuestras vidas. Sin embargo, la prueba del poder es diferente. Esta prueba tiene que ver con la manera en que nosotros respondemos cuando algo *bueno* sucede. La prueba del orgullo tiene que ver con cómo respondemos al sueño, pero la prueba del poder se refiere a cómo respondemos al destino mismo. En otras palabras, es la prueba del éxito, ¡la más difícil que he enfrentado!

Esto puede sorprender a algunos, pero las bendiciones de Dios pueden ser una prueba tan grande como las tribulaciones. ¿Por qué? Porque las bendiciones involucran responsabilidad y la responsabilidad requiere carácter. El éxito puede tener una mejor vista que una prisión o un pozo, pero sigue siendo una prueba. De alguna manera, esta prueba fue más difícil para mí que las que pasé cuando no podíamos pagar las cuentas. Permítame explicarlo.

Es una gran responsabilidad ser un líder con vastos recursos y el poder de tomar decisiones que afectan los medios de vida de las personas. Hay una inmensa presión para asegurarse de que está tomando decisiones sabias y piadosas. La gente a menudo solo ve las ventajas del poder: la riqueza o la influencia. Ven las decisiones que se toman (y a menudo se quejan de ellas). Pero no ven las noches en que el líder está completamente despierto, pensando y orando a las tres de la mañana. No ven el peso que el líder tiene en su vida cotidiana.

He tenido conversaciones con empleados que no estaban contentos y que me lo hicieron saber de manera muy dura. Tenía poder para poner fin a su empleo en ese mismo momento, pero debía mantenerme bajo control. Sabía que estaban frustrados o que estaban pasando por una temporada difícil, y Dios me estaba pidiendo que les extendiera gracia.

Otras veces, me he sentado en salas donde se nos han presentado varias formas de usar el presupuesto y la influencia, y todas parecen opciones maravillosas. La pregunta en esos escenarios no es *si* tenemos los recursos, sino ¿qué *quiere* Dios que hagamos con nuestros recursos? Eso también es difícil de gestionar y requiere atención al Espíritu Santo.

Cuando usted tiene poder, tiene que elegir cuándo y cómo usarlo, porque sus decisiones pueden afectar en gran medida a multitudes de personas. El poder requiere un tipo diferente de moderación, disciplina y responsabilidad que las otras pruebas.

Así que, ¿cómo responde al éxito? ¿Cómo reacciona al poder? ¿Cómo enfrenta la autoridad? ¿Cómo responde a la influencia?

¿Cómo reacciona a las bendiciones de Dios? Lo que usted hace con el poder y las bendiciones de Dios es lo que constituye la verdadera prueba de su carácter. Esta es la esencia de la prueba del poder. Si Dios bendice a los creyentes y ellos no tienen el carácter necesario para manejar esa bendición, caerán o harán mal uso de ella por razones egoístas. Es por eso que Dios pasó tantos años edificando el carácter de José antes de darle la responsabilidad de gobernar a Egipto. Es probable que piense: *Nunca he podido tomar esta prueba. ¡Me encantaría tener algo de poder!* Déjeme asegurarle esto: Toda persona va a atravesar la prueba del poder, porque toda persona tiene algún grado de autoridad y responsabilidad. Usted podría pensar que no tiene mucha autoridad, pero si lo piensa cuidadosamente, se dará cuenta de que hay algo sobre lo que Dios le ha dado responsabilidad. Podría ser algo tan pequeño como un perrito o algo aparentemente insignificante como una habitación llena de muñecas; pero ¡usted tiene dominio sobre *algo* en su vida! Y en esa área de autoridad, usted está siendo puesto a prueba.

Como soy pastor, un ejemplo que me viene fácilmente a la mente es el de un hombre que comienza sirviendo en el estacionamiento de la iglesia. Cada semana, él cumple su responsabilidad fielmente, solo sigue instrucciones y estaciona vehículos "para Jesús". Después de un tiempo, su fidelidad se hace notoria ante todos y, con el tiempo, llega a ser "jefe del estacionamiento". De manera que, la semana siguiente, se presenta con uniforme, un megáfono y una linterna gigantesca que parece sacada de la utilería de la película *La guerra de las galaxias*. ¡Ese estacionamiento ahora es su dominio!

El punto que estoy tratando de comunicar es este: Todos tenemos responsabilidad de algo y todos seremos puestos a prueba por esa responsabilidad, especialmente cuando comenzamos a dar un paso hacia nuestro destino.

Génesis nos relata la historia de la manera en que llamaron a José y lo sacaron del calabozo para que fuera a interpretar los sueños de Faraón. Para entonces, José había pasado trece años en prisión; y habían pasados dos años completos desde que había interpretado los sueños del copero y del panadero. Sin embargo, las cosas estaban a punto de cambiar.

Dos años más tarde, el faraón tuvo un sueño: Estaba de pie junto al río Nilo ... Sin embargo, a la mañana siguiente se levantó muy preocupado, mandó llamar a todos los magos y sabios de Egipto, y les contó los dos sueños. Pero nadie se los pudo interpretar. Entonces el jefe de los coperos dijo al faraón: "Ahora me doy cuenta del grave error que he cometido..." El faraón mandó llamar a José y enseguida lo sacaron de la cárcel. Luego de afeitarse y cambiarse de ropa, José se presentó ante el faraón (Génesis 41:1, 8-9, 14).

Faraón le preguntó a José acerca de sus sueños. Y no solamente interpretó los sueños de Faraón, sino que, además, le dio asesoría gratuita acerca de cómo prepararse para los años de hambruna por venir (vea Génesis 41:25-36). Y el consejo de José estaba tan lleno de sabiduría que hizo que Faraón concluyera que José debía estar lleno del Espíritu de Dios (vea Génesis 41:38). Particularmente, encuentro interesante que los tres hombres, que eran incrédulos —Potifar, Faraón y el guardia de la prisión— reconocieron que el Espíritu de Dios estaba con José. A continuación veamos lo que pasó:

Al faraón y a sus servidores les pareció bueno el plan. Entonces el faraón preguntó a sus servidores:

—¿Podremos encontrar una persona así en quien repose el Espíritu de Dios?

Luego dijo a José:

—Puesto que Dios te ha revelado todo esto, no hay nadie más competente y sabio que tú. Quedarás a cargo de mi palacio y todo mi pueblo cumplirá tus órdenes. Solo respecto al trono yo tendré más autoridad que tú.

Así que el faraón dijo a José:

—Mira, yo te pongo a cargo de todo el territorio de Egipto.

De inmediato, el faraón se quitó el anillo oficial y se lo puso a José. Hizo que lo vistieran con ropas de lino fino y que le pusieran un collar de oro en el cuello. Después lo invitó a subirse al carro reservado para el segundo en autoridad y ordenó que gritaran: "¡Inclínense!". Fue así como el faraón puso a José al frente de todo el territorio de Egipto.

Entonces el faraón dijo:

—Yo soy el faraón, pero nadie en todo Egipto podrá hacer nada sin tu permiso (Génesis 41:37-44).

Cuando José salió de la prisión entró en la prueba del poder. Rápidamente se le otorgó una posición de gran autoridad. Faraón le dio su anillo de sellar a José, que representaba sus derechos y autoridad como gobernante de Egipto. Vistió a José de lino fino y le puso un collar de oro alrededor del cuello, en representación de las riquezas que José ahora disfrutaría. Faraón también hizo que José montara en su carro y ordenó que la gente lo vitoreara gritando: "¡Doblen la rodilla!" mientras pasaba, lo que representaba la posición real en la que ahora se encontraba José. Tenía derechos, riquezas y realeza. En verdad, ¡eso es poder!

En lo que debió parecer un abrir y cerrar de ojos, José se encontró entrando en la primera fase de su destino, pero las pruebas no se detuvieron allí. Y si José hubiera manejado el poder que se le había dado de manera incorrecta, nunca hubiera podido cumplir su destino de la manera que Dios quería. Del mismo modo, el hecho de que usted esté comenzando a caminar en el destino que Dios tiene para usted no significa que deje de pasar por pruebas. Creo que la prueba de poder es la primera que encontramos cuando damos los primeros pasos hacia nuestro destino.

La prueba del poder llega repentinamente

La prueba del poder llega repentinamente. Al igual que José, puede ser que usted trabaje duro por diez, quince o veinte años y luego

—en un solo día— ¡Dios puede cambiar repentinamente todas sus circunstancias! En un día, Dios puede bendecirle y ponerlo en su destino. Es posible que le llamen a la oficina de su jefe hoy y salga con un ascenso. Todo podría suceder antes que se dé cuenta. Eso es lo que le pasó a José. Dios vio que el joven había sido fiel e hizo realidad el sueño de su destino. Note que en Génesis 41:14 dice: "Lo sacaron a prisa del calabozo". José rasurado, con ropas nuevas y un puesto de gran poder y autoridad, ¡todo muy rápido! Una mañana, despierta en el calabozo; y al día siguiente, en el palacio. Una mañana, José despierta como prisionero, y el día siguiente, se levanta como el segundo hombre ¡más poderoso del mundo! La prueba del poder llega muy, muy repentinamente.

En un solo día, ¡Dios puede cambiar repentinamente todas sus circunstancias!

El poder viene de Dios

El Salmo 62:11 (RVC) nos dice de dónde viene la prueba del poder: "Dios habló una vez, y yo lo escuché dos veces: Tuyo, Dios mío, es el poder". Este versículo dice: "Tuyo, Dios mío, es el poder"; de manera que si tenemos poder, este proviene de Dios. Dios es quien nos da el poder.

Uno de mis pasajes favoritos en las Escrituras está en Juan 19. Pilato le habla a Jesús acerca del poder. Aparentemente, Pilato no se da cuenta de que su poder viene de Dios.

Entonces le dijo Pilato: "¿A mí no me respondes? ¿Acaso no sabes que tengo autoridad para dejarte en libertad, y que también tengo autoridad para crucificarte?". Jesús le respondió: "No tendrías sobre mí ninguna autoridad, si no te fuera dada de arriba. Por eso, mayor pecado ha cometido el que me ha entregado a ti" (Juan 19:10-11).

Yo creo que este es uno de los pasajes más graciosos en la Biblia porque Pilato, en realidad, le está hablando a Dios y le dice: "¿No te das cuenta de que tengo poder sobre ti?". Pilato, sencillamente, no lo entiende, ¿o sí?

Jesús lo puso en su lugar cuando le dijo: "No tendrías sobre mí ninguna autoridad, si no te fuera dada de arriba". Jesús le hizo saber a Pilato que todo el poder y toda la autoridad provienen de arriba, de Dios mismo.

Dios le ha dado poder a toda persona en algún área de su vida, por lo que toda persona es líder en cierto grado. ¿Qué clase de líder es usted? ¿Es un líder humilde? ¿Es usted un líder con corazón de siervo? ¿Qué está haciendo con el poder que Dios le ha dado?

Como muchas de las otras pruebas, esta también tiene que ver con la administración. Dios está buscando personas en las que pueda confiar para administrar su poder. El poder no es nuestro, por lo que se nos puede quitar tan rápido como se nos otorga. Dios quiere que reconozcamos que todo poder viene de él, y quiere que caminemos en humildad.

¿Cómo recibimos poder?

De modo que, ¿cómo recibimos poder? Es muy sencillo. Al igual que con todo lo demás en la Biblia, si usted quiere tener poder, ¡haga lo opuesto a lo que piensa que se supone que debe hacer! No sé si usted lo ha notado aún, pero en el reino de Dios todo es opuesto. A esto se le ha llamado la ley espiritual de la paradoja.

Si quiere tener autoridad, usted debe estar bajo autoridad (vea Marcos 9:35). Si quiere vivir verdaderamente, primero debe morir (vea Lucas 6:38). Si quiere recibir, tiene que dar (vea Lucas 6:38).

Con Dios, las cosas son lo opuesto a la manera del mundo. De manera que para obtener poder, usted debe *renunciar al derecho al poder*. Debe convertirse en siervo.

Santiago 4:10 (RVC) dice: "¡Humíllense ante el Señor, y él los exaltará!". Ya sabemos que el poder proviene de Dios. De manera que Dios es quien nos exalta y nos da poder. Este versículo nos dice que si queremos que Dios nos exalte, o que nos dé poder, tenemos que *humillarnos a nosotros mismos* ante su presencia. Primera Pedro 5:5-6, nos dice cómo hacerlo:

Así mismo, jóvenes, sométanse a los líderes. Revístanse todos de humildad en su trato mutuo, porque:
"Dios se opone a los orgullosos, pero da gracia a los humildes". Humíllense, pues, bajo la poderosa mano de Dios para que él los exalte a su debido tiempo.

Insisto, la Biblia nos dice que el camino a ser promovidos es humillarnos a nosotros mismos. La Palabra de Dios nos dice que estemos "practiquemos el mutuo respeto ... y [que nos vistamos] de humildad" (versículo 5). Para nuestras mentes naturales, eso debe sonar como la manera menos probable de obtener poder; pero recuerde: en el reino de Dios todo es lo opuesto. Dios dice que si hacemos estas cosas, entonces él nos "exaltará a su debido tiempo" (versículo 6). En otras palabras, Dios nos dará autoridad, responsabilidad e influencia cuando pasemos la prueba.

Note que en 1 Pedro 5:5 también dice que "Dios resiste a los soberbios". Quiero decirle algo muy importante: Que el Creador del universo le resista a usted ¡*no* es algo bueno! Para poder ilustrar esta verdad, voy a comparar la vida cristiana con un juego de fútbol americano.

Yo creo que el fútbol americano es un juego divertido; y, de manera muy parecida, pienso que la vida cristiana es una manera divertida de vivir. De hecho, creo que la vida cristiana es la manera más divertida de vivir que hay; una razón por la que es muy divertida es que Dios nos deja "correr con el balón". Dios no es único que hace todos los puntos del juego. De hecho, ¡Él quiere que *nosotros* los hagamos! Él nos entrega el balón y luego dice: "Ten, tú puedes enseñar. Ten, puedes orar por los enfermos. Ten, puedes llevar a alguien a Jesús. Ten, puedes ser un líder de grupo en la iglesia. Ten, tú diriges. ¡Tú puedes!". Luego, dice: "Lo único que quiero que hagas es mantenerte *detrás de mí*. Si te mantienes detrás de mí, yo me encargaré de todos los obstáculos".

Al principio, nos es fácil mantenernos detrás de Dios. La primera vez que se nos pide que seamos líderes en alguna situación ministerial, sabemos que no podemos hacerlo solos.

Por ejemplo, un día el líder de su grupo pequeño le dice: "Voy a estar fuera de la ciudad la próxima semana. ¿Puedes enseñar la clase?". Y usted dice: "No sé cómo hacer eso. Yo no soy líder. Nunca he enseñado a un grupo pequeño. No puedo hacerlo. Ese no es mi don. Tiene que conseguir a otra persona".

Entonces el líder responde: "Bueno, oré al respecto, y realmente creo que Dios me dijo que se supone que debes liderar la próxima semana mientras estoy fuera".

Ahí es cuando Dios dice: "No tienes que ser líder. Solo tienes que ir detrás. Siguiéndome a mí".

Entonces acepta a regañadientes, a pesar de que se muere de miedo toda la semana. Se prepara a fondo y trabaja muy duro. Sigue muy de cerca a Dios porque sabe que sin él no puede hacer nada.

Luego, cuando llega el momento, todo va asombrosamente bien. La mano de Dios está en el asunto. Y después que termina de liderar, todos aplauden como si hubiera hecho una tremenda anotación. La gente se le acerca después y le dice: "¡Esa fue una gran lección! ¡Eres un muy buen líder!".

Eso se siente muy bien; de manera que la próxima vez que Dios dice: "Ten, toma el balón otra vez", tenemos un poco más de confianza. Cuando Dios nos da el balón, decimos: "¡Muy bien, muy bien! ¡Ya entendí, Señor!". Y esta vez puede que hasta hagamos un par de movimientos y pretendamos esquivar al contrincante. Muy pronto, todo va de maravilla. Antes de que lo notemos, nos hemos acostumbrado a que Dios va al frente de nosotros haciendo todo el trabajo.

Entonces, llega un momento cuando Dios nos da el balón y nosotros decimos: "Sabes, Dios, ya no creo que necesite mantenerme detrás de ti. Creo que ya entendí cómo se hace esto. Ahora lo puedo hacer solo, Señor. Puedes ir a sentarte porque yo tengo control de esto". Le voy a decir algo: *¡Dios no se va a sentar!* La Biblia dice que Dios "resiste a los soberbios" (1 Pedro 5:5). Y cuando andamos en soberbia, esto es lo que sucede:

Dios le da el balón y dice: "Solo mantente detrás de mí".

Usted le dice: "Ya no es necesario. No te necesito, Dios. Creo que puedo hacerlo solo".

Entonces, usted se quita de detrás de Dios, tratando de avanzar por su propio esfuerzo.

"Está bien", dice Dios; pero, entonces, se para frente a nosotros, para vernos de frente y asume una posición de defensa, y Dios es un *gran* defensa, si sabe a lo que me refiero.

Luego Dios dice: "Vamos, veamos qué tan lejos puedes llegar".

Eso es lo que sucede cuando nos invade el orgullo. La Biblia deja muy claro que Dios se opone a nosotros, nos resiste y bloquea nuestros movimientos cuando andamos en orgullo.

Para ilustrar aún más este punto importante, permítame contarle una historia sobre un buen amigo mío. Él es anciano en otra iglesia y tiene un don profético. Es un hombre maravilloso y piadoso, aunque ahora nos reímos de esta historia.

Hace años, me invitaron a una iglesia en Arkansas para orar y profetizarles a sus líderes y a la congregación en tres servicios de presbiterio y en el transcurso de tres días. Le pedí a mi amigo que me acompañara y me dijo: "¡No puedo!".

Su respuesta no me sorprendió mucho, ¡no muchos estaríamos dispuestos a profetizarles públicamente a personas que nunca habíamos conocido! Pero le dije que pensaba que sería fantástico y que, como íbamos a hacer un largo viaje en auto para llegar al lugar, podíamos hablar del asunto en el camino.

Recogí a mi amigo y durante todo el viaje me hizo preguntas sobre la profecía y cómo escuchar a Dios para la edificación de otra persona. Él dijo: "Solo quiero que sepas que no voy a profetizarle a nadie la primera noche. Me sentaré y aprenderé. La segunda noche, tal vez. La tercera noche, ya veré".

Comenzó el primer servicio, y cuando la primera pareja llegó al frente de la congregación para orar por ellos, ¡mi amigo saltó inmediatamente de su asiento! Se acercó a la pareja y profetizó una hermosa palabra de Dios para sus vidas. Fue perfecto. La siguiente pareja se acercó y él hizo lo mismo. ¡Profetizó a cada persona que subió esa primera noche! Incluso tuvimos un momento al final en el que pudimos hablarles palabras proféticas a la gente de la congregación, y mi amigo compartió muchas palabras de aliento del Señor. ¡La unción de Dios estaba sobre él!

Después del servicio, fuimos a cenar a la casa del pastor anfitrión y luego nos retiramos a una sala para seguir hablando. Durante nuestra conversación, el pastor me miró directo y preguntó: "Cuando recibes una palabra de Dios, ¿sientes una impresión o escuchas palabras y oraciones en tu mente?".

Antes que pudiera responder, mi amigo estiró los brazos a lo largo del respaldo del sofá y dijo: "Bueno, te lo explicaré" y comenzó a responder la pregunta del pastor por mí. Fue algo divertido: ¡pasó de novato a experto en una noche!

Al día siguiente tuvimos otro servicio profético y, cuando la primera pareja subió a la plataforma, miré a mi amigo. Sacudió la cabeza y susurró con un toque de pánico: "No tengo nada, Robert. Hazlo tú. No escucho nada". Lo animé durante todo el servicio, pero siguió negando con la cabeza.

Después, dijo: "¿Por qué fue tan fácil anoche y tan difícil esta noche?".

Le dije que pensaba que había una razón para ello. La primera noche fue humilde. Sabía que no podía hacerlo sin Dios. En otras palabras, ¡estaba muerto de miedo! Y esa es una buena posición. Por eso Dios lo usó para bendecir a otros. Pero la segunda noche se puso orgulloso. Y el Señor no acepta el orgullo. El poder y el éxito llegan a los humildes.

José era un candidato de primera para el orgullo. Luchó con eso cuando era más joven y sabemos, por lo que hemos leído hasta ahora, que era bien parecido, inteligente y tenía gran capacidad. Él era el hijo favorito a pesar de tener diez hermanos mayores. Tenía hasta la afirmación y el respaldo de Dios en su vida y, sin embargo, cuando se le dio la oportunidad de atribuirse el mérito de algo, José caminó en humildad.

El faraón le dijo: "He tenido un sueño, y no hay quien lo interprete. Pero he oído decir que tú oyes un sueño y lo puedes interpretar". José le respondió al faraón: "No depende de mí. Pero Dios dará al faraón una respuesta propicia" (Génesis 41:15-16).

Faraón había oído que José podía interpretar sueños. Sin embargo, José rehusó darse crédito por ese don. Por eso dijo: "No depende de mí. Pero Dios dará al faraón una respuesta propicia". José entendió que él necesitaba mantenerse detrás de Dios. Esa es la humildad que José practicaba. Y debido a la humildad de José, Dios pudo confiarle su poder.

¡La humildad siempre es atractiva y el orgullo siempre es feo! ¿Lo ha notado? Piénselo por un momento. ¿Alguna vez ha conocido a alguien que fuera muy exitoso pero, también, muy orgulloso? ¿Se sintió atraído por esa persona? ¡No, porque el orgullo es repulsivo! No importa cuán exitosa pueda ser una persona, el orgullo siempre la hará ver muy fea. Sin embargo, ¿qué tal si conoce a alguien que es muy exitoso y, además, muy humilde? ¡Eso es muy atractivo!

Tengo que admitir que hay algo que realmente no entiendo: la persona que no ha tenido éxito alguno y, aun así, es orgullosa. ¡Eso es sencillamente tonto! El orgullo siempre se ve tonto y, para ilustrar mi punto, ¡voy a contarles algo de mí!

Mientras crecí, mi padre tuvo mucho éxito. Naturalmente, yo también quería tenerlo (o al menos aparentar que lo tenía). Así que cuando estaba en mis veinte años, un amigo me regaló un par de zapatos muy bonitos porque eran muy pequeños para él. (Y, a decir verdad, también me quedaban pequeños, pero los usé de todos modos). No tenía ropa bonita en ese tiempo. En ese entonces no teníamos mucho en cuanto a cosas materiales, y esos eran unos zapatos de piel de lagarto realmente caros. Era el estilo de la época, solo gente importante y exitosa usaba zapatos como esos. Cada vez que caminaba con ellos, me sentía como el rey de la jungla. Pensaba: *Probablemente todos piensen que soy rico cuando me ven con estos zapatos. Cuando entro en un lugar con estos zapatos, la gente no puede evitar fijarse en mí.*

Usaba esos zapatos en todas partes: en la tienda de comestibles, en los partidos de fútbol de mis hijos, *en todas partes*. ¡Pensaba que esos zapatos decían cosas maravillosas sobre quién era yo!

Entonces, un sábado fui a un lavado de autos y el lugar estaba lleno de gente. Entré a esperar y vi que tenían un lugar donde lustraban zapatos. Así que pensé: *Voy a pulir mis zapatos para que todos puedan ver lo importante que soy. Con suerte, no me vieron salir del Ford Fairlane. Estoy seguro de que cuando vean estos zapatos, pensarán que el Mercedes Benz que está ahí es mío.*

Así que me lustré los zapatos, bajé y comencé a caminar por la larga pasarela de vidrio donde la gente miraba cómo lavaban sus autos. Todos estaban parados frente al vidrio, así que caminé muy despacio, tomándome mi tiempo con mis lindos y brillantes zapatos de piel de lagarto. Cuando pasé, todos giraron un poco y, cuando voltearon, noté que sus ojos se agrandaban mucho. Todos miraban hacia mis pies. ¡*Guau!*, pensé, *¡esto es maravilloso! ¡Estos zapatos llaman mucho la atención!*

Yo estaba encantado. Así que llegué al final de aquel corredor y pensé: *Voy a echar un vistazo para ver qué tan bien se ven estos zapatos.* Cuando bajé la mirada, pude ver que el joven que me lustró los zapatos me había subido las mangas del pantalón y había olvidado bajarlas cuando terminó. La gente sí se quedaba viendo, ¡pero no precisamente por mis elegantes zapatos! Lo que veían era ¡mis flacas piernas y mis calcetines hasta la rodilla!

El orgullo siempre luce tonto, ¿verdad? Sin embargo, la humildad es atractiva y apela. Y cuando andamos en humildad, Dios nos exalta. Cuando andamos en humildad, Dios nos da poder. Todo el poder viene de Dios, y nosotros lo obtenemos siendo humildes. Lo recibimos al rendir el derecho al poder y, en vez de eso, nos convertimos en siervos.

También debemos recordar que tenemos un papel que desempeñar. Hay un equilibrio entre "Todo lo hace Dios" y "Trabajé muy duro y Dios me bendijo". Estoy seguro de que ha escuchado a alguien decir la frase: "¡Todo lo hace Dios!". Esta expresión se ha abierto camino en los círculos cristianos durante mucho tiempo y, aunque aprecio la voluntad de querer darle crédito al Señor, creo que a veces eso hace que el péndulo se mueva demasiado hacia la falsa humildad.

Hace años, estaba almorzando con un buen amigo, un artista musical galardonado, que me contó una historia que nunca olvidaré. Él dijo: "Robert, Dios me convenció de la falsa humildad".

En ese momento, nunca había oído hablar de la falsa humildad, así que le pedí que me explicara.

Procedió a contarme la historia de uno de sus conciertos recientes. Luego, salió de la plataforma y vio a un tipo parado allí. El hombre le dijo: "¡Hermano, estuvo muy bueno!".

Mi amigo respondió con algo que había estado diciendo mucho: "¡Bueno, todo lo hace Dios!".

Y el tipo le respondió: "Bueno, entonces *no fue* tan bueno".

La verdad es que si "todo lo hubiera hecho Dios", ¡habría sido extraordinario!

Mi amigo se dio cuenta de que cada vez que alguien lo felicitaba, se había acostumbrado a decir "Todo lo hace Dios" en un intento por mostrarse humilde, pero en realidad era un intento de envanecer su desempeño y su orgullo. Debía haber respondido con un "Gracias", porque se presentó y trabajó duro, y Dios bendijo su esfuerzo. Esa es la manera de caminar en verdadera humildad.

¿Cuál es el propósito del poder?

La Biblia nos dice que Dios le dio poder a Jesús cuando este estaba en la tierra. Hechos 10:38, dice: "Dios ungió a Jesús de Nazaret con el Espíritu Santo y con poder, [él] anduvo haciendo bien y sanando a todos los oprimidos por el diablo; porque Dios estaba con él". ¿Qué hizo Jesús con ese poder? Anduvo haciendo bien. Dios le dio poder a Jesús para que pudiera hacer bien, para que sanara y libertara a la gente de la opresión del diablo. Dios nos da poder a cada uno de nosotros para que podamos ayudar a los demás.

Dios no le dio poder a José por el bien del joven. Se lo dio para que José pudiera alimentar al mundo ¡en una hambruna severa! Dios vio a la Tierra y dijo: "Vienen siete años de hambruna. Necesito a alguien en quien pueda confiar para cuidar a esta gente por mí durante la hambruna; si no, mucha gente morirá". En José, Dios encontró a un hombre que sería humilde, fiel y que sería un buen administrador; un hombre en quien podría confiar para alimentar a las naciones.

El amor de Dios por la gente es constante, por eso su poder siempre se concede para ayudarla. Para eso es el poder y Dios quiere que lo recordemos.

El amor de Dios por la gente es constante, por eso su poder siempre se concede para ayudarla.

En Deuteronomio 8, el Señor les dice a los israelitas que los va a ayudar a entrar en la tierra prometida y que ellos poseerían muchas cosas buenas allí a través de su poder. Les indica que no se olviden de eso después de entrar en la tierra y les recuerda que el poder viene de él.

Por último, les advierte que no digan en sus corazones: "Mi poder y la fuerza de mi mano me han producido esta riqueza. Mas acuérdate del Señor tu Dios, porque él es el que te da poder para hacer riquezas, a fin de *confirmar su pacto*, el cual juró a tus padres como en este día" (Deuteronomio 8:17-18, énfasis añadido). Dios quiere que su pueblo recuerde que el poder procede de él y no de sus propios esfuerzos. Y dice que el propósito del poder es para que él pueda "confirmar su pacto". El propósito de la riqueza es que él pueda "confirmar su pacto". El propósito de la influencia es que Dios pueda "confirmar su pacto". Dios quiere confirmar su pacto en esta tierra, un pacto que es de bendición. Su pacto es un pacto de sanidad. ¡Su pacto es un pacto para ser libres del pecado y las tinieblas!

Como puede ver, Dios es dueño de todos los recursos del mundo, en realidad, del *universo*. ¡Incluso es dueño de Marte! Un día, cuando Elon Musk llegue a ese planeta, encontrará un aviso que dice: "Propiedad de Dios". Por un lado, Dios tiene todos los recursos. Y por el otro lado, tiene a todas las personas que sufren, a todas las personas hambrientas y quebrantadas que necesitan las buenas nuevas, comida, dinero, medicina y esperanza. Un empresario diría que Dios tiene toda la oferta en una mano y la demanda en la otra. ¿Y qué hay en el medio? *Nosotros*. Somos la pieza de conexión entre todos los recursos y los necesitados. Dios obra a través de su pueblo. Nosotros somos los distribuidores. Simplemente está buscando mayordomos humildes a través de los cuales pueda canalizar todos sus recursos y su poder. Él quiere hacer llegar todos esos recursos a todas aquellas personas que los necesitan. Y cada vez que Dios nos asciende o nos da una posición de influencia, es porque piensa en las personas necesitadas. Él tiene a alguien específico a quien quiere ministrar y bendecir.

El mundo dice que el poder es para el disfrute propio, pero la Biblia dice que es para ayudar a los demás.

Hace varios años, Dios le dio a nuestra congregación un terreno en un área muy visible sobre una autopista principal. ¿Hizo eso para que podamos decir cuán grande y hermoso es nuestro edificio? No, lo hizo para que podamos ayudar a más personas. Dios nos dio ese terreno porque quería *confirmar su pacto* con la gente de esa zona.

Dios miró hacia abajo y vio que diariamente pasaban cuarenta mil vehículos frente a esa propiedad y que la mayoría de esos carros los manejaban personas que estaban destinadas a ir al infierno, a menos que alguien les hablara de Jesucristo.

Desde entonces, Dios nos ha dado influencia en todo el mundo. ¿Es para que podamos decir que somos famosos? No, es para que podamos compartir el evangelio de Jesucristo y ministrar a las personas quebrantadas y heridas. Y cualquiera que sea nuestro nivel de influencia en los próximos años, hemos decidido seguir sirviendo a la gente. Vamos a seguir haciendo las mismas cosas que empezamos a hacer cuando nuestra iglesia era más pequeña: amar a las personas, ayudarlas, ver matrimonios restaurados, apoyar a los misioneros de todo el mundo, ¡y mucho más! ¡Cuanto más aumente Dios nuestra influencia, más personas podremos alcanzar para su reino!

Es realmente maravilloso ver a las personas a las que se les ha dado poder cuando lo usan para ayudar a los demás. Veo que este principio siempre se modela en nuestra iglesia. Ahora me doy cuenta de que, de alguna manera, no estoy siendo imparcial; sin embargo, sinceramente creo que algunos de los mejores siervos del mundo están en nuestra iglesia. Ellos están dispuestos a quedarse hasta tarde, llegar a las horas más inoportunas y, básicamente, entregan su vida para servir a otros. Verdaderamente se preocupan los unos por los otros, tal como Pablo nos exhortó a hacer: "No buscando cada uno sus propios intereses, sino más bien los intereses de los demás" (Filipenses 2:4).

Yo veo esto bellamente representado en esos momentos cuando Dios usa a uno de nuestros pastores para dar una palabra profética de ánimo a alguien en la congregación. Observo a la audiencia y veo al Espíritu de Dios ministrando a esa persona, y eso me bendice. Luego, noto que la gente alrededor está tan contenta y emocionada como la persona que está siendo ministrada, y eso me bendice aun más. La gente se alegra porque Dios bendice a su hermano o hermana en el Señor y ¡esa es la actitud correcta!

Un día, una de las damas de nuestra iglesia llevaba a su hija a la escuela. Ella estaba muy triste por su hijita. Su esposo había abandonado a la familia recientemente, dejándola a ella y a sus hijos valiéndose por sí mismos. Y, justo en esa ocasión, celebraban el día del "Padre y la hija" en la escuela.

Sin embargo, cuando la madre llegó a la escuela, se sorprendió al ver allí, parado en la acera, a uno de los pastores de nuestra iglesia. La pequeña niña corrió hacia el pastor y lo abrazó, obviamente, su día se había iluminado por esa sorpresa. La niña dijo: "Pastor, ¿qué hace aquí?".

"¿Qué te parece si te acompaño en la escuela hoy?", le respondió él. En el rostro de la pequeña apareció la sonrisa más grande que usted jamás haya visto; y se fueron caminando juntos, de la mano. Ella tendría a un "papá" en la escuela ese día, ¡igual que las otras niñas!

Como pastor, me encanta ver ese amor en acción y creo que a Dios también le gusta. ¿Por qué? Porque él ama a las personas. A él le encanta ver a sus hijos sirviéndose y ministrándose unos a otros. Es por eso que nos da poder, bendiciones y dones ministeriales.

Hace algunos años, unos amigos me presentaron a una señora un sábado por la noche después del servicio de la iglesia. Ella y su esposo habían sido misioneros en México durante cuarenta años. Hablamos por unos momentos y luego le pregunté: "¿Hay algo por lo que pueda orar con usted esta noche?".

Ella dijo: "Sí. Hace dos meses pasó algo con nuestras visas, y me ordenaron salir de México después de cuarenta años, pero mi esposo se tuvo que quedar. No lo dejarán salir y no me dejarán volver a entrar. Hemos estado separados durante dos meses. ¿Podría orar por eso?".

De inmediato pensé en un hombre de nuestra iglesia llamado Juan Hernández, que era un estratega político y un director de campaña presidencial muy influyente en México. En ese tiempo, el presidente de México había sido elegido en gran parte debido al brillante trabajo de Juan. Luego, Juan llevó al presidente y a trece de los veinticuatro miembros del gabinete a Cristo. Pensé que tal vez él podría hacer algo para ayudar. Le pedí a la misionera que me diera su nombre e información de contacto, y le dije que había alguien en nuestra iglesia que podría ayudarla.

Más tarde esa noche, después del siguiente servicio, otra pareja se me acercó y se presentó. El esposo dijo:

—Mi nombre es José y soy primo de Juan Hernández.

—¡Vaya! Estoy tratando de ponerme en contacto con Juan —respondí—. No sé si estará fuera de la ciudad este fin de semana, pero necesito hablar con él.

Así que empecé a contarle la historia de los misioneros a José y él inmediatamente respondió:

—Yo me encargo.

—¿En realidad? ¿Tiene algunos contactos? —le pregunté.

—Soy el encargado de inmigración de México.

Era la primera vez que lo conocía y no quería molestarlo, así que le dije:

—Bueno, escuche... si tiene algún problema —tratando de excusarlo si no quería ayudar. Pero nunca olvidaré cómo me detuvo a mitad de la oración, me miró directo a los ojos y dijo:

—No tendré ningún problema. Yo me encargaré.

Esa conversación sucedió un sábado. El lunes, el misionero tenía su visa. El martes, abordó un vuelo y volvió a casa con su esposa. Su organización misionera le dio a la pareja un año completo de descanso en Estados Unidos y, al final de ese año, el misionero falleció. Pero llegó a pasar el último año de su vida con su esposa. ¿Sabe por qué? Porque un hombre tenía poder y sabía cómo usarlo. Sabía que su poder era para ayudar a la gente.

Para *eso* es la influencia. Para *eso* es el poder. Dios nos da poder e influencia porque *ama a la gente con todas sus fuerzas*. Él quiere que usemos su poder para alcanzarlos con su amor. El poder no es algo malo. Es bueno y viene de Dios. Viene con el propósito de ayudar a otros. Puede que usted no sea el segundo al mando de todo Egipto como José o ni siquiera sepa cuánta influencia tiene, pero tiene influencia. La prueba del poder se trata de reconocer que cualquier poder, influencia o éxito que experimentemos no es para nuestros propios propósitos. Podemos trabajar arduamente y responder bien a la voz de Dios, pero todo le pertenece a él. Y él está observando para ver si usted maneja su poder sabiamente y si lo usa para hacer la obra de él. Está observándolo para ver si usará su influencia y su autoridad con el fin de compartir su amor con un mundo moribundo y agonizante. Esa es la prueba del poder, ¿podrá pasarla?

CAPÍTULO OCHO

La prueba de la prosperidad

Era una camioneta Ford tipo ranchera de 1973 con 200.000 kilómetros recorridos. Fue el primer automóvil que Debbie y yo pagamos en efectivo, pero cuando el Señor nos permitió comprar otro vehículo, estábamos seguros de que él quería que regaláramos ese.

Cuando conocimos a una madre soltera en nuestra iglesia, supimos de inmediato que se suponía que debíamos darle el auto. Alguien la llevaba al trabajo, pero la persona de repente se mudó. Si no podía conseguir un auto en dos semanas, perdería su empleo. Cuando contó su necesidad de oración en la iglesia, supimos que nuestra camioneta era para ella.

Era un auto más viejo, pero confiable y en buenas condiciones, y hacía poco le habíamos puesto llantas nuevas. Estábamos encantados de darle ese auto, el que condujo por muchos años. La ayudó a mantener su trabajo y a su familia. Dios nos bendijo cuando lo compramos y nosotros, a la vez, fuimos usados por Dios para bendecirla y ayudar a satisfacer sus necesidades. Tal como descubrimos en el capítulo anterior, el poder probará su carácter. Y el dinero hará lo mismo. Más aun, el dinero —en realidad— es otra modalidad de poder. El dinero puede darnos el poder para hacer ciertas cosas; y, de la misma forma, tener poco de él nos impedirá hacer otras cosas. Por consiguiente, el dinero nos faculta hasta cierto punto. El dinero también prueba nuestro carácter.

La prueba de la prosperidad: cómo usar el dinero con sabiduría

De modo que debemos preguntarnos: *¿qué hacemos con el poder que el dinero nos da?* ¿Lo usamos como Dios quiere que lo usemos: para impulsar sus propósitos en nuestras vidas y en las vidas de los demás? O, ¿lo derrochamos de manera insensata o, peor aún, en formas que —en realidad— son perjudiciales?

Esta es la prueba de la prosperidad. (Podría haberla llamado "la prueba del dinero" o "la prueba de los recursos"). Cada uno de nosotros tendrá que tomarla mientras vivamos en esta tierra porque, entre tanto estemos aquí, necesitaremos cosas materiales para poder sobrevivir. Necesitamos comida, necesitamos un lugar donde vivir y necesitamos ropa. Y el dinero es solamente algo que usamos para intercambiarlo por esas cosas que necesitamos.

Si usted cree que es demasiado espiritual para preocuparse con cosas materiales, intente vivir sin comida y sin ropa por un tiempo. Rápidamente descubrirá que, aunque el dinero no puede proveer felicidad ni alegría, la falta de este, sin duda, ¡puede causar problemas!

Por eso, Dios está tan interesado en la manera en que administramos nuestro dinero. Nuestro dinero es un medio que el propio Dios utiliza para impulsar sus propósitos en la tierra. Dios quiere ver que la gente tenga alimento, ropa y provisiones. Y usa *gente* para repartir sus recursos. Usa *gente* para distribuir dinero y encargarse de las necesidades en esta tierra. Dios nos usó a Debbie y a mí para ayudar a mantener a esa madre soltera. La bendijo a ella *y* nos bendijo a nosotros. Dios busca buenos mayordomos, unos que sepan cómo administrar el dinero con sabiduría, según sus principios. Él encontró una persona así en José.

En Génesis 41:2-7, hallamos el relato de los desconcertantes sueños de Faraón. Primero, soñó con siete vacas gordas y siete vacas flacas; las siete vacas flacas devoraron a las siete vacas gordas. Luego soñó con siete espigas gruesas llenas de grano y siete espigas menudas y quemadas por el viento; las siete espigas menudas devoraron a las espigas gruesas y llenas. La Biblia nos dice que el espíritu de Faraón estaba turbado por esos sueños (vea Génesis 41:8). De alguna manera, ¡Faraón sabía que esos sueños eran significativos! Así que buscó, desesperadamente, a alguien que pudiera descifrarle el significado de ellos. Así fue como José llegó a ser sacado de la prisión y presentado ante Faraón. Retomemos la historia en el versículo 25.

Entonces respondió José a Faraón: El sueño de Faraón es uno mismo; Dios ha mostrado a Faraón lo que va a hacer. Las siete vacas hermosas siete años son; y las espigas hermosas son siete años: el sueño es uno mismo. También las siete vacas flacas y feas que subían tras ellas, son siete años; y las siete espigas menudas y marchitas del viento solano, siete años serán de hambre. Esto es lo que respondo a Faraón. Lo que Dios va a hacer, lo ha mostrado a Faraón. He aquí vienen siete años de gran abundancia en toda la tierra de Egipto. Y tras ellos seguirán siete años de hambre; y toda la abundancia será olvidada en la tierra de Egipto, y el hambre consumirá la tierra. Y aquella abundancia no se echará de ver, a causa del hambre siguiente la cual será gravísima. Y el suceder el sueño a Faraón dos veces, significa que la cosa es firme de parte de Dios, y que Dios se apresura a hacerla (Génesis 41:25-32 RVR1960).

José dijo dos veces: "Dios ha mostrado a Faraón lo que va a hacer" (versículo 25, 28). Dios tenía un propósito al mostrarle esos sueños a Faraón: ¡el propósito de bendecir, proveer y librarles del hambre! Dios sabía que los siete años de hambruna llegarían y quería asegurarse de que la gente no sufriera hambre. De manera que le mostró a Faraón lo que estaba por suceder.

Sin embargo, había algo más que Dios estaba tratando de hacer. Dios tenía un plan para proveerles alimento a *todos* durante la hambruna; y debía tener a alguien que le obedeciera en el área del dinero. Y encontró a esa persona en José. Este comprendía los principios de Dios acerca del manejo de las finanzas y, puesto que era un siervo fiel, José le brindó esa sabiduría a Faraón.

Por tanto, provéase ahora Faraón de un varón prudente y sabio, y póngalo sobre la tierra de Egipto. Haga esto Faraón, y ponga gobernadores sobre el país, y quinte la tierra de Egipto en los siete años de la abundancia. Y junten toda la provisión de estos buenos años que vienen, y recojan el trigo bajo la mano de Faraón para mantenimiento de las ciudades; y guárdenlo. Y esté aquella provisión en depósito para el país, para los siete años de hambre que habrá en la tierra de Egipto; y el país no perecerá de hambre (Génesis 41:33-36 RVR1960).

Dios tenía un plan para asegurarse de que hubiera suficiente alimento para todos cuando llegaran los años de hambruna. Pero su plan habría fallado en manos de alguien que no supiera cómo administrar el dinero sabiamente. Dios no podía escoger a alguien que no le permitiera a él ser el primero en sus decisiones y cuya cuenta bancaria fuera un desorden. Él no podía escoger a alguien que tuviera un patrón de gastos descontrolado, alguien que no supiera cómo ahorrar o esperar. Si hubiera escogido a alguien así, ¡el grano se habría acabado antes que la hambruna llegara! Dios buscaba a alguien que fuera un buen siervo, alguien que supiera cómo administrar las cosas materiales según los principios divinos.

La prueba de la prosperidad era una parte enorme del destino de José. ¿Podría él administrar la riqueza de esos años de abundancia como Dios quería que lo hiciera? De igual manera, la prueba de la prosperidad será una parte enorme de su destino. Hasta que no sea hallado fiel en el área del dinero, usted no podrá entrar en su destino tan completamente como Dios desea porque los planes de Dios para usted siempre incluirán llevar sus bendiciones y provisiones a los demás.

Le guste o no, ¡se necesita dinero para hacer eso! Se requiere dinero para cubrir las necesidades de la gente que sufre y llevar el evangelio alrededor del mundo; y ¡se necesita dinero para sostener a su familia mientras usted hace eso! Dios le dará todo lo que necesite para llevar a cabo los planes divinos en su vida. ¿Puede él confiar en que usted lo manejará sabiamente? O, ¿derrochará en gastos absurdos lo que él le dé? Esta es la prueba de la prosperidad.

Usted podría estar diciéndose a sí mismo: *Es que nunca tengo dinero. Pareciera que siempre estoy en la ruina. ¿Cómo podría enfrentar la prueba de la prosperidad?* Lo cierto es que todos tenemos recursos financieros que administrar. Cada vez que recibe su salario, usted enfrenta la prueba de la prosperidad. Cada vez que usted recibe algún dinero extra, está enfrentando la prueba de la prosperidad. Incluso si usted vive de la beneficencia pública, usted tomará la prueba de la prosperidad cada vez que reciba ese cheque del gobierno. (Recuerde que Jesús vio cómo daba la gente sus ofrendas en el templo, incluida la viuda que solamente tenía dos monedas [vea Marcos 12:41-44]).

Es inevitable. Seremos probados en la manera en que gestionemos nuestro dinero. Y parece que aquí, en Estados Unidos, tenemos mucho más dinero para ser probados.

Usted enfrenta la prueba de la prosperidad cada día

Sé que probablemente ha escuchado esto antes, pero vale la pena repetirlo: Estados Unidos es una de las naciones más prósperas del mundo. Según la revista *Forbes*, "los pobres en la Unión Americana son más ricos que alrededor del 70 % de todas las personas del planeta". De manera que si vive en Estados Unidos, usted toma la prueba de la prosperidad a diario.

Permítame presentarle unas estadísticas que le ayudarán a ver lo que quiero decir. Según el Banco Mundial, el ingreso promedio anual, por hogar, en Estados Unidos, en el año 2021 era de $65.900 dólares. Ahora, comparemos esa cantidad con el ingreso promedio anual por hogar en otros países del mundo durante el mismo año:

Finlandia	$49.600	Francia	$42.300
Japón	41.600	Alemania	$47.000
Arabia Saudita	$21.900	Israel	$43.100
Chile	$13.500	Polonia	$15.300
Argentina	$8.900	México	$15.300
Turquía	$9.100	Ucrania	$3.500
Rusia	$10.700	Camboya	$1,500
China	$10.600	Sudán	$650
Nigeria	$2.000	Afganistán	$500
India	$1.900		

Estos números muestran la diferencia entre el ingreso del resto del mundo y el ingreso promedio que tenemos en Estados Unidos. Cuando vemos esas cifras, nos ayuda a comprender que nosotros, en este país, disfrutamos de un mayor nivel de prosperidad material que casi nadie más sobre este planeta.

Aquí en Estados Unidos, somos tan prósperos que oramos por cosas por las que el resto del mundo jamás ha soñado orar. Oramos por cosas como ropa nueva o una casa más grande. Mientras el resto del mundo ora por una bicicleta para transportarse, o por alimentos para su familia; nosotros oramos por un carro mejor que el que estamos manejando. Un amigo mío participa en la obra misionera, a tiempo completo, ahora. Pero cuando empezó a viajar como misionero, no tenía mucha experiencia con las diferencias económicas entre nuestro país y la mayoría de los otros países. Eso se le hizo dolorosamente obvio en una ocasión cuando estaba predicando un mensaje sobre el sufrimiento; cometió el error de usar una ilustración que había desarrollado aquí en Estados Unidos. El ejemplo que utilizó lo tomó de una época de su vida cuando él y su esposa tenían que arreglárselas con un solo carro. ¡Ese fue su ejemplo de sufrimiento! Y aun así, ¡estaba predicando ese mensaje en un país donde el noventa y seis por ciento de la gente no tiene ni siquiera un carro! Él predicaba en un país donde el ciudadano promedio ganaba cerca de ¡$2,000 dólares al año!

Por desdicha, muchos de nosotros no tenemos comprensión alguna, en lo absoluto, de la forma en que vive el resto del mundo. Aquí, en Estados Unidos, vivimos en una burbuja de prosperidad, no tenemos idea de cuán ricamente bendecidos y prósperos somos en realidad. Estamos viviendo la prueba de la prosperidad a diario. Nos demos cuenta o no de ello, se nos ha confiado una gran riqueza material.

La pregunta crítica es: *¿Qué vamos a hacer con esa riqueza?* De la misma manera que el poder pone a prueba el verdadero carácter de toda persona, el dinero hace lo mismo. Cada vez que usted recibe su salario, se le ha entregado una prueba.

El ingreso inesperado es una prueba particularmente reveladora. ¿Alguna vez le ha caído dinero del cielo, quizá un aumento o un bono sorpresa al final del año? Cuando algo así le ocurrió, ¡usted tomó la prueba de la prosperidad! No importa si fue un incremento de $10.000 dólares, o de un dólar por hora, un bono de $1.000 dólares o un billete de $50 dólares. Cada vez que usted recibe fondos adicionales, toma la prueba de la prosperidad. Porque siempre que recibe dinero extra, usted tiene la oportunidad de decirle a Dios cuán bien va a administrar ese ingreso que él le da.

¿Qué hizo con el dinero extra? ¿Lo ahorró, lo gastó, lo derrochó, pagó sus deudas o hizo algo más?

Es sorprendente cómo le pedimos a Dios que nos dé dinero extra, pero cuando este llega a nuestras manos, no somos fieles en hacer lo que Dios quiere que hagamos con él. ¿Por qué Dios seguiría dándonos fondos extras si no somos fieles con los que sí nos da?

El dinero pondrá a prueba a toda persona, ya sea que tenga poco o mucho. Por eso, Jesús dijo: "Porque donde esté tu tesoro, allí estará también tu corazón" (Mateo 6:21). En otras palabras, Jesús dice que su *dinero* siempre estará ligado a su *corazón*.

A Dios le interesa mucho el corazón de usted. La Biblia dice: "Jehová no mira lo que mira el hombre; pues el hombre mira lo que está delante de sus ojos, pero Jehová mira el corazón" (1 Samuel 16:7 RVR1960). Dios está mirando nuestros *corazones* para ver si verdaderamente le pertenecen. La forma en que manejamos el dinero es un indicador importantísimo que revela a qué o quién pertenece realmente nuestro corazón.

Por eso es muy importante resolver estas preguntas: ¿Qué ocupa el primer lugar en su corazón: Dios o el dinero? ¿Quién controla a quien? ¿Le controla el dinero a usted o usted controla al dinero?

¿Le controla el dinero a usted o usted controla al dinero?

Permita que Dios sea primero

El principio más importante que puedo decirle, acerca del dinero, podría resumirse a cinco palabras sencillas: *¡Permita que Dios sea primero!*

Siempre siento la carga de compartir este principio con la gente porque es muy importante. Siento tanta pasión por eso que incluso escribí un libro completo al respecto llamado *Una vida de bendición*.

Cuando Dios es el número uno en su vida, ¡todo lo demás suma! Y la forma en que usted pone a Dios en primer lugar en su vida es honrándolo por encima de todo. La Biblia nos dice: "Honra a Jehová con tus bienes, y con las primicias de todos tus frutos" (Proverbios 3:9).

De esto, realmente, es de lo que se trata el diezmo: darle a Dios la honra y las gracias por todo lo que tenemos. Hacemos esto dándole a él el primer diez por ciento de nuestros ingresos, las *primicias* de lo que ganamos. No sé por qué Dios decidió el diez por ciento, pero creo que decidió ese porcentaje porque es justo para todos. Gane usted $40.000 o $400.000 al año, siempre es el diez por ciento. Es posible que haya escuchado mucho sobre el diezmo a lo largo de su vida, o que esta sea la primera vez, pero el diezmo es realmente muy simple. Se trata de *poner a Dios primero*.

Las finanzas son solamente una de las formas en que podemos darle honra a Dios y hacerle saber que él es primero en nuestras vidas. José honró a Dios y permitió que fuera el primero en todo lo que tenía. José honró a Dios hasta en el nombre que les puso a sus hijos. En medio de los siete años de abundancia, José tuvo dos hijos. Génesis 41 cuenta la historia.

Antes de comenzar el primer año de hambre, José tuvo dos hijos con su esposa Asenat, la hija de Potifera, sacerdote de On. Al primero lo llamó Manasés, porque dijo: "Dios ha hecho que me olvide de todos mis problemas y de mi casa paterna". Al segundo lo llamó Efraín, porque dijo: "Dios me ha hecho fecundo en esta tierra donde he sufrido" (versículos 50-52).

El nombre Manasés significa "olvidar" y Efraín "fructífero". Pero lo primero que José dijo acerca de los nombres de sus hijos fue "¡Dios!". "*Dios* ha hecho que me olvide ... *Dios* me ha hecho fecundo" (énfasis añadido). José reconoció que fue Dios el que lo había

218 | Del sueño al destino

hecho olvidar sus problemas y que fue Dios el que lo había hecho fecundo. Así que le dio a Dios el honor por ello. José había entrado en un palacio con poder y riquezas asombrosas, pero en ese lugar de privilegio y comodidad, no se olvidó de Dios. Como gobernador de todo Egipto, José continuaba agradeciendo a Dios y honrándolo a él. Sus dos hijos fueron los primeros frutos de su cuerpo, y ¡José decidió *honrar a Dios* con esas primicias! Él usó sus nombres como un medio para honrar a Dios por todo lo que este había hecho por él. Fue un reflejo externo de la gratitud que había en su corazón.

A Dios le interesa saber qué o quién ocupa el *primer* lugar en nuestros corazones.

¿Por qué aceptó Dios la ofrenda de Abel y no la de Caín? Porque la ofrenda de Abel era el ¡*primogénito* del rebaño! Pero la ofrenda de Caín *no* eran las primicias; de manera que su ofrenda no fue bendecida (vea Génesis 4:3-5). Debido a su preeminencia, Dios no puede aceptar un segundo lugar. Siempre debe ocupar el primero.

Cuando los israelitas acababan de entrar a la tierra prometida, Dios les mandó que le dieran a él toda la plata y el oro de Jericó (vea Josué 6:19). ¿Por qué? Porque Jericó fue la primera ciudad que ellos conquistaron, así que Jericó era ¡la primicia de la tierra prometida! Note que Dios nos les dijo que conquistaran primero diez ciudades y que luego le dieran una de esas ciudades a él, cuando todo estuviera terminado. No. Dios mandó que le dieran todo lo de la *primera* ciudad a él y, después que lo hicieron, él dijo que se podían quedar con los bienes de todas las otras ciudades.

Así es como opera el principio de las primicias en nuestras vidas: Dar lo *primero* a Dios hace que el resto sea bendecido. Dios les dijo a los israelitas que si ellos solo lo *honraban a él* con esa primera ciudad, entonces los ayudaría a conquistar todas las otras ciudades. Es más, les permitiría quedarse con todo lo de las otras ciudades. Sin embargo, cuando Acán se quedó con parte de la plata de Jericó, los israelitas descubrieron que Dios ya no los estaba ayudando. En vez de tener la ayuda de Dios, quedaron solos y ¡no les fue bien en la batalla! Hasta que corrigieron esa situación que "deshonraba" a Dios, no pudieron ir y conquistar ninguna otra ciudad (vea Josué 7). El diezmo es bendito y consagrado a Dios antes de que usted lo tome, pero si usted se adueña de él, ¡es maldito! El diezmo siempre es la *primera* parte, no la última. Dios dijo que cuando las ovejas de los israelitas tuvieran corderos, ellos debían darle el *primero* a él. Dios no dijo que dejaran que las ovejas tuvieran diez corderos y que luego le dieran uno de los diez a él. Dijo que le dieran a él el *primero*. ¿Por qué? *¡Porque se necesita tener fe para dar el primero!* Se necesita fe para dar el *primer* diez por ciento, ¡no el último diez por ciento! Diezmar es diez por ciento y, sí, significa una décima parte; sin embargo, diezmar se trata de ¡dar la *primera* décima a Dios!

Dar el último diez por ciento en vez del primero, es decir: "Una vez esté seguro que tengo todo lo que necesito, te atenderé a ti, Dios. Si tengo suficiente espacio en mi vida para ti, te voy a honrar y a obedecer". Eso no es honrar a Dios realmente, ¿o sí? Sin embargo, cuando le damos a Dios el *primer* diez por ciento, estamos dando un paso de fe y confianza. Estamos diciendo: "Dios, quiero darte a ti primero. Dios, tú eres lo primero en todas las áreas de mi vida. Sé que me proveerás y cubrirás todas mis necesidades".

El diezmo prueba su corazón. Usted puede afirmar que Dios tiene el primer lugar en su vida, ¡pero déjeme ver su cuenta bancaria! Al observar a dónde va su dinero, puedo decirle quién o qué ocupa realmente el primer lugar en su vida. Podría ser la compañía hipotecaria, la empresa eléctrica o la pizzería de su localidad. Amazon, Bass Pro Shops, Walmart o Nordstrom pueden ser los primeros en su vida. Le diré quién tiene el primer lugar en la vida de muchas personas. ¿Puede adivinar? ¡Visa! Sí, la tarjeta de crédito Visa.

Pero permítame decirle quién debería ser primero: ¡Dios! A él no le importa la cantidad de cosas que usted posee. Le *interesa la cantidad de cosas que tiene.* Él se preocupa por su corazón.

Dios no nos ordena diezmar porque él lo necesite, ya que tiene todos los recursos del mundo. ¡Él nos dice que lo hagamos para nuestro beneficio! Malaquías 3:10 (RVR1960) dice: "Traed todos los diezmos al alfolí, y haya alimento en mi casa; y probadme ahora en esto, dice Jehová de los ejércitos, si no os abriré las ventanas de cielo y derrame sobre vosotros tal bendición que sobreabunde". En el versículo 11, Dios nos dice que si lo ponemos a él primero en nuestras finanzas al diezmar, él "reprenderá al devorador por causa nuestra". Pero si usted se guarda el diezmo, la Biblia dice que está robando a Dios y es objeto de maldición (vea Malaquías 3:8-9). La Escritura es muy clara en cuanto a este principio. ¡No sé usted, pero prefiero que el noventa por ciento de mis ingresos sea bendecido antes que el cien por ciento sea maldito!

He estado en el ministerio por más de cuarenta años y a menudo escucho testimonios de diezmadores y no diezmadores. Todos dicen lo mismo. Los que diezman dicen: "Pastor, somos muy bendecidos". Y los que no diezman dicen: "No podemos darnos el lujo de diezmar". ¿Qué le dice eso? Cuando Dios dice que "os abriré las ventanas de cielo y derrame sobre vosotros tal bendición que sobreabunde" (Malaquías 3:10), ¡lo dice en serio!

Esta no debería ser la razón *por la que* diezmemos, pero es un beneficio resultante. Y para aquellos que no diezman, *todas* sus finanzas están bajo maldición.

Debo hacer una pausa aquí para afirmar que Dios no nos maldice. Vivimos en un mundo caído, un mundo maldito. Pero Dios quiere redimirle a usted y a sus finanzas. Por favor, escuche lo que le digo desde lo más profundo de mi corazón respecto a esto. La razón por la que me apasiona tanto que la gente entienda el principio del diezmo es porque estoy cansado de verla perder sus trabajos, sus ingresos, su salud, su familia, sus hijos y sus matrimonios porque el enemigo los está devorando. Es mejor diezmar que pararse en una habitación y reprender al diablo. Podemos mantenernos firmes en la promesa de que Dios reprende al enemigo por nosotros cuando diezmamos.

El Señor también dice: "Pruébame ahora en esto" (Malaquías 3:10). De modo que, si aún no está convencido, intente diezmar durante un año y vea qué sucede. Le he dicho a nuestra congregación que si no están completamente satisfechos, les devolvemos su dinero. ¡Es una garantía de devolución válida! Puedo decir esto con total confianza porque sé que las promesas de Dios son verdaderas. Pero también lo digo seguro de que no necesitamos su dinero. Nunca hemos pasado un plato para recoger ofrendas en Gateway, sin embargo, somos una de las iglesias que más dan en esta nación. No necesitamos el dinero; no es por eso que quiero que la gente diezme. Es porque, como pastor, me rompe el corazón ver a la gente viviendo sin la bendición de Dios. Es porque sé que cuando Dios es lo primero en su vida, todo lo demás se alinea y es bendecido. Este es un principio que vemos en toda la Biblia y, sin embargo, muchos cristianos se niegan a reconocerlo.

Cuando Dios es lo primero en su vida, todo lo demás se alinea y es bendecido.

En junio de 2013, la empresa investigadora Barna Research Group publicó los resultados de un estudio de cinco años sobre las tendencias de los donantes estadounidenses. El estudio mostró que la proporción de hogares en Estados Unidos que diezman sus ingresos se redujo del siete por ciento en 2009 (antes de la crisis financiera) a solo el cuatro por ciento en 2010 y 2011, y luego al cinco por ciento en 2012. Estas cifras han estado en este rango congruentemente durante los últimos quince años. Por tanto, según esta respetada organización de investigación, solo el cinco por ciento de los hogares en los Estados Unidos diezmó en 2012. Además, dado que el informe Barna considera las donaciones a organizaciones benéficas no eclesiásticas como parte del diezmo de alguien, el porcentaje que va a la Iglesia es aún menor.

Creo que Dios ha bendecido a esta nación porque hemos enviado misioneros a todo el mundo para difundir su mensaje del evangelio. Estados Unidos han estado viviendo años de prosperidad y de bendiciones de Dios. Sin embargo, también creo que los años de hambruna están a la vuelta de la esquina si no empezamos a honrarlo a él con las primicias de esas bendiciones.

Hemos sido bendecidos por la gracia de Dios. Y si le damos la espalda a él, ¡vamos a estar en problemas! De manera que ¡comprometámonos a poner a Dios primero en todo!

¿Cómo puede usted hacer su parte? Cada vez que reciba dinero inesperadamente, dé sus diezmos primero. A mí me pagan los días quince y treinta de cada mes. En esos días, lo primero que hago durante mi tiempo devocional es conectarme a internet y dar el diez por ciento de mis ingresos a la iglesia. ¡Quiero darle a Dios la primera parte de todo mi ingreso, no la última parte! Pero no soy legalista al respecto. Si tengo una reunión temprano en la mañana, podría aplazar mi tiempo devocional para más tarde en el día y entonces dar nuestro diezmo. Si Debbie va a la tienda de comestibles antes de que yo diezme, no le digo: "Ah, muy bien, cariño. ¡Ya estamos malditos! ¡Le diste nuestro diezmo a la tienda de comestibles!". No, el asunto tiene que ver con mi corazón. Dios sabe que lo tenemos a él primero en nuestras finanzas.

Cada vez que usted recibe un dinero inesperado, tiene una gran oportunidad para dejar que Dios sea el primero. Cuando recibe una bonificación, ¿diezma de ella? ¿Honra a Dios primero? Imagine el mensaje que se envía cuando alguien ora: "¡Dios, por favor ayúdame! ¡Necesito dinero extra!". Pero cuando Dios contesta esa oración enviando dinero extra, ¡no diezma!

¿No es sorprendente cuán rápidamente olvidamos que fue Dios quien cubrió esa necesidad y nos envió el dinero? Cuando diezmamos, estamos comunicándole a Dios que estamos agradecidos por ese dinero y que estamos conscientes de que vino de él. Pero si nos olvidamos de Dios inmediatamente y no lo honramos con el diezmo de ese dinero, no estamos dejando que él sea el primero.

Por favor, entiéndame. Esto no es ley, ¡esto es *amor*! Esto es expresar amor, gratitud y honra al Dios que nos ha dado ¡todo!

Dios es muy misericordioso y muy compasivo. Cuando estamos en aprietos, él dice: "Está bien, quiero bendecirte. Quiero ayudarte.

Aunque hay algunas cosas que no están bien en tu vida, sé que necesitas este dinero en este momento. Eres mi hijo y te amo. Así que te voy a ayudar. Voy a poner en el corazón de tu jefe que te dé un aumento, aun cuando nadie más en la compañía reciba uno". Dios le ama tanto que, en algunos casos, moverá el corazón de un incrédulo, solamente para conseguirle un aumento de sueldo para usted. Así que ¡asegúrese de agradecerle por ello! Asegúrese de honrarlo por todo lo que él hace por usted.

Solo unos meses después de ser salvo, escuché un sermón sobre el diezmo y decidí intentarlo. En ese momento, ganaba $600 al mes, así que di $60 en la ofrenda de la iglesia. Al día siguiente fui a trabajar y el dueño me llamó a su oficina. Me dijo: "Te voy a dar un aumento de $200 al mes". Luego agregó: "Y no tengo idea de por qué estoy haciendo esto". En otras palabras, no fue porque me lo mereciera. Puse a Dios primero y fui bendecido, pero más importante aún, mi corazón cambió. El diezmo funciona en su corazón, no solo en su billetera.

Una mañana, cuando Josh era joven, estaba sentado en mi escritorio pagando cuentas. En ese entonces, pagábamos todas nuestras obligaciones con cheques y el primero que siempre escribía era el de nuestro diezmo. Ese día, después de escribirlo, lo dejé a un lado y continué escribiendo otros cheques para nuestras otros pagos. Josh tenía la edad suficiente para leer y comprender los números, así que cuando vio la suma que escribí en el cheque, dijo: "¡Guau! Esa es una gran cantidad de dinero, papá. ¿Por qué damos tanto a la iglesia?".

Lo senté en mi regazo y le dije: "Hijo, te voy a decir algo que nunca te he dicho. Tu papá no siempre fue cristiano. De hecho, antes de conocer a Jesús a los diecinueve años, mi vida era un desastre total. Pero Dios me salvó, me liberó y me bendijo. Así que con mucho gusto siempre le daré a Dios el primero de todos mis ingresos, no por deber ni compulsión, sino por gratitud".

Diezmar no se trata solo de asegurarse de que usted no está bajo una maldición ni tiene que ver con que avance en su destino.

También se trata de gratitud y de mostrarle a Dios que él tiene el primer lugar en su corazón.

Así que deje que Dios sea el primero, este es el primer principio de la prueba de la prosperidad. José entendió ese principio y puso a Dios primero en cada área de su vida.

También hay otros principios financieros importantes que fueron esenciales para su éxito como gobernante y la gestión realizada con el suministro de alimentos del mundo durante los años de hambruna. Por supuesto, José entendió el principio más importante: permitió que Dios fuera primero en toda su vida. Pero también entendió la importancia de algo más que todos nosotros haríamos bien en entender: *aprender a esperar*.

Vienen cosas buenas

Durante esos siete años de abundancia, José hizo que los egipcios almacenaran, almacenaran y almacenaran. Se hicieron expertos en almacenamiento. Estoy seguro de que, después de un tiempo, algunas personas probablemente dijeron: "¡Ya tenemos suficiente grano almacenado! ¿Por qué no podemos usar un poco en vez de almacenarlo?". Y José, seguramente, respondió: "No. Ustedes no entienden. Si no lo almacenamos ahora, no lo tendrán después cuando lo necesiten".

José entendió la importancia de esperar. Los egipcios pudieron haber usado todo ese grano extra de una vez, o pudieron haberlo vendido y hacerse ricos de la noche a la mañana. Pero habrían padecido hambre más adelante, durante la hambruna.

¿Sabía usted que la Biblia dice que no es bueno hacerse rico muy rápidamente? Proverbios 28:20 dice: "El hombre fiel abundará en bendiciones, pero el que se apresura a enriquecerse no quedará sin castigo". Así que, según la Biblia, las tácticas de *hágase rico ya* de estos tiempos son malas para usted; y si se involucra en ellas, ¡será castigado! En otras palabras, si usted trata de hacerse rico rápido, ¡puede esperar que haya problemas!

Por favor, entienda este hecho sencillo: Si suena muy bueno para ser cierto, ¡probablemente no lo es!

Me sorprende cómo tanta gente se involucra en esos trucos. Esto no tiene la intención de hacerle sentir mal si le han atraído a un plan o le han estafado. Sé lo tentadoras que se ven algunas de esas ofertas, especialmente si tiene dificultades financieras. A lo largo de los años, he tenido personas que quieren que me involucre en esas empresas, pero he aprendido que la razón por la que quieren que me involucre es porque ven el don de Dios en mi vida. Piensan que, de alguna manera, pueden enriquecerse usando ese don, uno que Dios me ha dado para que pueda ayudar a las personas y llevarlas a él.

Así que hace mucho tiempo tomé la firme decisión de que no voy a involucrarme en ninguna empresa que genere dinero rápido. Muchas de esas empresas parecen legítimas y algunas realmente lo son. Pero la mayoría nunca son tan lucrativos como dicen, algunas son estafas absolutas.

Me entristece ver que casi todas esas empresas persiguen a la iglesia como objetivo comercial. Muchos hacen esto porque la comunidad unida dentro de la congregación la convierte en un gran lugar para establecer contactos. La gente de la iglesia es un objetivo preferido, así que tenga cuidado con los atajos en busca de la riqueza. Su mejor salvaguarda, y esto no debería sorprenderle, es la Palabra de Dios. De hecho, en lo referente a la riqueza, la Biblia nos enseña a *esperar*. Nos enseña a ser *fieles y buenos mayordomos*.

La razón por la que la mayoría de las personas tratan de hacerse ricas rápidamente es porque no están dispuestas a vivir financieramente como deberían. No desean esperar ni ser pacientes. ¡Quieren tener lo que desean y al instante! Deberían aprender a ahorrar dinero y a vivir por debajo de sus posibilidades, pero no les gusta esa idea, así que recurren a los atajos.

Debemos aprender a esperar. En cuanto a las compras, tenemos que ser pacientes. Sé muy bien lo tentador que es hacer clic en "Comprar ahora" y que lo tenga en su casa dos días después. Pero es aconsejable alejarse de una posible compra y pensarlo por un tiempo. Debemos mirar nuestro presupuesto y preguntarle a Dios si esa es su voluntad en ese momento. Vivimos en una sociedad de gratificación instantánea, y es demasiado fácil caer en el patrón de comprar lo que nos guste al instante, sin tener paciencia ni buscar el consejo de Dios al respecto. (¡Recuerde mi historia del capítulo 2 sobre la Suburban!)

Esto es algo que creo que es muy importante que las parejas casadas entiendan si van a pasar la prueba de la prosperidad. Los esposos y las esposas deben darse cuenta de que a veces se presionan mutuamente para comprar cosas que, en realidad, no pueden pagar. Las esposas presionan a sus esposos y viceversa para que compren cosas que son simplemente imprudentes en ese momento de sus vidas. A veces la razón es la codicia o el egoísmo, y a menudo es el orgullo. Quieren tener cosas caras como las que tienen otras parejas, y sienten la necesidad de "mantenerse al día con los Kennedy". Pero esto solo es orgullo. Orgullo que puede llevar a problemas financieros si no se reconoce y se trata en consecuencia.

¿Puede pagarlo?

Gracias a Dios, hay una manera muy sencilla de disipar ese tipo de conflicto. Usted puede evitar que la presión domine sus decisiones financieras con solo un presupuesto.

José entendió los principios de Dios sobre administración financiera, y ¡tenía su presupuesto! José dijo:

> Haga esto Faraón, y ponga gobernadores sobre el país, y quinte la tierra de Egipto en los siete años de la abundancia. Y junten toda la provisión de estos buenos años que vienen, y recojan el trigo bajo la mano de Faraón para mantenimiento de las ciudades; y guárdenlo (Génesis 41:34-35 RVR1960).

José no solo dijo vagamente: "Bueno, yo creo que sería una buena idea que ahorremos un poco de grano durante los días de abundancia. Sí, tal vez deberíamos pensar en hacer eso". No. José tenía un *plan* previsto y ese plan incluía cantidades muy *específicas*: un quinto (veinte por ciento), para ser exacto. Sabía que para pasar siete años de hambre, tenían que estar preparados. El plan de José también incluía que se *rindiera cuentas* a través de los oficiales de Faraón.

El plan de José fue tan bueno que no solo alimentó a Egipto y su familia, sino que también sustentó al mundo entero durante los siete años de hambre. Otras naciones llegaron a Egipto para comprar alimentos, y José extendió el imperio intercambiando tierras a cambio de granos que salvaban vidas.

Ahora bien, es posible que su presupuesto planificado no lo ayude a alimentar al mundo, pero sí a definir *límites* específicos para sus gastos y a que usted y su cónyuge sean *responsables* de esos límites. Es difícil decirle que no a su cónyuge cuando quiere algo. Entiendo eso. Pero ambos pueden mantener las emociones fuera de sus discusiones financieras si simplemente hacen un presupuesto y se apegan a él. Es posible que su cónyuge se acerque a usted y le diga: "¿Podemos comprar una casa más grande? ¿Puedo comprar un coche nuevo? ¿Puedo tener esto o tener aquello?". Y hay una respuesta correcta y pacífica que dice así: "Me encantaría verte con eso, pero veamos qué dice el presupuesto".

Luego observa el presupuesto y dice: "Oh, lo siento. Supongo que el señor Presupuesto dice: 'No'. Con mucho gusto te lo compraría si se ajusta al presupuesto. Pero el Sr. Presupuesto dice 'No'". Cuando deja que el presupuesto (o el Sr. Presupuesto, como me gusta llamarlo) tome la decisión, tendrá una discusión mucho más pacífica, ¡y una vida financiera mucho menos agobiante!

Poco después de compartir este principio un fin de semana en la iglesia, una mujer me dijo que ella y su esposo decidieron tomar en serio su presupuesto. Tenían una gran deuda en la escuela y querían pagarla. Así que hicieron un presupuesto estricto y comenzaron a usar a "Señor Presupuesto" con sus hijos. Decidieron que irían a McDonald's una vez a la semana a comer un bocadillo. Cierto día, su hija de cuatro años preguntó: "Mamá, ¿podemos ir a McDonald's dos veces esta semana?".

La madre respondió: "Cariño, me encantaría llevarte a McDonald's dos veces esta semana, pero el señor Presupuesto dice 'no'".

Un poco más tarde, la mamá escuchó al niño de cuatro años murmurar: "¡Detesto al señor Presupuesto!".

¡Todos detestamos al señor Presupuesto a veces! Pero le garantizo que eliminará el noventa por ciento del estrés si controla esa área. Sin un presupuesto, es difícil saber a dónde va su dinero o incluso cuánto dinero entra y sale. De modo que, si no tiene un presupuesto, no podrá tener éxito financiero. No va a poder planificar su futuro financiero tampoco.

Algunas personas me han preguntado: "¿Cree que deberíamos comprar esta nueva casa?". Antes de plantear la pregunta, deben entender que la decisión de comprar una casa no es asunto de pensar. No es una cuestión de sentimiento. ¡Es un tema de números! Por lo general, no es realmente mi consejo lo que quieren, sino mi bendición o mi respaldo a su decisión.

Yo no sé cuáles son sus ingresos. No sé cuáles son sus gastos. Ni siquiera daré una opinión hasta que haya hecho al menos una pregunta muy importante: "¿Pueden pagarlo?". Y con demasiada frecuencia, la respuesta que recibo es algo como lo siguiente: "Bueno, *sentimos* que podemos".

Usted no puede pagar su hipoteca con sentimientos. ¡Se necesita dinero! La gestión financiera no se trata de opiniones. Se trata de matemáticas. También se trata de estar alineado con el Señor y administrar bien sus recursos. Es posible que llegue a un punto en que pueda comprar casi cualquier cosa que desee. Usted podría ser bendecido financieramente, pero eso no significa que deba comprar lo que quiera. La pregunta "Dios, ¿es esta tu voluntad?" siempre es importante.

Tener un presupuesto es un paso práctico en la dirección correcta. Ayuda a tomar decisiones aparentemente difíciles de una forma bastante simple.

Primero, calcule todos sus gastos y los compara con sus ingresos. Usted aparta su diezmo y determina cuánto quiere dar en ofrendas. Luego reste sus impuestos, seguros, facturas, comida, ropa, etc. Al final, llega a una cifra que queda para la hipoteca, cifra que le dirá si puede comprar la casa o no. ¡Es así de simple! (Y si eso no suena simple, hay muchas aplicaciones y recursos en línea a su disposición).

Cambie de vida: ¡Haga un presupuesto!

En verdad, hay más razones para hacer un presupuesto de las que puedo enumerar aquí, pero quiero mencionar siete por las que es importante y valioso que haga el suyo. Si implementa el principio de presupuestación, cambiará su vida de las siguientes maneras:

1. *Le ayuda a ver las cosas con mayor claridad y objetividad.* El presupuesto le pone número a todo, lo que le ayuda a ver los asuntos financieros de manera más clara y objetiva. Las preguntas sobre finanzas se reducen a la simple comparación entre ingresos y gastos. Esto le ayuda a mantener las emociones fuera de escena y a diferenciar entre la realidad y los sentimientos. Sin un presupuesto, muchas personas no tienen idea de cuáles son sus ingresos y gastos mensuales reales. Pero si pone todos los números, verá su situación financiera muy claramente. El presupuesto le muestra en blanco y negro, exactamente, lo que puede y no puede pagar. Hace años, teníamos que hacer todo eso en papel, pero ahora hay excelentes programas de computadora y aplicaciones de presupuesto que pueden filtrar y organizar sus finanzas. Puede que tenga que averiguar cuál le gusta más, pero muchos son muy fáciles de usar y útiles para visualizar a dónde va su dinero.

2. *Le hace examinar y clarificar sus valores y prioridades.* Cuando necesita tomar decisiones sobre cómo gastar sus ingresos, se

ve obligado a analizar qué es lo más importante para usted. ¿Cuánto valora la ropa costosa versus ahorrar o regalar? ¿Cuánto aprecia tener cierto tipo de automóvil en comparación con enviar a sus hijos a la universidad? ¿Cuál es la prioridad más alta? ¿Cuánto valora permitir que sus hijos usen frenillos dentales y tener que manejar un auto viejo en comparación con comprar uno nuevo? El presupuesto le ayuda a aclarar las respuestas a esas preguntas. Le ayuda a considerar las necesidades frente a los deseos, el ahora frente al más adelante, y lo importante frente a lo irrelevante.

3. *Le proporciona una base de discusión y acuerdo.* La herramienta más poderosa que tiene en el matrimonio es la unidad, sin embargo, pocas parejas casadas están unidas en lo que respecta a sus finanzas. Un presupuesto puede ayudarle a encontrar un punto de unidad porque brinda la oportunidad de escuchar, hablar, orar y oír los anhelos del otro. Cuando usted habla y ora sobre su presupuesto, tiene una base para encontrar un punto de acuerdo en cuanto a sus finanzas. El acuerdo es la herramienta más poderosa en el matrimonio, mientras que la lucha y la división son mortales.

4. *Promueve la responsabilidad.* El señor Presupuesto le ayuda a evitar que gaste de más porque ya ha decidido cómo se empleará el dinero. El señor Presupuesto puede decir "no" a una compra impulsiva y brindar responsabilidad, lo que ayuda a mantener sus finanzas encaminadas. Cuando ya haya decidido no gastar fuera de su presupuesto, el señor Presupuesto le dirá si puede o no comprar algo.

5. *Le ayuda a vivir dentro de sus posibilidades.* El presupuesto proporciona números claros e imparciales, permitiéndole saber cuáles son sus ingresos reales y qué debe hacer para no gastar más de lo que gana. De esa manera, el presupuesto le ayuda a vivir en una tierra llamada "Realidad" en vez de las tierras "Fantasía" o "Negación". En otras palabras, el

presupuesto le ayuda a vivir dentro de sus posibilidades. Muchas personas viven con un estrés innecesario porque tontamente han asumido obligaciones financieras que son mayores que sus ingresos reales. El presupuesto ayuda revelando el estilo de vida que sus ingresos pueden respaldar de manera real. Muchas personas podrían minimizar en gran medida el estrés en sus vidas si simplemente redujeran su estilo de vida para adaptarse a sus ingresos.

6. *Le ayuda a vivir sin deudas.* Dios lo creó para que se beneficiara de la paciencia. Le conectó para disfrutar con ganas de cosas. Lo preparó para algo llamado esperanza. ¿Sabe lo que hace la deuda? Le roba la oportunidad de tener esperanza. Cuando usted pide prestado cada vez que quiere algo, ya no tiene que esperarlo; simplemente lo pone en la tarjeta de crédito. Es por eso que las personas que están endeudadas son las más desanimadas del mundo. No saben aprovechar la gratificación demorada, lo que les roba el gozo y la felicidad que vienen cuando una esperanza se hace realidad. Si solo saca la tarjeta de crédito cada vez que algo le llama la atención, vivirá en un desánimo continuo. Ese desánimo puede iniciar un ciclo de endeudamiento en el que quiera comprar algo cada vez que se sienta desanimado. Luego aumenta la deuda, lo que crea más desánimo, y el ciclo continúa. Tal vez sepa exactamente de lo que estoy hablando. Cuando se siente un poco deprimido, solo quiere comprar algo para crear esa oleada de emoción de corta duración. Es seductoramente fácil adquirir el hábito de comprar cosas sin esperanza.

7. *Forja carácter y disciplina en su vida.* El presupuesto muestra un conjunto de números y le pide que viva dentro de ellos. ¿Mantendrá el compromiso que hizo con Dios y su cónyuge cuando oró y estableció ese presupuesto? ¿O se retractará de su palabra cuando esté bajo presión y la tentación de gastar le conmine? Cumplir con un presupuesto es como cumplir

con cualquier otro compromiso. Se necesita carácter. Se necesita disciplina. Cualidades vitales que usted debe tener si va a cumplir el destino de Dios para su vida.

Quiero enfatizar esta declaración puesto que es muy importante: *nunca cumplirá el destino espiritual que Dios tiene para su vida si no puede pasar la prueba de la prosperidad.* Si no puede manejar el dinero correctamente y de acuerdo con los principios bíblicos, ¿cómo podrá gestionar los otros asuntos que son importantes para su destino?

Como con todo lo demás que Dios le ha dado como mayordomo, él está viendo si manejará el dinero sabiamente. Tener un presupuesto es un primer paso para asumir la responsabilidad de su dinero y mostrarle a Dios que será fiel con las cosas que ha puesto a su cuidado.

José tenía un presupuesto. Y lo desarrolló tan bien que después de siete años de ahorros, alimentó al mundo entero durante siete años de hambruna. ¡Ese es el estilo presupuestario de Dios! Y una forma en que José lo hizo fue viviendo con menos de la cantidad que realmente ingresaba; eso se llama "vivir por debajo de sus posibilidades".

Viva por debajo de sus posibilidades

La mayoría de las personas creen que entienden lo que es vivir por debajo de sus posibilidades; pero no es así. Gastar del noventa al noventa y cinco por ciento de su ingreso no es vivir por debajo de sus posibilidades.

Vivir de esta forma, en verdad, requiere hacerlo con aproximadamente el setenta por ciento del ingreso. Solo súmelo y verá lo que quiero decir: Si usted diezma el diez por ciento, asigna un diez por ciento a ahorros, coloca otro diez por ciento en su cuenta de retiro o en otras inversiones, y da algo en ofrendas por encima de sus diezmos, estará viviendo con el sesenta o setenta por ciento de su ingreso, si acaso. Por eso, en vez de vivir por debajo de sus posibilidades, mucha gente vive por encima de ellas.

Muchos otros no tienen el ingreso para sostener el estilo de vida que llevan y la razón por la que viven de esa manera es el orgullo. Ellos quieren manejar el mismo tipo de carros que sus amigos y vivir en el mismo tipo de casas o apartamentos en que viven sus allegados. Sin embargo, no ganan lo suficiente, en este momento, como para hacer eso; así que se meten en todo tipo de dificultades financieras.

Cuando Debbie y yo nos casamos hace más de cuarenta años, compré una casa prefabricada usada. Bueno, para ser sincero, era una casa móvil. Con solo cuarenta y seis metros cuadrados. En verano, teníamos que poner papel de aluminio en todas las ventanas para que la temperatura interior bajara a treinta grados centígrados.

Teníamos algunos amigos que vivían en unos apartamentos nuevos muy cómodos. Eran hermosos y tenían aire acondicionado; no necesitaban poner papel de aluminio en sus ventanas para mantenerse frescos. Una noche, después de visitar a una de esas parejas en su apartamento, Debbie me dijo: "Realmente no me preocupa dónde vivamos, pero no me importaría vivir en uno de esos apartamentos".

Y le dije: "Cariño, si te quedas conmigo, viviremos en unas casas muy bonitas. Pero, por ahora, no podemos hacer eso. No es sensato. Y, sinceramente, es posible que a nuestros amigos no les quede nada después de terminar su contrato de arrendamiento de un año".

Compré la casa móvil por $6.000 y un año después la vendí por $7.000. Luego vivimos con una viuda durante seis meses mientras ahorrábamos para nuestra primera casa. Desde entonces hemos vivido cómodamente, pero ese podría no haber sido el caso si hubiéramos tratado de vivir como nuestros amigos. Sin embargo, vivíamos constantemente por debajo de nuestras posibilidades, por frustrante o desagradable que fuera a veces, pero cosechamos los beneficios.

Dios nunca tuvo la intención de que nuestras decisiones financieras las dictaran lo que otra gente manejara o vistiera. De hecho, nos dice muy claramente la actitud que él desea que tengamos hacia nuestro dinero y nuestro estilo de vida.

Pero gran ganancia es la piedad acompañada de contentamiento; porque nada hemos traído a este mundo, y sin duda nada podremos sacar. Así que, teniendo sustento y abrigo, estemos contentos con esto. Porque los que quieren enriquecerse caen en tentación y lazo, y en muchas codicias necias y dañosas, que hunden a los hombres en destrucción y perdición; porque raíz de todos los males es el amor al dinero, el cual codiciando algunos, se extraviaron de la fe, y fueron traspasados de muchos dolores (1 Timoteo 6:6-10).

Dios dice que si tenemos comida y ropa, con eso estemos contentos. No dice que debemos estar contentos con esas cosas si vivimos en India, África o Haití. La Biblia no presenta un parámetro diferente para aquellos que viven en Estados Unidos. No. Sencillamente dice que los creyentes debemos *estar contentos* con esas cosas. No se trata de un asunto cultural, ¡se trata de la Biblia! Mientras tengamos comida y ropa, ¡debemos estar contentos!

El amor al dinero y el deseo de ser ricos le dirán que no debe contentarse solo con comida y ropa. La codicia le dirá que para que pueda estar contento tiene que tener más. Le dirá que usted nunca podrá ser feliz a menos que compre "esto" o tenga "aquello". La codicia nunca está satisfecha, por eso este versículo de la Escritura dice que aquellos que codician "caen en tentación y lazo", y que se torturan con "muchos dolores".

Eclesiastés 5:10 dice: "El que ama el dinero no se saciará de dinero, y el que ama la abundancia no se saciará de ganancias".

La codicia le empujará a comprar cosas que realmente no necesita. Debido a eso, muchos estadounidenses se ponen a sí mismos bajo la esclavitud de la deuda, por lo que terminan con úlceras y otros problemas de salud provocados por el estrés financiero. ¡Pero Dios nunca tuvo la intención de que viviéramos de esa manera! Dios no quiere que vivamos endeudados, continuamente estresados por nuestras finanzas. Dios quiere que estemos contentos. Como creyentes deberíamos andar más contentos que nadie. Deberíamos estar contentos con la provisión de Dios. La piedad verdadera trae consigo contentamiento, pero la codicia se lo robará y le empujará a vivir por encima de sus posibilidades.

La piedad verdadera trae consigo contentamiento.

Cuando usted vive por encima de sus posibilidades, está haciendo una declaración ante Dios. Le dice: "Dios, no estoy contento con tu provisión; por lo tanto, no estoy contento contigo. Sé que has dicho que tienes ciertas formas para hacer las cosas; pero no estoy dispuesto a esperar a que obres en mi vida. No estoy dispuesto a esperar por las cosas que quiero. ¡Tengo que tenerlas ya! Así que voy a encontrar una manera de obtener más sin ti".

¿Cree usted que Dios va a bendecir a una persona así? Cuando Dios mira hacia la tierra y ve a un individuo egoísta, codicioso, que está violando sus principios bíblicos, ¿cree que dirá: "Le voy a dar más"? No. Un elemento como ese podría terminar recibiendo más, pero por medio de más trabajo, no por la bendición de Dios.

No se equivoque con eso: Dios *quiere* darnos más. Él quiere bendecirnos y darnos los deseos de nuestro corazón. Pero al igual que con todo lo demás, para poder tener las bendiciones de Dios, tenemos que estar dispuestos a hacer las cosas a su manera y guiarnos por sus principios.

Escribí el libro *Más allá de toda bendición* precisamente por esta razón. En *Una vida de bendición*, me enfoqué principalmente en vivir la verdad bíblica de la generosidad y cómo comenzar a dar de manera extravagante.

Sin embargo, a lo largo de los años, me encontré con muchos creyentes que no administraban bien sus finanzas. Algunas personas realmente no sabían nada mejor, lo entiendo. Pero, ¿cómo puede usted ser generoso si no le queda nada que dar? La verdad es que la vida de bendición camina sobre dos piernas: la generosidad y la mayordomía. Así que escribí *Más allá de toda bendición* con el fin de darle a la gente principios útiles y bíblicos para hacer un presupuesto, ahorrar y administrar.

Siento una tremenda carga y es que la gente entienda que tener una vida de bendición no solo tiene que ver con ser generoso; también se trata de la mayordomía y la importancia de administrar sus finanzas de acuerdo a los principios bíblicos. Creo que una vez que las personas se vuelven mejores administradores y ponen en orden sus finanzas, es más probable que se liberen de los malos hábitos financieros y patrones de endeudamiento. ¡Entender estos principios bíblicos lo cambia *todo*!

En verdad que me molesta cuando veo creyentes con problemas financieros y luego culpan a Dios de su situación. Algunos hasta llegan a un punto tal que se desaniman y no creen que Dios quiere bendecirlos. Culpan a Dios, como si él les estuviera quedando mal y, sin embargo, la razón por la que están en problemas financieros es porque violaron los principios bíblicos con su gasto desmedido.

No están contentos, como Dios lo ordena; así que viven por encima de sus posibilidades. Entonces terminan pidiendo dinero prestado que no deberían pedir, solo para sostener un estilo de vida que no deben llevar. Debido a su propia y pobre administración financiera, terminan en problemas y, luego, se preguntan por qué Dios no parece bendecirlos en la manera que ellos piensan que debería hacerlo. Culpan a Dios por no cumplir. Pero sus problemas financieros son culpa de ellos, no de Dios. Han caído presa del *engaño* de las riquezas.

No se engañe

Sí, en realidad, las riquezas pueden ser engañosas. En Primera Timoteo 6:9-10 dice que las riquezas pueden hacer que la gente caiga en lazo y se desvíe de la fe. Jesús lo dijo así:

Otros son como lo sembrado entre espinos: oyen la palabra, pero las preocupaciones de esta vida, el engaño de las riquezas y muchos otros malos deseos entran hasta ahogar la palabra, de modo que esta no llega a dar fruto (Marcos 4:18-19).

Usted puede ir a la iglesia y escuchar la Palabra. Puede leer su Biblia, escuchar *podcasts* y ver predicadores en la televisión, pero si no tiene cuidado, el engaño de las riquezas puede *ahogar la Palabra de Dios* que ha sido plantada en su corazón al punto que esa Palabra no dé fruto. Es decir, el engaño de las riquezas puede impedir que la Palabra de Dios produzca buenos frutos en su vida como Dios lo ideó.

¡El engaño de las riquezas incluso ha hecho que algunas personas se desvíen de su fe! Pablo dice: "Algunos se extraviaron de la fe en su avaricia, y fueron traspasados de muchos dolores" (1 Timoteo 6:10). Hay gente que ha dejado a sus familias por dinero. Algunos hasta han abandonado la iglesia por causa del dinero.

He conocido personas que han tratado de asistir a la iglesia y donar porque piensan que, al hacer eso, automáticamente recibirán una bendición financiera. Cuando eso no les da resultado, simplemente abandonan la iglesia y se van a otro lugar. Escucharon a alguien predicar sobre las bendiciones que provienen de dar y decidieron intentarlo, pero el motivo de su ofrenda no tenía nada que ver con buscar el corazón de Dios. ¡Su motivo era hacerse rico! ¿Cree usted que la bendición de Dios se derramará sobre ese tipo de ofrendas?

¿Sabe por qué las riquezas son engañosas? Porque el enemigo inventó la seductora mentira de que el dinero da felicidad. La riqueza promete alegría, seguridad, identidad y popularidad. Sí, el dinero es útil y necesario, pero Dios es el único que puede darle lo que usted realmente anhela. Y Dios dice que si tenemos comida y vestido, si nuestras necesidades físicas básicas están satisfechas, debemos estar contentos (vea 1 Timoteo 6:8). Pero si no tenemos cuidado, las riquezas pueden engañarnos.

Me entristece decir que, como pastor, soy testigo de esto habitualmente. Por más de cuarenta años, he estado asesorando a personas con sus finanzas; sin embargo, todavía me sorprende escuchar los problemas en los que se meten algunos creyentes. Vienen a la iglesia todas las semanas y (supuestamente) leen la Biblia todos los días. Sin embargo, no aplican los preceptos más básicos de la Palabra de Dios a sus decisiones financieras. ¡Ni siquiera aplica el sentido común!

Si usted considera que eso suena un poco rudo, permítame darle solo un ejemplo. Cuando recibimos solicitudes para ayuda financiera, con mucha frecuencia es para ayudar a alguien con el pago de su auto. Una vez nuestro personal estaba ministrando a una pareja que quería que nosotros hiciéramos los pagos de sus carros. De manera que les preguntamos:

—Bueno, ¿cuánto pagan por los carros?

—Uno es por 600 dólares y el otro 500 —respondieron.

—Mmmm. Eso suma 1.100 dólares al mes solo en el pago de vehículos, ¿verdad? —dijimos—. Y ¿cuánto es su ingreso mensual?

—Tres 3.300 al mes.

—¿De manera que 1.100 dólares de sus 3,300 dólares de ingreso mensual van al pago de los carros?

Por favor comprenda: ¡usted, sencillamente, no puede hacer eso! Yo no sé cómo llegaron a pensar que podían pagar esa cantidad por carros y con ese ingreso mensual, los números sencillamente no cuadran. Esto no es ciencia espacial, ni siquiera una profunda revelación espiritual; ¡esto es sentido común!

Me sorprende la profundidad de la deuda en la que muchas parejas jóvenes están hoy. Algunas personas no saben nada mejor porque no se les enseñó cómo hacer un presupuesto o ser buenos administradores financieros. Pero creo que la razón por la que la mayoría de la gente está bajo una abrumadora carga de deuda tiene que ver con los autos caros que conducen, la ropa de moda que usan, la última tecnología que compran y los apartamentos caros (¡ni siquiera las casas!) que alquilan. Ellos, en realidad, no tienen el ingreso para vivir de esa forma; pero el orgullo, el amor al dinero y la necesidad de gratificación instantánea no les permiten escoger un carro o un apartamento que encaje en su realidad financiera.

Sé que mis palabras son fuertes, pero para mí es importante decir la verdad, aunque a algunos no les guste.

¿Qué pasó con conducir un automóvil económico y confiable? ¿Qué pasó con comprar un automóvil de dos o tres años que ya ha tenido la mayor caída en la depreciación, cuidarlo y conducirlo hasta que ya no funcione? Estos son principios de sabiduría que podemos seguir para ayudarnos a vivir por debajo de nuestras posibilidades. ¡José comprendía estos principios y los utilizó al ahorrar durante los años de abundancia!

Si usted gana suficiente dinero para manejar autos caros y vivir en una casa costosa, está bien. Pero si no tiene ese tipo de ingreso, no compre esos vehículos caros, ni viva en esas casas costosísimas. ¡No viva por encima de sus posibilidades!

Mientras estoy dando ejemplos de vivir por encima de sus posibilidades, permítame contarle algo que veo con demasiada frecuencia, y admito que me preocupa. Veo gente gastando cinco dólares en una taza de café, y se toman dos tazas de ese café carísimo ¡todos los días! Cinco dólares pueden no parecer mucho una vez, pero la gente no se da cuenta de cuánto suman las pequeñas cosas. Ahora bien, si vive con el sesenta o setenta por ciento de sus ingresos y todavía tiene suficiente dinero extra para pagar eso, siga adelante y gaste diez dólares al día en café. Pero si está viviendo con una deuda de tarjeta de crédito, es absolutamente irracional gastar cinco dólares ¡en una taza de café! ¡No me importa cuántos de sus amigos estén allí sentados en esa cafetería famosa! Si su presupuesto no tiene espacio para ir allí con regularidad, entonces ¡deje de ir!

He visto personas que se quedan un poco sorprendidas y paralizadas porque he sugerido tal sacrificio. Pero así es como se vive por debajo de sus posibilidades y se ahorra mientras se invierte en su futuro.

José comprendió los principios de presupuestar y ahorrar para el futuro. Y, debido a que era un administrador tan sabio de las cosas materiales, Dios lo puso a cargo de suplir alimentos para millones de personas. Ser fiel en el área del dinero era fundamental para que José entrara en su destino. Y es igualmente fundamental para usted. Jesús dijo que si éramos fieles en lo poco, nos pondría sobre mucho (vea Lucas 16:10). Si no podemos administrar fielmente las finanzas con las que Dios nos ha bendecido, ¿cómo podemos esperar administrar el destino que él nos ha prometido?

Lucas 16:11 (RVR1960) es muy claro: "Por tanto, si no habéis sido fieles en el uso de las riquezas injustas, ¿quién os confiará las riquezas verdaderas?". Esto resume verdaderamente la prueba de la prosperidad. Nuestros destinos tienen que ver con manejar las verdaderas riquezas del reino. Es como que Jesús estuviera diciendo: "Si ustedes no pueden manejar el dinero, ¿cómo podrán manejar su destino espiritual?".

Es posible que se sienta redargüido después de leer esto. Sé que mucha gente ha estado viviendo por encima de sus posibilidades durante años y que, virtualmente, eso se ha convertido en un estilo de vida. Si así es, quiero pedirle que permita que el Espíritu Santo obre en su corazón. Permita que los principios que acaba de leer cambien su manera de pensar sobre las finanzas y que transformen su forma de vivir.

Este mensaje puede cambiar su vida si usted obedece y decide hacer algo al respecto. Si toma la decisión de vivir por debajo de sus posibilidades, aun si tiene que disminuir su estilo de vida por un tiempo, dentro de diez años usted estará más que agradecido.

Amo a la gente, mi corazón siente carga cuando veo las dificultades financieras en las que viven muchos hijos de Dios, especialmente la generación más joven. Me rompe el corazón cuando veo los lugares donde viven, los vehículos que manejan y la ropa que usan, porque sé que la mayoría de ellos, al hacerlo, incrementan su deuda. Están cavando un hoyo para sí mismos del que podrían tardar años en salir.

No estoy tratando de condenar a nadie con esta enseñanza, pero oro que cuando el Espíritu Santo le redarguya, ayude a que aquellos que están en esa situación se arrepientan. Oro para que ellos cambien su manera de vivir, que ellos cambien de manera de pensar acerca de la forma en que administran su dinero, porque esto es muy importante para su destino en Dios.

Cada uno de nosotros tiene un destino espiritual que Dios ha planeado para nuestras vidas. Pero existen aquellos que no alcanzarán su destino si no ponen sus finanzas bajo control. Insisto en que puede parecer una declaración fuerte, pero es verdad. La deuda y la presión financiera pueden mantener a los creyentes esclavizados e impedirles que hagan lo que Dios les ha llamado a hacer. Algunas personas ya han perdido las oportunidades para hacer grandes cosas para el reino de Dios debido a sus pobres decisiones financieras. Algunos hasta han perdido la oportunidad de recibir el deseo de su corazón debido a que su pobre administración financiera ha perturbado su camino.

Sin embargo, la intención de Dios nunca fue que nos perdiéramos el realizar los sueños que él nos dio. Y Dios nos dará todo lo que necesitamos para cumplir el destino al que él nos ha llamado. La pregunta es: *¿Qué haremos con las cosas que él nos ha dado?*

Permita que Dios sea el primero en sus finanzas. Hónrelo con las primicias de sus frutos. Haga un presupuesto, viva por debajo de sus posibilidades y aprenda a esperar por las cosas buenas que Dios ha prometido. Cuando usted haya sido hallado fiel en el manejo del dinero, pasará la prueba de la prosperidad. Luego, Dios podrá promoverle, justo como lo hizo con José, y usarle como un canal para distribuir su riqueza y sus recursos a un mundo lastimado y desamparado.

Y alcanzar a un mundo lastimado es lo primero en la mente de Dios cuando sueña con su destino. Así que ¡camine en él!

CAPÍTULO NUEVE

La prueba del perdón

¿Cómo sería escapar, por poco, de ser asesinado por sus propios hermanos, solo para que lo vendan como siervo a una vida de esclavitud y degradación? Mientras José caminaba penosamente a través del desierto hacia Egipto, la arena caliente probablemente le molestaba los ojos, las cuerdas cortaban su tierna piel y la crueldad de los comerciantes que lo compraron debe haber parecido poco comparado con la brutalidad y la traición que había experimentado en manos de sus propios hermanos.

¿Qué estaba pasando por la mente de José mientras hacía ese largo y doloroso viaje a Egipto? ¿Mientras estaba en la subasta y fue vendido al mejor postor? ¿Mientras servía en la casa de Potifar como esclavo? Y, finalmente, cuando se convirtió en esposo y en padre, lejos de la familia que había amado, estando solo en una tierra pagana, todo por causa del pecado y el odio de sus hermanos?

¿Tenía José razones válidas para sentirse traicionado y maltratado? Lo más seguro es que sí. Lo que le hicieron a José no fue un accidente ni algún tipo de malentendido. Fue traición.

La prueba del perdón: olvidar los daños

El sufrimiento que José soportó ocurrió debido a la crueldad y la malicia deliberadas de otros. Así que José, con toda seguridad, tenía razón para estar herido, enojado y querer que se hiciera justicia. José pudo haber pasado esos largos años consumido por la amargura. Pudo haber pasado noches interminables repasando en su mente, una y otra vez, el horror de lo que le habían hecho. Sin embargo, no hizo eso. *José tomó la decisión de perdonar.*

¿Cómo lo sabemos? La respuesta es muy sencilla. Sabemos que José decidió perdonar porque se nos dice que "el Señor estaba con José, y fue varón próspero ... todo lo que él hacía, Jehová lo hacía prosperar en su mano" (Génesis 39:2-3). Si José hubiera andado sin perdonar, la bendición y la presencia de Dios no habrían estado con él, y eso le habría impedido entrar en el destino que Dios le había preparado todo el tiempo.

Esta es la prueba del perdón, y cada uno de nosotros tendrá que enfrentar esta prueba y pasarla. Al igual que José, cada uno de nosotros tendrá que tratar con relaciones dolorosas y comportamiento dañino, hasta malintencionado. Puede ser fácil perdonar cuando la ofensa es menor, pero ¿y qué si es mayor? ¿Cómo, por ejemplo, ser vendido como esclavo por sus hermanos? Sin embargo, José pasó la prueba del perdón exitosamente.

Avancemos en la historia después que la familia de José se reúna con él en Egipto y de que fallezca su padre porque quiero que vean el momento en que él comunica la decisión de perdonar a sus hermanos. Leamos al respecto.

Viendo los hermanos de José que su padre era muerto, dijeron: Quizá nos aborrecerá José, y nos dará el pago de todo el mal que le hicimos. Y enviaron a decir a José: Tu padre mandó antes de su muerte, diciendo: Así diréis a José: Te ruego que perdones ahora la maldad de tus hermanos y su pecado, porque mal te trataron; por tanto, ahora te rogamos que perdones la maldad de los siervos del Dios de tu padre. Y José lloró mientras hablaban. Vinieron también sus hermanos y se postraron delante de él, y dijeron: Henos aquí por siervos tuyos. Y les respondió José: No temáis; ¿acaso estoy yo en lugar de Dios? Vosotros pensasteis mal contra mí, mas Dios lo encaminó a bien, para hacer lo que vemos hoy, para mantener en vida a mucho pueblo. Ahora, pues, no tengáis miedo; yo os sustentaré a vosotros y a vuestros hijos. Así los consoló, y les habló al corazón (Génesis 50:15-21).

La palabra "perdonar" aparece por primera vez en la Biblia en este pasaje. En hebreo, esa expresión significa "absolver" o "liberar por completo". Sin embargo, la mayoría de las veces, ese vocablo no se traduce como "perdonar". Es traducido, con más frecuencia, como "sobrellevar" o "levantar".

Eso me parece interesante porque es, exactamente, lo que el Señor Jesucristo hizo con todos nuestros pecados. Los *sobrellevó*. Él *los levantó quitándolos* de nosotros. Cuando perdonó nuestros pecados, él quitó la carga del pecado de nosotros y la puso sobre sí mismo (vea Isaías 53:6-12). Eso es lo que realmente significa la palabra "perdonar". Quitar la carga de encima de alguien absoluta y totalmente para *liberar* a la persona. No significa quitar solamente una parte de ella o ayudarle a llevarla. Significa levantarla y quitarla por completo.

El mensaje que los hermanos de José decían llevar de parte de su padre, le pedía a José que hiciera justamente eso. Su mensaje suplicaba a José que *quitara* de sus hermanos el pecado que ellos habían cometido contra él. Su mensaje pedía a José que los perdonara completamente; en otras palabras, que los absolviera de culpa y los perdonara.

En verdad me gusta mucho la palabra "perdón", porque cuando usted perdona a alguien, ya no le recrimina nada. Y esa es la forma

246 | Del sueño al destino

en que Dios nos perdona. Cuando Dios nos perdona, ¡ ya no nos recrimina nuestros pecados!

Ahora, piense en esto: *¿Es esa la forma en que usted perdona a los demás?* ¿Los libera, absolviéndolos y perdonándolos, de manera completa y gratuita, tal como Dios lo hace? Eso es perdón verdadero. Para poder entrar en su destino, tiene que perdonar *de la misma manera que Dios le perdona a usted.* Sé que he dicho esto en cuanto a cada prueba, pero si no lo hace ¡nunca cumplirá su destino!

Una popular analogía compara que tener falta de perdón en su corazón es como tomar veneno, con la esperanza de que le haga daño a la otra persona. Pero lo cierto es que el único que sale herido es *usted.* La falta de perdón hará que usted viva en tormento.

Jesús nos describe esto en Mateo 18, donde cuenta la historia de un siervo que se rehusó a perdonar a otro. Esta es una de las enseñanzas más profundas sobre el perdón en la Biblia, por lo que le animo a que lea el pasaje completo. Jesús dice que el amo del siervo que no perdonó "lo entregó a los verdugos hasta que pagara todo lo que le debía" (Mateo 18:34).

Lo que Jesús dijo con esa parábola es que cuando usted se rehúsa a perdonar, será torturado y atormentado. *Usted* estará cautivo hasta que libere a esa persona, no esta persona.

Cuando guardamos la falta de perdón en nuestros corazones, nos duele. Pero también nos impide avanzar hacia nuestro destino. Ahora bien, sé que vivimos en un mundo caído, y podemos tener un millón de razones para no perdonar a los demás. Pero si vamos a entrar en las cosas que Dios ha planeado para nuestras vidas, debemos lidiar con la falta de perdón y dejarla atrás. Debemos aprender a perdonar como Dios nos ha perdonado.

Claves para perdonar: liberar, recibir y creer

Creo que el Espíritu Santo me ha mostrado algunas claves acerca de andar en el perdón de Dios. Para perdonar como Dios lo hizo con nosotros, debemos aprender a liberar, recibir y creer.

Liberar

Perdonar a los demás completamente es liberarlos en su corazón de todas las acusaciones contra ellos. Aunque lo que ellos hayan hecho esté mal, son exonerados. Ya no se les culpa por las cosas que hicieron. El perdón verdadero libera a los malhechores del castigo que merecen. Recuerde, ¡esta es la forma en que Dios nos perdona! Cada uno de nosotros ha pecado contra Dios, por lo que —en consecuencia— cada uno de nosotros merece la separación de Dios. Pero Dios puso nuestros pecados en Jesús y este llevó el castigo por esos pecados. Dios, a su vez, nos liberó del castigo que merecíamos. Ya no nos recrimina nuestros pecados. Y esa es la manera en que él espera que nosotros nos perdonemos los unos a los otros. Cuando perdonamos como Dios perdona, *liberamos* completamente a la otra persona.

José escogió *liberar* a sus hermanos y perdonarlos por completo por todo lo que le habían hecho. José tomó la prueba del perdón y la pasó exitosamente. Él tuvo que escoger entre continuar con Dios o ser consumido por la amargura el resto de su vida, y escogió seguir adelante con la bendición de Dios; creo que lo hizo mucho antes de conversar con sus hermanos.

Detengámonos un momento y hagamos algunos cálculos. José tenía diecisiete años cuando sus hermanos lo traicionaron. Tenía treinta cuando entró en su destino. Luego, hubo siete años de prosperidad y siete de hambre. Volvió a encontrarse con sus hermanos unos dos años después de la hambruna, por lo que tenía treinta y nueve años. Su padre, Jacob, murió veinte años después, por lo que José tenía cincuenta y nueve años en el momento de esa conversación con sus hermanos en Génesis 50. José tenía casi toda una vida para perdonar y seguir adelante. Creo que en verdad los perdonó, porque ya había cumplido mucho de su destino a los cincuenta y nueve años, y era la única forma en que pudo haber tenido una actitud tan magnánima durante ese encuentro. La Biblia incluso dice que "los consoló, y les habló al corazón" (Génesis 50:21).

Ahora, permítame mostrarle algo interesante acerca de esta historia. Después que su padre Jacob murió, los hermanos de José le enviaron mensajeros, diciendo:

Antes de morir tu padre, dejó estas instrucciones: "Díganle a José que perdone, por favor, la terrible maldad y el pecado que sus hermanos cometieron contra él". Así que, por favor, perdona la maldad de los siervos del Dios de tu padre. Cuando José escuchó estas palabras, se echó a llorar (Génesis 50:16-17).

Yo no sé si alguna vez lo ha notado, pero el mensaje que los hermanos de José le enviaron ¡estaba impregnado de manipulación! En primer lugar, Jacob nunca mandó tal mensaje a José. La Biblia no dice nada de eso, ni siquiera declara si a Jacob alguna vez se le contó toda la verdad acerca de lo que le pasó a José. Lo que sí dice, muy claramente, es que los hermanos de José tenían temor de que su hermano, finalmente, se vengara de ellos después de la muerte de su padre. Así que se dijeron: "Nuestro padre está muerto. Quizá José nos devuelva ahora el mal que le hicimos" (vea Génesis 50:15).

Yo creo que esos hermanos se reunieron e inventaron ese mensaje palabra por palabra. Imagino que su discusión fue algo como esto: "Trataremos de que José crea que nuestro padre lo sabía todo y que él, aun así, quería que José nos perdonara por lo que le hicimos. Pongamos la palabra 'mandó', que no diga 'pidió', esa no es lo suficientemente fuerte. Y que no diga: 'Jacob mandó'. Que diga: 'Tu padre' mandó, eso hará que tenga más peso. Ah, y que no solo diga: 'Tus hermanos'. Que diga: 'Los siervos del Dios de tu padre'. Pongamos a Dios en este asunto, ya saben cuánto quiere honrar José a Dios en todo".

Imagino que trataron de redactarla con exactitud. Y, para el énfasis final, dijeron: "Antes que tu padre muriera, él mandó" (Génesis 50:16). En otras palabras, querían que José creyera que esa era la última voluntad de su amado padre. ¡Qué clase de manipulación!

Luego, su mensaje decía: "Porque te trataron mal" (Génesis 50:17). Esa, quizá, fue la parte más dolorosa de todo el mensaje. Porque nunca hubo un "nosotros te tratamos mal". ¡Nunca hubo una disculpa! Los hermanos de José nunca le pidieron perdón. Nunca llegaron a él ni le dijeron: "Nosotros te hicimos daño". Ellos lo redactaron de manera indirecta, como si fuera un mensaje de su padre diciendo: "Ellos te trataron mal". Y en lugar de ir con José por sí mismos, enviaron mensajeros (vea Génesis 50:16).

Esto es lo que estoy tratando de mostrarle: Algunas veces, aquellos que nos han tratado mal, se dan cuenta y piden perdón. Otras veces, se arrepienten y cambian. Pero, ¿qué tal si no? ¿Qué tal si continúan mintiendo y manipulando? ¿Qué si nunca admiten que se equivocaron? ¿Qué tal si nunca cambian su manera de ser?

Vea, una cosa es perdonar a alguien que admite que le ha tratado mal. Cuando esa persona acude a usted, quebrantado, con humildad y dice: "Lo siento. No sé por qué dije eso. Hoy estaba cansado y dije algo que no quise decir. Por favor, perdóname".

Cuando alguien está verdaderamente arrepentido, es fácil decir: "Sí, te perdono".

Sin embargo, ¿qué pasa con la gente que se rehúsa a arrepentirse? ¿Qué sucede con la gente que sigue mintiendo y manipulando, que son orgullosos y no quieren admitir que han hecho algo malo? ¿Los perdonaría? ¿Puede perdonarlos? Esa es la verdadera prueba del perdón y la esencia de esa prueba. Debemos perdonar, incluso si aquellos que nos han agraviado nunca se dan cuenta de lo que han hecho ni se arrepienten de ello. Debemos dejarlos y poner la situación en manos de Dios.

Es muy importante comprender esto, porque si nos rehusamos a perdonar, nos estamos poniendo a nosotros mismos en el lugar de Dios. Dios es el Único que tiene el derecho de recriminar a alguien. ¡Dios es el Juez! Usted y yo no somos jueces, ¡Dios lo es! Dios es el Único que nunca ha tratado mal a nadie.

José entendía esa verdad. Por eso les dijo a sus hermanos: "No temáis, ¿acaso estoy yo en lugar de Dios?" (Génesis 50:19). José comprendió que solamente Dios tenía el derecho de juzgar las acciones de sus hermanos, porque *solo Dios* es verdaderamente justo. Dios nos ha justificado por medio de la sangre de su Hijo. Sin embargo, él es el Único que es lo suficientemente justo para perdonar el pecado. La Biblia dice: "Si confesamos nuestros pecados, él es fiel y justo para perdonarnos los pecados y limpiarnos de toda maldad" (1 Juan 1:9). Dios es Juez justo. Él ha perdonado nuestros pecados y cuando nos limpia de nuestros pecados, nos convertimos en hijos e hijas del Juez. Como hijos del Juez, se nos ha ordenado perdonar y liberar.

Cada vez que usted no perdona a alguien, se coloca a sí mismo como juez y jurado. Usted toma la posición de quien determina la culpa o el castigo de esa persona. Al hacer eso, toma el lugar de Dios y lo deja fuera.

Sin embargo, cuando usted perdona a esa persona y la libera, usted libera a Dios para intervenir en la situación. Usted deja a Dios ser el Juez que tiene derecho a ser. Usted deja que Dios traiga justicia y sanidad a la escena, porque él ¡es el Único que puede hacerlo! Aunque trate muy duro de llevar justicia a una situación, nunca podrá hacerlo, ¡porque usted no es justo! Ninguno de nosotros lo es.

La venganza puede parecer necesaria e incluso épica o aventurera, pero hay una razón por la cual los justicieros en la cultura pop suelen ser retratados como almas torturadas y solitarias. La verdad es que hasta que perdone a alguien y lo libere, usted no puede librarse del tormento. El perdón lo libera de la atadura de tratar de arreglar una situación.

Hubo una época en mi vida en la que me costaba mucho perdonar a alguien. Los pensamientos acerca de eso inundaban mi mente sin importar dónde estuviera. Mientras manejaba, mentalmente argumentaba por qué esa persona estaba equivocada y yo tenía la razón. Eso no sucedió una sola vez. Yo repasaba ese argumento en mi mente día tras día.

Al igual que muchos cristianos, yo sabía las reglas del juego. Me convencía a mí mismo de que había perdonado a ese hombre.

Yo justificaba mis patrones de pensamiento de esta manera: "Por supuesto, lo he perdonado. Pero un día tendré que hablarle acerca de esto. Necesitaré ayudarlo a entender las tinieblas en las que vive". Y ¡de verdad pensaba que lo había perdonado!

Una noche no pude dormir. Eran alrededor de las dos de la mañana, y había estado repitiendo esa obsesión en mi mente una y otra vez. ¿Alguna vez le ha pasado eso? Si es así, sabe de lo que estoy hablando. Sigue reproduciendo esa ofensa hasta que ni siquiera puede irse a dormir.

Mientras estaba acostado en la cama, repitiendo eso una y otra vez en mi mente, de repente el Señor irrumpió en mis pensamientos. (¡Es tan maravilloso cuando él hace eso!) Habló muy claramente en mi corazón y dijo: "¡Perdónalo!". Su tono casi sonaba como si estuviera cansado de que yo me obsesionara con eso.

"Pero yo lo he perdonado", respondí.

"No, no lo has hecho", dijo el Señor. "Estás guardando esto contra él. Continúas pensando en ello, e incluso hablas con otras personas al respecto. No lo has liberado. No lo has perdonado de la misma manera que yo te he perdonado a ti porque ya no pienso en tu pecado. Tampoco ando por ahí hablando con otras personas sobre eso. ¡Así que perdónalo!".

"Pero, Dios", dije con absoluta sinceridad, "él se equivocó".

"Por supuesto que se equivocó", me dijo el Señor. "¡No hay necesidad de perdonar a las personas cuando tienen razón!".

¡Usted no necesita perdonar a la gente por estar en lo correcto! Nunca lo había pensado de esa forma. Cuando usted tiene que perdonar a la gente, no es precisamente porque lo hayan estado atendiendo bien, ¿o sí? ¡Es porque se han equivocado!

Dios me dijo nuevamente: "Sí, él estaba equivocado. Ahora, ¡perdónalo!".

"Pero, Señor", repliqué, "yo no tuve la culpa de esa situación".

Yo no estaba preparado para la respuesta del Señor. "No, no la tuviste", me dijo. "Pero, ¿te gustaría que yo te recordara algunas de las situaciones en las que *estuviste* equivocado? *¿Cuánto tiempo tienes?*".

¡Vaya! Luego, el Señor me recordó algo de mi pasado. Fue una situación en la que yo era el que se había equivocado, y no fue un recuerdo agradable. Luego, me dijo: "Lo que él te hizo, ¿fue peor de lo que tú hiciste en esta situación?".

"No, Señor", respondí. "Lo que yo hice, en ese entonces, fue mucho peor de lo que él me hizo".

"Así es", dijo el Señor. "Y yo te perdoné, ¿verdad? *Ahora, perdónalo*".

Cuando Dios dijo ese último "perdónalo", tuve la clara sensación de que no estaba sencillamente *animándome* a perdonar, ¡Me estaba *ordenando* que lo hiciera! Usted sabe, ¡Él es Señor! ¡Él es el Maestro! Y eso significa que él puede ordenarnos hacerlo; y, ¡mejor si obedecemos!

Dios me dijo: "Perdónalo y libéralo".

Así que lo perdoné, lo *liberé* completamente y oré por él.

¡Pero tenía que tener cuidado de no volver a cometer esa ofensa! El enemigo es astuto y le tentará a recoger lo que libera. El hecho de que haya perdonado a alguien no significa que el enemigo no intentará sutilmente de recordarle a esa persona o situación ilícita. Él tratará de hacer que considere la ofensa y la desarrolle en su mente. Muy pronto se encontrará de nuevo en un punto con la falta de perdón, y tendrá que elegir perdonarlo nuevamente. No significa que realmente no lo perdonó la primera vez. ¡Simplemente significa que tiene que hacerlo de nuevo!

Observo las grandes injusticias y ofensas que puede llevar tiempo perdonar. Hay momentos en los que tratamos de perdonar lo mejor que podemos, pero hay un proceso de curación que debe ocurrir para liberar a alguien por completo. Ese proceso es valioso. Siga trabajando en superar su falta de perdón. Perdone una y otra y otra vez hasta que desaparezca.

Hace años, cuando conocí a James Robison, me regaló una Biblia y dentro de ella escribió dos frases que cambiaron mi vida: "No tengo nada que probar. Tengo a alguien a quien complacer". Nunca he olvidado esas palabras. ¡A quien quiero agradar es al Señor Jesucristo y no lo estoy complaciendo si no perdono! Si no perdona, vivirá buscando la reivindicación. Usted siempre va a vivir tratando de *comprobar algo* en vez de tratar de *complacer a Alguien*. Esa es una forma solitaria y miserable de vivir.

Usted siempre va a vivir tratando de comprobar algo en vez de tratar de complacer a Alguien.

José podría haber hecho eso. Podría haber vivido el resto de su vida tratando de justificarse y obtener justicia por las terribles cosas que le sucedieron. Cuando sus hermanos se lo pidieron, José pudo haber retenido su perdón. Podría haber respondido con ira y hacer que se humillaran. Podría haberlos hecho sentir incómodos y haber pensado: *"Bueno, ahora mis hermanos tendrán que honrarme"*. Pero después de toda una vida de pruebas, José sabía que agradar a Dios era la única respuesta. Los perdonó y dejó la situación en manos de Dios. Siguió adelante con su vida y permitió que Dios lo vindicara.

Permítame mostrarle algunas Escrituras que hablan sobre liberar a aquellos que le han hecho daño.

No seas vengativo con tu prójimo ni le guardes rencor. Ama a tu prójimo como a ti mismo. Yo soy el Señor (Levítico 19:18).

Queridos amigos, nunca tomen venganza. Dejen que se encargue la justa ira de Dios. Pues dicen las Escrituras: "Yo tomaré venganza; yo les pagaré lo que se merecen", dice el Señor. En cambio, "Si tus enemigos tienen hambre, dales de comer. Si tienen sed, dales de beber. Al hacer eso, amontonarás carbones encendidos de vergüenza sobre su cabeza". No dejen que el mal los venza, más bien venzan el mal haciendo el bien (Romanos 12:19-21, NTV).

Tal vez esté más familiarizado con la siguiente versión de Romanos 12:19 (RVR1960): "'Mía es la venganza, yo pagaré', dice el Señor".

Dios dice que la venganza le pertenece únicamente a él. Por eso nos prohíbe que tomemos venganza por los daños que nos han sido hechos. Se supone que debemos dejar eso en sus manos. Y la razón por la que debemos dejar eso a discreción de Dios es porque él es el Único que puede llevar un juicio justo en cualquier situación. Por eso es que la venganza pertenece al Señor.

Recibir

La Biblia deja muy claro que hay una conexión entre nuestro perdón a los demás y el perdón de Dios para nosotros. Estoy seguro de que usted, en algún momento, ha pronunciado la oración del Señor. Jesús nos enseña a orar de esta manera: "Y perdónanos nuestras deudas, como también nosotros hemos perdonado a nuestros deudores. Y no nos metas en tentación, mas líbranos del mal. Porque tuyo es el reino y el poder y la gloria para siempre jamás. Amén" (Mateo 6:12-13 RVR1960).

Antes de seguir adelante, quiero desglosar algunas cosas de estos versículos que es posible que no haya notado. Jesús no solo está hablando de perdón aquí, sino que también está destacando una correlación entre el perdón y la tentación. Si usted no perdona, será llevado a la tentación. Luego, Jesús ora por liberación del maligno. Aquí también hay una conexión. Si no perdona, está en cautiverio.

Cuando pronunció esta oración, ¿se dio cuenta de que le estaba pidiendo a Dios que lo perdonara de la *misma manera en que usted perdona a los demás*? (Estoy seguro de que está pensando: *¡Esa habría sido una información útil antes de hacer esta oración!*).

En los versículos siguientes al Padre Nuestro, Jesús explica esto un poco más: "Porque si perdonáis a los hombres sus transgresiones, también vuestro Padre celestial os perdonará a vosotros. Pero si no perdonáis a los hombres, tampoco vuestro Padre perdonará vuestras transgresiones" (Mateo 6:14-15 RVR1960). Ese es un pasaje de la Escritura, y tengo que admitir que algunas veces desearía ¡que no estuviera en la Biblia! El propio Jesús dijo que si no perdonamos a otros, él no va a perdonarnos a nosotros.

Ahora bien, quiero reiterar que Dios perdonó a toda la humanidad de todo pecado con la muerte de Jesús en la cruz. Todo el mundo ya ha sido perdonado, y nuestra salvación no está en juego con este versículo. Creo que este pasaje tiene que ver con caminar en la libertad que Jesús desea para nosotros. Como he dicho, la palabra "perdonar" significa "liberar". Y si no perdonamos, quedamos en cautiverio, tanto en nuestras mentes, como en nuestras emociones y actitudes. ¡Nadie nos mantiene en esa condición excepto nosotros mismos! Este versículo básicamente dice que Jesús no nos liberará del cautiverio que viene con nuestra falta de perdón a menos que liberemos a los demás. Solo *usted* puede tomar esta decisión. Tiene que elegir perdonar y caminar en la libertad que Jesús compró para usted. ¡Así que es mejor que perdonemos! Y la forma en que perdonamos es la misma en que hemos sido perdonados.

Creo que el Señor me mostró que una razón por la que mucha gente tiene dificultad en *otorgar* perdón a los demás es porque *ellos mismos no lo han recibido para sí.* Hay algo dentro de nosotros que, simplemente parece tener dificultad en creer que Dios nos ha perdonado total y completamente. Y puesto que nosotros mismos no hemos *recibido* su perdón, nos es difícil *otorgarlo* a los demás.

Jesús dijo: "Den gratuitamente lo que gratuitamente recibieron" (Mateo 10:8 RVC).

¿Se da cuenta de que la palabra "per**d**o**n**ar" contiene la palabra "dar"? La única manera en que usted puede *dar gratuitamente* algo, es si lo ha *recibido gratuitamente.* Y en tanto no haya *recibido* su perdón completa y gratuitamente, usted no podrá *darlo* completa y gratuitamente.

Si cree que, de alguna manera, tiene que *ganarse* su perdón, usted hará que los demás también se lo ganen. Si cree que, de alguna manera, está *pagando* por su perdón, usted hará que los demás también paguen por su perdón.

Caemos en esta trampa con demasiada frecuencia. Algunas veces, hasta vivimos como si Dios mismo estuviera llevando un récord de nosotros, aún después de habernos dado el mejor regalo que él tenía, su Hijo amado, ¡para librarnos del castigo por nuestros pecados! ¡Oramos como si Dios estuviera devolviéndonos todo el mal que hemos hecho! Vemos los infortunios de la vida como la manera en que Dios se venga de nosotros.

Si nos falta un poco en nuestra cuenta bancaria al final del mes, podríamos pensar que Dios nos está castigando por llegar tarde con nuestro diezmo. Hasta podríamos decir: "Ah, sí, gracias por vengarte de mí, Señor. Ahora estamos a mano. Está bien".

O si se nos pincha un neumático camino al trabajo, podríamos pensar que Dios nos está castigando por no haber hecho nuestras oraciones matutinas. Podríamos decir: "Sí, gracias, Dios. Yo sabía que ibas a hacer esto porque no hice mi devocional esta mañana. Debí haberlo hecho, pero me levanté tarde. ¡Ah, y ahora empieza a llover! Ese es un buen detalle, Dios. ¡Ahora podré recordar esta lección! Gracias, Señor, por vengarte de mí. Ahora estamos a mano".

¿Puedo decirle algo muy importante? Dios nunca se va a vengar de usted. Nunca le hará pagar por los errores que ha cometido. ¿Por qué? ¡Porque Jesús ya pagó la pena de usted por completo! Isaías 53:10 dice: "Al Señor le pareció bien quebrantarlo y hacerlo padecer". ¿Cómo podría parecerle bien a Dios quebrantar a su propio Hijo? Le pareció bien porque todo nuestro pecado fue expiado y él podría tener una relación con nosotros una vez más. Esa es la bondad de Dios. Ese es el perdón de Dios. Sin embargo, para algunos de nosotros, sencillamente parece demasiado bueno para ser cierto. Tenemos que aprender a *recibirlo*.

Esto me trae a la mente un incidente que ocurrió hace unos treinta y cinco años, cuando Debbie y yo vivíamos en una casa muy pequeña. (¡Teníamos una casa pequeña antes de que esa clase de casas se volvieran populares!) Nuestra casa pequeña tenía un baño pequeño. Tan pequeñito que uno podía lavarse las manos mientras estaba sentado en el inodoro. Cada vez que nos preparábamos para salir, teníamos que maniobrar estratégicamente el uno alrededor del otro.

Nos preparábamos para ir a la iglesia una mañana, en ese entonces vivíamos en una casa muy pequeña, con un baño muy pequeño. Cada vez que nos arreglábamos para ir a alguna parte, teníamos que ser un poco estratégicos para movernos en ese espacio tan pequeño, y Debbie estaba parada en el lavabo del baño aplicándose crema hidratante en la cara. Todavía estaba descalza y en bata de baño; pero yo ya me había vestido por completo y me había puesto mis zapatos de suela dura. Entré al baño a cepillarme los dientes y, mientras alcanzaba algo, el peso de todo mi cuerpo ¡cayó sobre su dedo pequeño del pie!

Ella gritó y, al principio sus gritos no producían ningún sonido. El dolor era tan intenso que no podía emitir un ruido real.

—Lo siento, lo siento, ¡lo siento! —exclamé una y otra vez.

—Está bien, está bien —dijo Debbie, saltando en un pie hacia la cama, para sentarse.

—¡Lo siento, lo siento, lo siento! —repetía yo frenéticamente.

—Lo sé —me dijo—. Lo sé, está bien, fue un accidente.

—¡No, no! ¡Lo siento, lo siento, lo siento! —continué disculpándome.

Continué diciéndolo una y otra vez, y creo que le estaba empeorando su agonía. Ella probablemente pensaba: *¿Por qué no me dejas en paz y te vas, por favor?* Pero me dijo: "¡De verdad, está bien! Te perdono".

—No, no. ¡Me siento muy mal! ¡Me siento muy mal! —le dije.

Y ella seguía diciéndome:

—Está bien.

Por último le dije:

—No, no está bien. ¡Quiero que me pegues!

—¿Qué? —me dijo—. ¡Yo no quiero pegarte!

—Tú no entiendes —le dije—. Me siento mal, pero me sentiré mejor si me pegas.

El problema no era que Debbie no estuviera *otorgando perdón*. Era que yo no estaba *recibiendo el perdón*. Yo quería que, de alguna forma, estuviéramos a mano.

Por desdicha, hay muchos cristianos que tienen una mentalidad tipo "pégame". No han recibido el perdón que Dios ha provisto para ellos de manera gratuita; así que quieren que Dios los "golpee". Ellos creen que si Dios los golpea, eso les hará sentirse mejor en cuanto al daño que han hecho. Esta es la esencia y el origen de hacer penitencia.

Juan 1:12 nos alinea en este punto: "Pero a todos los que le *recibieron*, les dio el derecho de llegar a ser hijos de Dios, es decir, a los que creen en su nombre" (énfasis añadido). El libro de Hebreos dice que Dios *disciplina* a sus hijos, pero esa palabra no significa *castigar*. Él corrige el comportamiento porque nos ama, pero no nos castiga.

Solamente quiero decir esto una vez más: Dios nunca le castigará. Jesús ya recibió el castigo de usted cuando cargó con sus pecados, por completo y totalmente. Su sangre pagó el precio por cada pecado que haya cometido, de manera que usted no tiene que pagar el precio del perdón. *Pero va a tener que recibirlo.*

Si usted tiene problemas *otorgando* perdón, probablemente también los tenga para *recibirlo*. Tiene que perdonar a los demás en la misma forma en que Dios le ha perdonado a usted. Pero hasta que no reciba el perdón que Dios ha dado gratuitamente, usted no podrá ser capaz de otorgarlo a los demás.

Hasta que no reciba el perdón que Dios ha dado gratuitamente, usted no podrá ser capaz de otorgarlo a los demás.

Y si usted tiene problemas para *recibir* el perdón de Dios, podría ser porque tiene problemas para *creerlo*.

Creer

Quizá usted tenga problema en creer que Dios, en verdad, podría perdonarle por completo, librarlo totalmente del castigo del pecado. Después de todo, la Biblia dice que Dios es santo y puro. Dice que es tan puro que ni siquiera puede mirar el mal. Habacuc 1:13 dice:

"Son tan puros tus ojos que no puedes ver el mal; no te es posible contemplar la opresión". ¡Dios no puede ni siquiera mirar la maldad y el pecado! Así de puros son sus ojos. Sin embargo, cada uno de nosotros ha cometido errores y hemos errado al blanco.

Isaías 53:6 dice: "Todos nosotros nos descarriamos como ovejas, nos apartamos cada cual por su camino". Todos nosotros nos hemos descarriado. Todos hemos transgredido los mandamientos de Dios. Todos hemos pecado y hemos hecho cosas que ni siquiera Dios podría mirar.

Sin embargo, Job 36:7 dice: "[Él] no apartará de los justos sus ojos". Y 1 Pedro 3:12 dice: "Porque los ojos del Señor están sobre los justos, y sus oídos, atentos a sus oraciones; pero el rostro del Señor está contra los que hacen el mal". Según las Escrituras, Dios ni siquiera puede mirar nuestro pecado, pero sus ojos están puestos en los justos todos los días. ¿Cómo funciona eso? Podría estar pensando: *Definitivamente no soy justo, ¡pero desearía que los ojos de Dios estuvieran sobre mí todos los días!*

¿Cómo puede un Dios que es puro, justo y santo aceptarnos cuando hemos quedado tan lejos de su perfección? La verdad es que Dios quería una relación con nosotros, así que tenía que hacer algo con nuestro pecado. ¡Y lo hizo! Todos los pecados del mundo, pasados, presentes y futuros, fueron puestos sobre Cristo en la cruz. La Segunda Carta a los Corintios 5:21 nos dice: "Al que no conoció pecado, le hizo pecado por nosotros, para que fuéramos hechos justicia de Dios en él". Escúcheme: todos nacimos pecadores. Pero Jesús, que era perfecto, se hizo pecado por nosotros. Él nos lo quitó y lo cargó en sí mismo. Romanos 6:14 dice: "Porque el pecado no se enseñoreará de vosotros". Cuando Jesús murió en la cruz, ¡el pecado fue destruido! ¡Jesús lo destruyó!

Quiero aclarar un malentendido común acerca del pecado. ¿Sabía que nadie va al infierno debido al pecado? Las personas no van al infierno por su pecado, van por la falta de fe. Están separadas de Dios porque *no creen*. Los pecados de todos ya fueron absueltos. Es la creencia la que marca la diferencia. Jesús dijo en Juan 6:47: "De

260 | Del sueño al destino

cierto, de cierto os digo: El que cree en mí, tiene vida eterna". Y Juan
el Bautista dijo: "El que cree en el Hijo tiene vida eterna; pero el que
rehúsa creer en el Hijo no verá la vida" (Juan 3:36). Por favor, aclare
esto en su corazón hoy: si cree en Jesús, ¡sus pecados son perdonados!

Jesús efectuó ese intercambio para que pudiéramos ser hechos
justos, tal como él lo es; para que pudiéramos ser la *justicia del propio
Dios*. Y todo esto se hace "en él", en Cristo Jesús. Cuando recibimos
el perdón que Jesús pagó en la cruz, somos *hechos justos*.

Y ocurre algo milagroso. El Salmo 103:12 (RVR1960) nos dice:
"Cuanto está lejos el oriente del occidente, hizo alejar de nosotros
nuestras rebeliones". Dios no puede mirar nuestras transgresiones,
¡por eso las eliminó! Las dispersó tan lejos que ya no las ve. Todos mis
pecados fueron puestos sobre Jesús y echados de mí. Ahora Dios
puede verme. Ahora puede hablar conmigo. Ahora puede caminar
conmigo todo el día.

Puedo tener una relación con Dios, y no es porque haya hecho
algo bueno o lo haya ganado de alguna manera. La única razón
por la que puedo tenerla y presentarme ante él sin culpa, pecado ni
vergüenza es porque Dios cargó todas mis iniquidades en su Hijo,
Jesucristo. Cuando Dios me mira ahora, me ve lavado en la sangre
de Jesús, y esa sangre me hace puro y santo a sus ojos. Estos están
sobre mí cada día porque me ha hecho justo a través del sacrificio
de sangre de Jesucristo. A los ojos de Dios, soy perfecto.

Usted debe creer esto: ¡Que es justo! Los ojos de Dios están sobre
usted. Dios ha quitado su pecado. Ahora puedes tener una relación
con él. Él quiere caminar con usted, hablar con usted y mostrarle
cosas maravillosas cada día.

¿Por qué le digo esto una y otra vez? Porque quiero que comprenda que ¡usted está perdonado! ¡Usted ha sido completamente
perdonado por el sacrificio de Jesucristo! *Y debido a que usted ha sido
perdonado, ahora puede perdonar a otros.* Debido a que ha sido perdonado, ¡usted puede ahora perdonar!

No importa lo que alguien más le haya hecho. ¿Es eso peor
que todo el mal que usted ha hecho en toda su vida? Y aunque lo

hagamos, no podemos comparar nuestras malas acciones con las de otras personas. Solo podemos comparar nuestras acciones con la perfección de Jesús, y en comparación con su perfección, todas nuestras malas acciones son despreciables.

Piense en todo el mal que usted haya hecho alguna vez, Dios lo ha perdonado todo. Usted ha sido perdonado. ¡Ahora, usted necesita compartir ese perdón!

Quiero contarle una maravillosa historia de perdón. Esta es la verdadera historia de un joven judío, llamado Yakov, y una joven judía, llamada Rachel. Ellos vivían en Europa durante el tiempo del Holocausto. Yakov tenía poco más de veinte años y Rachel era una adolescente; sin embargo, la joven ya había capturado la atención de Yakov. Él estaba enamorándose de ella.

Sin embargo, los tiempos eran terribles para los judíos y se ponían peor con el paso de los días. Una noche, los padres de Rachel reunieron a un grupo de jóvenes a su alrededor y dijeron: "Hemos llegado a creer que ninguno saldrá vivo de aquí. Creemos que los nazis están planeando matarnos a todos nosotros; así que queremos que ustedes traten de escapar". Luego tomaron todo el dinero que tenían y lo cosieron al abrigo de Rachel. "Quizá esto les ayude a mantenerse con vida", le dijeron a ella. "No servirá de nada aquí".

Así que esa noche, Rachel y su hermana, junto con Yakov y unos veinte jóvenes más, trataron de escapar de los nazis. En el intento, le dispararon a la hermana de Rachel, por lo que ella corrió a ayudarla. Pero fue en vano, murió en los brazos de Rachel. Luego, hirieron a Rachel en ambas piernas y parecía que iba a morir. Pero dos jóvenes varones la asieron por los brazos y la llevaron al bosque donde estaría segura.

¿Qué iban a hacer con Rachel? Ella necesitaba cuidado médico o moriría. Estaban desesperados, así que la llevaron a la casa de una familia alemana. "Por favor, ayúdenla", les dijeron. "Miren, ella tiene dinero, y pueden quedarse con él si la cuidan". De manera que la familia alemana recibió a Rachel en su casa. Curaron sus heridas y le dijeron a todo el mundo que era hija de ellos. Rachel vivió con esa familia y, de esa manera, sobrevivió a la guerra.

Las cosas fueron más difíciles para Yakov. Él y unos quince varones jóvenes más vivieron en el bosque por más de un año. Cavaron una gran fosa en la tierra y la cubrieron para esconderse. E iban a hurtadillas al pueblo, en la noche, y buscaban comida; luego regresaban al bosque y se ocultaban durante el día. Después de más o menos un año, alguien descubrió su escondite. Pronto, los soldados nazis llegaron a la fosa donde se escondían. Los jóvenes fueron aprehendidos y enviados a un campo de concentración.

Cuando llegaron al campo de concentración, el comandante alemán salió de su oficina y observó a sus jóvenes prisioneros.

—¿Alguno de ustedes, jóvenes, es sastre? —preguntó.

—Yo soy sastre, señor —dijo Yakov.

—Párese aquí, entonces —ordenó el comandante. Y luego hizo que todos los demás jóvenes se pararan en línea.

Al instante, Yakov se dio cuenta de que ellos iban a matar a todos sus amigos. Así que dijo en voz alta:

—¡Necesito un ayudante! ¡No puedo coser sin un asistente!

—Muy bien —dijo el comandante—. Entonces, dejaré que escoja a uno, solo uno. Escoja.

Yakov había vivido con todos esos muchachos por más de un año mientras luchaban por sobrevivir en el bosque. Entre ellos había dos hermanos que eran los mejores amigos de Yakov. En un instante, Yakov tenía que escoger quién de los dos viviría y quién moriría. Así que escogió a uno de los dos. El muchacho llegó a donde Yakov estaba parado, y entonces los nazis mataron al resto de los jóvenes mientras Yakov y su amigo miraban aquella escena.

La habilidad para coser había salvado la vida de Yakov y él sobrevivió el resto de la guerra cosiendo uniformes para los soldados alemanes en aquel campo. Hacia el final de la guerra, el ejército ruso se acercaba, cada vez más, al campo y los guardias nazis tenían miedo de ser capturados por los rusos. Así que hicieron planes para escapar a caballo y les ordenaron a Yakov y a su amigo que les trajeran sus caballos ensillados. Pero Yakov dijo: "Nos van a matar antes de que lleguen los rusos, así que tenemos que irnos". De forma que, tan pronto como los caballos estuvieron ensillados, los muchachos montaron y cabalgaron, tan rápido como pudieron, hacia las líneas rusas. Efectivamente, los nazis mataron a todos los judíos en el campo y se fueron antes de que llegaran los rusos. Pero Yakov y su amigo lograron escapar con seguridad y lograron sobrevivir a la guerra.

Pronto, los años de terror inexplicable habían terminado, pero Yakov no había olvidado a Rachel. Fue en búsqueda de ella después de la guerra. Una vez la hubo encontrado, se casaron y se convirtieron en el señor y la señora Waldman. Tuvieron un hijo y lo llamaron Marty, que más adelante se convirtió en rabino, que ahora dirige una gran congregación de judíos mesiánicos. Es un privilegio para mí llamarlo mi amigo.

Cuando Marty crecía, solían molestarlo porque no tenía ningún familiar. La gente le preguntaba: "¿Está usted relacionado con estos Waldman de aquí o con los de allá?". Marty detestaba la pregunta porque siempre tenía que decir: "No, no tengo parientes". Todos sus abuelos, tíos y tías murieron en el Holocausto. Solamente una hermana de sus padres había sobrevivido.

Hace varios años, Marty fue al campo de exterminio de Auschwitz a ver dónde había muerto su familia. El hombre que lo acompañó en el viaje también era creyente y nieto de un guardia de la prisión nazi. Los dos hombres estaban en Auschwitz: el nieto de una víctima judía del Holocausto y el nieto de un guardia nazi. Ambos se abrazaron y oraron por los alemanes y los judíos.

¿Cómo pudo suceder eso? ¿Cómo pudieron hacer eso aquellos dos hombres? Le hice esas preguntas a Marty, que solo me sonrió y dijo: "Jesús me perdonó". La única forma en que estos dos hombres pudieron estar juntos en un lugar tan manchado de maldad fue porque habían recibido el perdón de Dios. Esa fue la única manera en que pudieron dar libremente su perdón a los demás.

Al igual que Marty y su amigo, Dios siente tristeza debido a nuestros pecados; sin embargo, no nos lo recrimina. A través de Jesús, Dios ha provisto por todos los pecados que hayamos cometido o vayamos a cometer. Y cuando recibimos su perdón, somos capaces de otorgarlo a los demás. Somos capaces de perdonarlos tal como él nos perdona.

Quizá esté sufriendo porque le han ocurrido cosas injustas a usted o a su familia. José sabía qué era eso. ¿Por qué permitir que ese dolor siga viviendo? Dios ha provisto un camino, a través de Jesús, para que toda injusticia sea perdonada. Él ya pagó el precio por cada pecado. Y ahora, en su gracia, le pregunta: "¿Perdonarás de la misma forma en que yo te he perdonado? ¿Librarás a esa persona, completa y gratuitamente, y la dejarás ir?".

Cuando usted se aferra al resentimiento, solo se hace daño a usted mismo. Pero cuando perdona, usted será gloriosamente libre. Libre del tormento, libre del juicio y libre para seguir adelante al destino que Dios ha planeado para su vida.

CAPÍTULO DIEZ

La prueba del propósito

Habían pasado veintidós años desde que José fue vendido en Egipto. Pasó trece años trabajando como esclavo y parte de ese tiempo había servido en un calabozo, castigado por un crimen que no cometió. Ahora, a los treinta y nueve años de edad, José llevaba nueve como administrador de Egipto. Había administrado ese país durante los años de abundancia y ahora lo ayudaba a sobrevivir durante los primeros años de hambruna. Y José estaba a punto de recibir una sorpresa.

De repente, después de más de dos décadas, los hermanos que lo habían traicionado y hecho que él sufriera tanto estaban frente a sus ojos. Estaban *inclinados ante él,* con sus rostros en tierra (vea Génesis 42:6), ¡tal como sus sueños se lo habían pintado simbólicamente tantos años atrás! La Biblia nos cuenta lo que José pensó en ese momento: "se acordó José de los sueños que había tenido acerca de ellos" (Génesis 42:9 RVR1960).

En otras palabras, José comprendió todo de repente. Se dio cuenta de que aquello que Dios le había mostrado en sus sueños, tantos años atrás, había sido parte de su plan todo el tiempo. José, finalmente, entendió el *propósito* de esos sueños. Lo que pudo haber sido un instante de triunfo supremo, dolor o hasta venganza, se convirtió en un momento de revelación.

—Yo soy José —declaró a sus hermanos—. ¿Vive todavía mi padre?

Pero ellos estaban tan pasmados que no atinaban a contestarle.

No obstante, José insistió:

—¡Acérquense!

Cuando ellos se acercaron, él añadió:

—Yo soy José, el hermano de ustedes, a quien vendieron a Egipto. Pero ahora, por favor no se aflijan más ni se reprochen el haberme vendido, pues en realidad fue Dios quien me mandó delante de ustedes para salvar vidas. Desde hace dos años la región está sufriendo de hambre y todavía faltan cinco años más en que no habrá siembras ni cosechas. Por eso Dios me envió delante de ustedes: para salvarles la vida de manera extraordinaria y de ese modo asegurarles descendencia sobre la tierra.

Fue Dios quien me envió aquí, no ustedes. Él me ha puesto como asesor del faraón y administrador de su casa, y como gobernador de todo Egipto (Génesis 45:3-8).

La prueba del propósito: entienda su destino

Cuando usted lee esos versículos, puede ver que José, finalmente, entendió cuál era su propósito. No solamente entendió los sueños que Dios le había dado, sino también el *propósito* que habían presagiado. Al entender ese propósito, José se dio cuenta de que él había entrado en el destino para el cual Dios lo había creado.

José, básicamente, les estaba diciendo a sus hermanos: "Parece que ustedes no entienden. Fue Dios quien me envió aquí. Así que no tienen que enojarse consigo mismos. No quiero que estén molestos ni apesadumbrados o tristes. Quiero que se perdonen a sí mismos de la misma forma que yo les he perdonado. Dios tenía un *propósito* para mi vida. Y fue para cumplir *su propósito* que ¡Él me envió aquí, a Egipto!".

José había atravesado muchas experiencias difíciles durante esos años; sin embargo, al fin fue capaz de ver —con claridad— la visión, el propósito y el destino que Dios había planeado para su vida.

José había pasado la prueba del propósito.

Cada uno de nosotros tomará esta prueba porque cada uno tenemos un propósito ordenado por Dios. ¿Es posible entender su propósito y vivirlo al máximo? ¡Por supuesto, José lo hizo!

De modo que, ¿Puede usted encontrar su propósito? Esa es la pregunta número uno que está en lo profundo del corazón de cada persona. Y existen varias claves que pueden ayudarle a descubrir y cumplir el propósito de Dios para su vida.

Crea que tiene un propósito

En 1952, el fundador de Campus Crusade for Christ, el Dr. Bill Bright, creó un folleto evangelístico llamado "¿Has oído hablar de las cuatro leyes espirituales?". Ese folleto se ha utilizado por décadas para presentar el plan de salvación a los incrédulos explicando las cuatro leyes espirituales que rigen nuestra relación con Dios. La primera ley espiritual es: "Dios le ama y tiene un maravilloso plan para su vida". Esta ley es esencial para que los creyentes la conozcan y la entiendan.

Para descubrir el propósito que Dios tiene para su vida, primero debe *creer* que tiene un propósito. Sabemos que Dios tiene un propósito eterno para todo y que el cuerpo de Cristo tiene uno general en el plan eterno de Dios. Pero es importante saber que usted, como individuo, también tiene un propósito específico, y simplemente debe aceptarlo por fe. Como he dicho a lo largo de este libro, Dios tiene un destino único para usted y usted es el único que puede cumplirlo.

Dios tiene un destino único para usted y usted es el único que puede cumplirlo.

Dios es un Dios *"de propósito"*. ¡No es un Dios "sin propósito"! Todo lo que creó tiene un fin. Eclesiastés 3:1 dice: "Todo tiene su momento oportuno; hay tiempo para todo lo que se hace bajo el cielo". Cada animal, cada planta, cada árbol, cada persona, ¡incluido usted!, ha sido creado con un propósito. (No sé con certeza cuál es el de los mosquitos, pero todo lo demás tiene uno, ¡así que ellos también deben tenerlo!)

La Biblia dice que Dios le formó en el vientre de su madre y que lo hizo con un propósito presente. El salmista dice acerca de Dios:

Tú creaste mis entrañas;
   me formaste en el vientre de mi madre ...
Mis huesos no te fueron desconocidos
   cuando en lo más recóndito era yo formado,
   cuando en lo más profundo de la tierra era yo
   entretejido.
Tus ojos vieron mi cuerpo en gestación:
   todo estaba ya escrito en tu libro;
   todos mis días se estaban diseñando,
   aunque no existía uno solo de ellos.
   (Salmos 139:13, 15-16).

Este pasaje nos dice que el propósito que Dios tiene para usted ha sido escrito en su libro ¡antes de que usted hubiera nacido! Sí, antes de que Dios le creara, ya tenía un plan y un propósito para su vida. Él quiere que usted descubra cuál es ese propósito. Y desea que lo cumpla maravillosamente a lo máximo.

¿Se da cuenta que tiene la inteligencia, la capacidad, el talento y los dones para hacer algo especial para Dios? Él le ha diseñado para un rol específico y usted nunca será verdaderamente feliz hasta que descubra cuál es. Sin embargo, cuando descubra su propósito y empiece a cumplirlo, su vida se llenará de nueva energía y emoción. Un ejemplo propio que me viene a la mente es el don de predicar. Yo tengo un propósito en mi vida y parte del mismo incluye predicar. Así que predicar es un don que tengo, y ¡lo disfruto! Me animo mucho cuando lo practico. ¡Siento más energía cuando predico que cuando hago cualquier otra cosa!

Hace años, descubrí cuánta diferencia puede hacer sentir un propósito. Nuestros hijos eran pequeños en ese entonces y, en la iglesia a la que asistíamos, los padres con niños debían trabajar en la guardería una vez al mes. Ahora bien, quizás tenga el don de predicar, ¡pero definitivamente no tengo el don de trabajar en una guardería! Cada vez que lo hacía tenía que tomar una siesta cuando llegaba a casa. ¡Eso no me daba energías, en absoluto! Por el contrario, quedaba completamente agotado. Recuerdo que temía eso cada vez que llegaba mi turno.

Oh, no, pensaba. *En dos semanas más debo trabajar en la guardería otra vez.* Luego oraba: "Oh, Dios, ¿quisieras, por favor, ayudarme a terminar con esto de alguna manera?".

Después de muchas quejas, quiero decir de orar, el Señor finalmente me dijo: "¿Cuál es tu don?".

"¡Estoy dotado para predicar!", dije.

"Entonces, ¡predica!", me respondió el Señor.

De manera que decidí tomar el consejo del Señor. La semana siguiente fui a esa guardería ¡a predicar! Les dije a los bebitos: "Abran sus Biblias en Isaías. Voy a compartirles algunas verdades de la Palabra de Dios". Entonces, les prediqué a los bebitos. Ellos, sencillamente, lo asimilaron todo, así como hacen los bebés; pero cuando salí de la guardería ese día, ¡estaba totalmente animado! En vez de exhausto, tenía mucha energía.

Este es mi punto: Cuando Dios le creó, tenía un propósito específico en su mente. Él le ha dado un don específico en relación a ese propósito. Es necesario que descubra cuál es ese don, porque cuando descubra el don que Dios ha puesto en usted, este traerá energía y emoción a su vida. A medida que empiece a andar en ese don, empezará a entender su propósito.

Si no está seguro de cuál es su propósito, solo mire la forma en que ha sido creado. Si mira la manera en que algo es creado, eso ayuda a comprender el propósito de tal cosa. Aun examinar el diseño de objetos inanimados le dará pistas del propósito de los mismos.

Permítame usar un ejemplo extremadamente mundano: un destapador de inodoros. Si nunca ha visto uno, inicialmente podría imaginarse que es para todo tipo de propósitos. Podría especular que puede emplearse para jugar a lanzar aros, podría ser una pileta de baño para colibríes, o quizás un sombrero muy extraño para gente calva. Sin embargo, ninguna de esas ideas tiene mucho sentido. Cuando observa cuidadosamente la forma en que un destapador de inodoros está hecho, pronto se hace obvio que fue creado con un propósito muy específico. (Ya no voy a seguir explicando).

De la misma manera, Dios le creó a usted con un propósito muy específico en su mente. Usted tiene un diseño único, y "en el espíritu" ¡en realidad tiene la forma de algo! Si usted pudiera ver la forma que tiene "en el espíritu", eso podría ayudarle a entender su propósito. Por ejemplo: si usted fue diseñado para tener el ministerio de liberación, "en el espíritu" usted, probablemente, se parecería mucho a ese destapador de inodoros que acabo de describir. (Eso le da una idea de lo que pienso de los demonios, ¿verdad que sí?).

En serio, Dios tiene un propósito único para su vida y es vitalmente importante que lo crea. *Creer* que él le hizo pensando en un propósito específico y descubrir cuál es. A medida que se aproxime al descubrimiento de su propósito para su vida, usted también se estará acercando a su destino.

Entienda que Dios tiene el control

¿Alguna vez ha escuchado la historia del paracaidista pesimista? El sargento le estaba dando instrucciones mientras el avión ascendía a tres mil metros. "Después de que saltes del avión", dijo el sargento, "vas a llevar tu mano derecha y vas a ponerla en tu hombro izquierdo, halas la cuerda del paracaídas y este se abrirá. Si por alguna razón no se abre, hala la cuerda de emergencia que está en tu hombro derecho y se abrirá tu paracaídas de emergencia. Aterrizarás en un campo a unos dieciséis kilómetros al norte de la ciudad, y habrá algunos camiones esperando allí para recogerte".

Cuando llegó el momento de que el paracaidista pesimista saltara del avión, ¡lo hizo! Haló la cuerda del paracaídas en su hombro izquierdo, ¡pero no se abrió!

"¡Lo sabía!", exclamó.

Así que haló la cuerda del paracaídas de emergencia en su hombro derecho, pero tampoco se abrió.

"¡Lo sabía!", volvió a decir.

Lo último que todos escucharon mientras caía sin paracaídas abierto fue: "¡Apuesto a que los camiones también llegarán tarde!".

Es obvio que esto es un chiste. Pero la verdad es que muchos de ustedes están viviendo sus vidas esperando lo peor de cada situación.

Ya establecimos que en el camino hacia su destino, va a enfrentar dificultades. Tendrá contratiempos, la gente dirá o hará cosas en su contra y su vida será un caos.

Pero aquí está lo que quiero que sepa: Dios tiene el control.

Si no cree que Dios tiene el control, vivirá en un mundo triste, ansioso y desconcertante, uno con poco propósito. Cuando no pueda ver la mano de Dios en acción, llegará a un punto en el que solo verá lo malo en todo y siempre esperará lo peor que pueda suceder. El mundo está lleno de pesimistas. (Si no sabe si es optimista o pesimista, solo pregúntele a su cónyuge o a su mejor amigo. ¡Seguro que lo sabrá!) El problema es que los pesimistas a menudo pierden de vista su propósito. No deje que esto le suceda a usted.

Si realmente cree que Dios tiene el control, eso servirá como un ancla para comprender su propósito. Comenzará a ver lo bueno en todo porque ¡Dios es bueno! Y puede descansar sabiendo que él está

obrando para el bien en cada situación, pese a las circunstancias.
Hay paz cuando sabe que Dios tiene el control.

¡Dios es bueno! Y puede descansar sabiendo que él está obrando para el bien en cada situación, pese a las circunstancias.

José tenía esa actitud en las cosas que sucedieron en su vida. Sus hermanos estaban atónitos en su presencia debido a todo el mal que ellos le habían hecho (vea Génesis 45:3). Sin embargo, José no estaba atónito; en lo absoluto. Se lo explicó a sus hermanos así:

"Pero ahora, por favor no se aflijan más ni se reprochen el haberme vendido, pues en realidad fue Dios quien me mandó delante de ustedes para salvar vidas ... Por eso Dios me envió delante de ustedes: para salvarles la vida de manera extraordinaria y de ese modo asegurarles descendencia sobre la tierra. Fue Dios quien me envió aquí, no ustedes. Él me ha puesto como asesor del faraón y administrador de su casa, y como gobernador de todo Egipto" (Génesis 45:5, 7-8).

José les dijo a sus hermanos *tres veces* que Dios lo envió a Egipto, no ellos. José entendía que Dios era en última instancia el responsable de su destino. Por eso pudo creer que Dios estaba obrando, incluso en circunstancias que eran terriblemente incorrectas e injustas. Aunque las acciones de sus hermanos fueron erradas y lo hicieron sufrir, José pudo ver la mano de Dios en su situación. Pudo comprender que Dios tenía un propósito al enviarlo a Egipto y que había estado trabajando en ese propósito todo el tiempo.

Nosotros también debemos llegar a confiar en Dios como lo hizo José. Debemos dejar de pensar que no cumpliremos nuestro destino debido a algo que alguien más hizo. Debo decirle, ya sea por nuestros padres, un pastor abusivo o un jefe que nos trató mal, ¡nadie puede impedir el destino que Dios tiene para usted! Debemos entender que Dios hasta puede tomar los errores cometidos en nuestra contra y usarlos para nuestro bien.

Dios puede hacer mucho más que eso. Dios también puede tomar nuestros propios errores y faltas, y tornarlas en nuestro beneficio. (Como usted sabe, muchas veces nosotros somos nuestro peor enemigo). Quiero que sepa algo muy importante: ¡Dios es más grande que sus errores y sus faltas! Y él es mucho más grande que su propio pensamiento y razonamiento.

Dios dice: "Porque *como* los cielos son más altos que la tierra, así mis caminos son más altos que vuestros caminos, y mis pensamientos más que vuestros pensamientos" (Isaías 55:9 RVR1960). Nuestros pensamientos no son tan altos como los de Dios. Debido a que somos humanos, algunas veces menospreciamos esta verdad. Sin embargo, no necesitamos dolernos por los errores que hemos cometido, como si nuestras faltas y deficiencias tuvieran el poder de impedir los propósitos de Dios.

Hace unos años, mi hijo Josh tuvo una oportunidad de recibir la providencia de Dios y decidir que no se lamentaría por lo que él había visto como fracaso de su parte. Cuando se mudó a Amarillo, Texas, fuimos con él para hallar un apartamento y que se acomodara. No conocíamos el área, así que hicimos lo mejor que pudimos para encontrar y alquilar un apartamento. Sin embargo, después que vivió allí por un tiempo y llegó a conocer más el área, encontró mejores lugares para vivir por menos dinero. Estábamos hablando de eso, recientemente, cuando vino a visitarnos.

—Desearía no haber firmado un contrato de arrendamiento por doce meses. Debí haberlo firmado por seis meses solamente. Así podría mudarme a un lugar mejor ahora mismo y costaría menos —dijo.

—¿Oraste por eso cuando alquilaste el lugar donde estás? —le pregunté.

—Sí, lo hice —respondió.

—Bien —dije—. Entonces no te lamentes de esa decisión. Si oraste por eso y tomaste la mejor decisión que pudiste en ese momento, entonces necesitas confiar en Dios. Necesitas comprender que Dios tiene el poder y que él, con el tiempo, hará que esa decisión se torne en tu beneficio. ¿Quién sabe? En seis meses podrías encontrar un lugar para vivir aún mejor, por menos dinero todavía. ¡Tú no sabes lo que Dios tiene planeado! O, hasta podrías estar viviendo en otra ciudad para entonces. No sabemos todo lo que el futuro depara.

En menos de una semana después de esa conversación, fue a la oficina de los apartamentos a ver cómo podía anular el contrato. Se enteró de que aunque había pensado que se había comprometido a doce meses de alquiler, en realidad, había firmado un contrato de seis meses y que hasta había recibido los beneficios de un contrato de doce meses, lo que incluía el alquiler de un mes gratis. Así que pudo mudarse a un lugar mejor por menos dinero y aprendió la valiosa lección de que Dios tiene el control, aun cuando nosotros pensemos que nos hemos equivocado y que no tenemos alternativa.

Cuando usted haya tomado una decisión y no esté seguro si fue o no la correcta o la mejor, no se enoje cuestionándose a sí mismo. No diga: "Ah, probablemente esa fue una decisión terrible. No debí haber hecho eso", como si un error le vaya a desviar de su destino. En lugar de eso, confíe que Dios tiene el control. Diga: "Dios, creo que tú estás cumpliendo tus propósitos en mi vida. Tú puedes hacer que esta decisión se vuelva un beneficio. Yo sé que tú tienes el control, así que, por favor, muéstrame qué estás haciendo en esta situación". Además, recuerde que si falla en una de esas pruebas de carácter, puede tomarla una y otra vez hasta que la apruebe, porque Dios quiere llevarle a su destino.

Dios tiene el control total y absoluto. Usted tiene que creerlo, porque si Dios no lo tuviera, ¡usted necesitaría encontrar quién lo tenga y orarle a esa persona! Algunos cristianos actúan como si creyeran que el diablo tiene más control que Dios, ¡y no lo tiene!

No sé si sabe esto, pero Dios y el diablo no están peleando. Nosotros podemos estar peleando con el diablo, pero Dios definitivamente ¡no! Dios ya ganó la pelea y lo venció. Si usted cree que Dios y el diablo son casi iguales, lo lamento por usted porque ¡no se comparan en nada!

Satanás no tiene un poder comparable al poderío maravilloso de Dios. Dios tiene todo el poder en el mundo (y fuera de él). Si servimos a Dios, no tenemos que temer a Satanás ¡porque Dios es el Único que tiene el poder! Servimos al Dios todopoderoso y él tiene el control de nuestras vidas, así que cuando cometemos un error, Dios puede cambiar eso para que obre en nuestro beneficio. Cuando entendemos eso completamente, no nos lamentamos por los errores cometidos.

Romanos 8:28 nos dice: "Y sabemos que para los que aman a Dios, todas las cosas cooperan para bien, esto es, para los que son llamados conforme a *su* propósito". Si amamos a Dios, él resolverá todo. Esta Escritura también dice que Dios nos ha llamado "conforme a *su* propósito" (énfasis añadido). ¡Dios tiene un propósito para nosotros! Tiene un propósito *divino* y un plan eterno para toda la humanidad, y cada uno de nosotros está llamado a ser parte de su propósito colectivamente. Pero también tiene un propósito plan *específico* para cada uno de nosotros individualmente, que forma parte de su plan más grande y su propósito más amplio.

Dentro de esos planes eternos, ¡Dios está obrando para nuestro bien! Está trabajando en su vida para cumplir sus planes y sus propósitos. Está obrando en cada situación que usted pueda enfrentar. Y debido a que tiene el control, incluso puede convertir las decisiones erróneas en cosas buenas para usted cuando camina con él.

Isaías explica este misterio de la providencia de Dios:

> Porque como descienden de los cielos la lluvia y la nieve, y no vuelven allá sino que riegan la tierra, haciéndola producir y germinar, dando semilla al sembrador y pan al que come, así será mi palabra que sale de mi boca, no volverá a mí vacía sin haber realizado lo que deseo, y logrado *el propósito* para el cual la envié (Isaías 55:10-11 RVR1960).

Este pasaje de la Escritura es poderoso. ¿Por qué? Porque Dios dice que cada vez que él habla, sus palabras cumplirán su propósito. ¡Cada vez! Nunca habrá una ocasión cuando Dios hable y sus palabras no produzcan resultados. Él dice que sus palabras nunca regresarán vacías a él, sus palabras siempre alcanzarán el propósito para el cual las envió. ¡Eso es maravilloso! Cuando Dios habla, ¡Sus propósitos se harán realidad!

¿Por qué es esto tan emocionante? Porque *¡Dios ha hablado sobre usted!* Dios pronunció su propósito sobre su vida cuando le creó. Y las palabras que Dios ha dicho sobre su vida no regresarán vacías a él. Cumplirán lo que él las mandó a hacer.

Así que confíe en él. Confíe que está trabajando por su bien en cada situación. Confíe que él ha hablado sobre su vida y que su Palabra cumplirá el propósito de él para su destino.

Descubra su don

Puede encontrar una clave importante para comprender su propósito al descubrir los dones que Dios le ha dado. ¿Por qué Dios le llamaría a hacer algo y no le daría los dones para hacerlo? Él le ha diseñado con un propósito, por lo que los dones que le ha dado siempre estarán relacionados con su propósito, de alguna manera significativa. Si observa los dones que Dios le ha dado, le dirán mucho acerca de su propósito. Sus dones pueden ayudarle a comprender el destino que Dios le otorgó.

Si no está seguro de cuál es su propósito, hágase estas preguntas: ¿Para que hiciera qué me dotó Dios? ¿En qué soy bueno? ¿Qué me hace sentir vivo? ¿Qué me emociona? ¿Qué me alegra? Cuando algo le da energía y hace que usted se emocione, probablemente está relacionado de alguna manera con su don y su propósito.

Con demasiada frecuencia tenemos un pensamiento equivocado acerca de los planes que Dios tiene para nosotros y de las razones por las que nos hizo como somos. Nuestros pensamientos podrían ser algo así: *Bueno, esto, en particular, es lo que verdaderamente me emo-ciona. Esto es lo que yo quisiera hacer con mi vida. Pero supongo que no es la voluntad de Dios para mí. Supongo que Dios probablemente quiere que yo haga algo aburrido o desagradable.*

Yo no sé de dónde sacamos ese tipo de ideas. ¿Por qué un Dios amoroso y bueno le llamaría a hacer algo que a usted ni siquiera le gusta hacer?

¡Nuestro Dios es un Dios bueno! ¡Anhela que usted disfrute servirlo a él! ¡Él quiere que usted disfrute su vida mientras le sirve! ¿Acaso la Biblia dice: "Porque de tal manera amó Dios al mundo que dio a su Hijo unigénito, *para poder arruinar nuestras vidas?*". No. ¡Eso no es lo que la Biblia dice! Jesús dijo: "He venido para que tengan vida, y para que la tengan en abundancia" (Juan 10:10). Jesús vino a darnos vida, y vida que es *más abundante*. Una vida más abundante es una vida llena de ¡más cosas buenas, no de menos!

Dios quiere darnos cosas buenas. Desea que disfrutemos la vida que él nos ha dado. De manera que nos ha diseñado con dones y deseos preparados para su propósito con nosotros. Cuando usamos los dones que Dios nos ha dado, nuestras vidas son más emocionantes y satisfactorias.

Cuando usamos los dones que Dios nos ha dado, nuestras vidas son más emocionantes y satisfactorias.

¡Por eso es importante que descubra sus dones! Recuerde, los dones que Dios le ha dado van a ser algo que disfrutará hacer. Aunque probablemente haya tantos dones exclusivos como personas que Dios ha creado, la Biblia describe tres conjuntos específicos de dones: dones de manifestación, dones de ministerio y dones motivacionales.

Hay nueve dones de manifestación del Espíritu Santo: palabras de sabiduría, palabras de conocimiento, fe, sanidades, obras de milagros, profecía, discernimiento de espíritus, lenguas e interpretación de lenguas (vea 1 Corintios 12:7-10). La Biblia dice que "el Espíritu obra todas estas cosas, repartiendo a cada uno en particular como él quiere" (1 Corintios 12:11). Todos podemos operar en uno o más de estos dones en cualquier momento. De manera similar, hay cinco dones ministeriales: apóstoles, profetas, evangelistas, pastores y maestros. Estos dones son para equipar a los santos para la obra del ministerio (vea Efesios 4:11-13).

Luego, en Romanos, Pablo menciona siete dones que a menudo se describen como dones motivacionales, es decir, dones que surgen de las motivaciones profundas de nuestra naturaleza. Pablo nos anima a usar nuestros dones "conforme a la medida de la fe que Dios repartió a cada uno" (Romanos 12:6). En otras palabras, todos estos dones nos son dados por la gracia de Dios, por lo que es importante que los entendamos y utilicemos según el diseño de Dios. Deberíamos aprender todo lo que podamos sobre las manifestaciones específicas, los dones de ministerio y los dones motivacionales que Dios nos ha dado.

Ahora quiero centrarme en los dones motivacionales. Vamos a leer acerca de ellos:

> Porque así como en un cuerpo hay muchos miembros, y no todos los miembros tienen la misma función, así también nosotros, aunque somos muchos, formamos un solo cuerpo en Cristo, y cada miembro está unido a los demás. Ya que tenemos diferentes dones, según la gracia que nos ha sido dada, si tenemos el don de profecía, usémoslo conforme a la medida de la fe. Si tenemos el don de servicio, sirvamos; si tenemos el don de la enseñanza, enseñemos; si tenemos el don de exhortación, exhortemos; si debemos repartir, hagámoslo con generosidad; si nos toca presidir, hagámoslo con solicitud; si debemos brindar ayuda, hagámoslo con alegría (Romanos 12:4-8).

Pablo explica que así como nuestro cuerpo físico tiene diversas partes con funciones distintas, cada uno de nosotros tiene una función diferente en el cuerpo de Cristo. Ninguna de las partes del cuerpo físico tiene el mismo propósito; sino que cada una tiene un propósito específico que es una parte importante del todo. De la misma forma, como individuos, cada uno de nosotros tiene un propósito específico que es parte fundamental del cuerpo de Cristo. Si no encontramos ese propósito y lo llevamos a cabo, ¡al cuerpo de Cristo le faltará una parte importante!

Lo que sigue aquí es una breve descripción de los siete dones motivacionales. He proporcionado títulos a estos dones que pueden ayudarnos a comprenderlos y recordarlos mejor.

1. *Motivadores ("Profecía" [versículo 6])*. Una persona con el don de profecía desea motivar a los demás para servir a Dios. Desea revelar la motivación de la gente para ver conforme a la voluntad de Dios. Ellos tienden a enfocarse en lo "correcto" y lo "incorrecto". Aquellos que tienen este don están muy interesados en los motivos de los corazones de la gente. (Por desdicha, cuando una persona con este don es inmadura, él o ella puede ser muy sentencioso en cuanto a los motivos de los demás).

2. *Siervo ("Ministro" [versículo 7])*. La palabra griega para "ministro" en este versículo, en realidad significa "atender" como un siervo o "servir". Una persona con este don motivacional desea cubrir las necesidades de la gente de manera práctica. Cuando sale a comer a un restaurante, la persona con este don empezará a limpiar la mesa después de que usted haya terminado de comer. Aunque el mesero podría estar allí, la persona con el don de "servicio", sencillamente, no puede resistir recoger los platos y limpiar las migajas de la mesa. La gente con el don de servicio será motivada a servir a los demás a dondequiera que vayan.

3. *Maestro (versículo 7)*. El maestro es una persona a la que le encanta estudiar y enseñar verdades a la gente. Son personas a quienes les gusta leer más de un libro a la vez. Ellos, además, me mandan correos electrónicos con preguntas

como esta: "Pastor Robert, yo sé que usted está ocupado, pero ¿podría, por favor, responderme solo esta pregunta? *¿Me podría explicar el libro de Apocalipsis?*". La gente con el don de la enseñanza ¡simplemente parecen no aburrirse de estudiar la Palabra de Dios! (Por cierto, ya no quiero recibir más correos como ese, ¿está bien? Mire, yo no puedo explicarle el libro de Apocalipsis; ¡yo mismo todavía estoy tratando de entenderlo!)

4. *Alentador (o "que Exhorta" [versículo 8])*. A aquellos con el don de exhortación sencillamente les encanta exhortar y animar a la gente. Todos conocemos personas con este don. No importa lo que usted diga, ellos van a tratar de animarle. Si usted dice: "Acabo de perder mi trabajo", alguien que exhorta le dirá: "No te preocupes. Vas a conseguir uno mejor". Si usted dice: "Hace poco se quemó mi casa por completo", alguien que exhorta le dirá: "Bueno, ya estaba vieja de todos modos. Dios te dará una casa mejor".

5. *Dador (versículo 8)*. Una persona que da es alguien que desea cubrir las necesidades materiales de los demás. A aquellos que tienen este don motivacional, definitivamente, les encanta dar. Se sienten súper emocionados cuando tienen la oportunidad de cubrir una necesidad financiera.

6. *Administrador (o "Líder" [versículo 8])*. El líder es una persona que desea ayudar a la gente a través del don de la organización y la administración. Es alguien que tiene sus calcetines o medias organizadas por color y por estilo, y si usted saca uno de su lugar, ¡cuidado! Mi buen amigo Tom Lane tiene este don, lo contraté por esa razón. Durante años supervisó a cientos de miembros de nuestro personal eclesial. Su don es muy evidente cuando entra a mi oficina y nota que algo está un centímetro fuera de lugar. Su don organizativo se manifiesta de inmediato, y no puede evitar mover ese objeto un centímetro atrás a su ubicación "correcta". (A veces, cuando no está mirando, lo muevo solo para molestarlo).

7. *Simpatizante (o "Misericordia" [versículo 8])*. La persona que tiene este don desea identificarse con los demás o tener empatía con ellos. Mi esposa tiene este don. (Verdaderamente interesante, ella tiene el don de misericordia y yo tengo el de profecía; dos dones que muchos consideran opuestos entre sí. Sin embargo, es algo bueno porque Dios nos da equilibrio a cada uno a través del don que está en el otro).

Cada uno de estos dones es diferente, y cada uno de ellos tiene un papel que jugar en el cumplimiento de los propósitos de Dios. Si usted ha servido alguna vez en un equipo, probablemente haya tenido la oportunidad de ver estos dones en acción. Por ejemplo: si tuvieron una reunión de comité, la reunión probablemente fue liderada por el "administrador" que pudo haber empezado entregando una agenda, con notas detalladas que organizaban la estructura de la reunión. Pero si alguien mencionara casualmente que el hermano Fulano de Tal acababa de perder su trabajo, repentinamente, habría visto los diferentes dones motivacionales entrando en acción.

El motivador podría decir: "Quizás haya pecado en su vida. Tal vez deberíamos hablar con él al respecto y ayudarle a dejar el pecado". Realmente está tratando de ayudar, aunque tal vez no suene así.

El maestro diría: "Si solo hiciera lo que dice en 1 Timoteo 3, estaría bien. Hay siete principios en 1 Timoteo 3 que dan la respuesta a este problema y él necesita saber cuáles son esos principios".

El alentador ya estaría al teléfono con la persona que perdió su trabajo, diciendo: "Escuché que perdiste tu trabajo, pero todo estará bien. Dios tiene un plan, ¡y lo que te espera será aún mejor!".

La persona con el don de servicio ya se habría ido de la reunión para ese momento, para ir a comprarle alimentos.

El administrador probablemente estaría tratando de levantar una ofrenda para el hombre que perdió su trabajo. Él estaría diciendo: "Bueno, ¿cuánto creen que necesita él? Podemos levantar una ofrenda aquí mismo, en este salón, hoy, y ayudar a este hombre".

¿Y la persona motivada por la misericordia? Esta persona estaría sentada en la esquina, llorando lágrimas de compasión por ese hombre y su familia, ¡y ya estaría pensando en comprar una tarjeta para él, camino a su casa, y ponerla en el correo!

Esta es una ilustración a la ligera de las diferentes maneras en que funcionan estos dones para cubrir las necesidades de la gente.

Recuerde, la intención de Dios siempre es a favor de la gente; de manera que cada uno de estos dones ¡tiene que ver con la gente! Cualquiera que sea su propósito en la vida, estará relacionado con los demás de una manera u otra.

Juntos, todos estos dones forman el cuerpo de Cristo.

Como miembro de ese cuerpo, usted tiene un don que es parte importante del plan de Dios. Es vital para usted determinar cuál es su don y empezar a moverse en él. Cuando usted empiece a operar en su don, este le dará *dirección*.

Su propósito da dirección, no detalles

Tal vez no tenga una imagen específica de su destino final, pero sí tiene un don. Y cuando determine cuál es su don, eso le ayudará a dar *dirección* a su vida. Una vez usted determine su dirección, podrá empezar a operar en él. Su propósito provee *dirección* hacia su destino, pero es importante comprender que el primero no contiene los *detalles* del segundo.

José tenía un sueño proveniente de Dios, y este le dio visión y dirección. Sin embargo, él no sabía cómo sería la manifestación final de ese sueño. José también tenía un don proveniente de Dios, uno que le dio propósito en su vida diaria. Pero él no conocía los *detalles* de cómo sería usado ese don en su destino.

Es bastante obvio que José tenía un don de la administración. Mientras fue esclavo en la casa de Potifar, él organizó la casa y llegó a ser el administrador de toda ella (vea Génesis 39:3-5). Cuando José estuvo en la prisión, organizó la prisión y llegó a ser su administrador (vea Génesis 39:21-23). No sabemos mucho acerca del pozo, pero creo que ¡ese fue el pozo más organizado del mundo! A lo largo de su vida, José lideró dondequiera que estuviera, independientemente de su posición.

Mucha gente quiere esperar hasta estar en una posición mejor para usar sus dones. Dicen: "Cuando tenga un trabajo mejor, entonces realmente ayudaré a la gente". Por favor, escúcheme: comience ahora, dondequiera que esté. Incluso si está en un pozo o una prisión, ministrando a otros con su don y observe cómo se le abren las puertas de favor y bendición a usted, como ocurrió con José.

José parecía comprender que tenía un don de administración y fue fiel en usarlo dondequiera que iba. Sin embargo, José no conocía los *detalles* de cómo ese don jugaría una parte importante en su destino. Mientras servía como esclavo en la casa de Potifar y organizaba las cosas en la prisión, José no tenía idea de que, un día, estaría haciendo eso para toda la nación de Egipto. Dios nunca le mostró los detalles específicos acerca del destino que le tenía planeado.

Es importante comprender esta verdad si quiere pasar la prueba del propósito; su don solamente da *dirección* a su destino, pero no le proveerá los *detalles específicos*. Aquí es donde entra la fe. Se necesita fe para continuar en la dirección de su propósito; ¡sobre todo cuando usted no conoce los detalles de lo que le espera al final de esa jornada!

¿Hay detalles para su destino?

Sí, los hay.

¿Puede conocer los detalles de su destino?

Sí, sí puede.

¿Cuándo puede conocer los detalles del destino que Dios tiene para usted?

¡Después de que los lleve a cabo!

Cuando finalmente entre en el destino que Dios siempre ha pensado para usted, entenderá los detalles del plan de él para su vida; ¡pero no antes!

¿Por qué Dios no le revela todos los detalles de la historia de su vida al instante? Creo que es porque le asustarían fatalmente. Dios le dio a José un sueño en el que se veía como líder algún día, pero omitió todas las partes de la esclavitud y la prisión. Habría sido demasiado para que José pudiera con eso.

Otra razón por la que Dios espera es para que, a medida que se acerque a su destino, tenga que seguir caminando por fe. Tendrá que mantenerse cerca del Señor. Así que no se moleste ni se frustre porque no conoce los detalles específicos. Lo único que debe saber realmente con certeza es que tiene un don y una dirección de Dios, y debe ser *fiel* a su don. Debe ser *fiel* a la dirección que Dios le ha dado.

Después de que haya entrado en su destino recordará, al igual que José (vea Génesis 45:5-8), y entenderá los detalles específicos de su propósito. Dirá: "¡Oh, ahora entiendo por qué tuve que pasar por eso! Ahora sé por qué Dios me trajo aquí. Esta es la razón por la que Dios trabajó en mi vida de esa manera. Esta es la razón por la que las cosas sucedieron de la forma en que lo hicieron. ¡Ahora entiendo el propósito de todas esas cosas!".

Cuando finalmente alcance su destino, verá el cuadro completo del propósito de Dios, pero no antes. No puede ver el cuadro completo antes de que suceda, pero podrá ver la *dirección*. Esta es una promesa que tenemos de Dios.

La Biblia dice: "Lámpara es a mis pies tu palabra, y lumbrera a mi camino" (Salmos 119:105). Observe que no dice: "Tu Palabra es un foco brillante que me permite ver tres kilómetros adelante". No, dice que la Palabra de Dios es una lámpara para sus pies. Eso significa que le muestra el siguiente paso. Le muestra la suficiente luz para dar el próximo paso al frente. Y esa luz es todo lo que necesita para seguir avanzando hacia su destino.

Es posible que no sepa qué hay al final del camino frente a usted, pero si es fiel y sigue caminando en la dirección que Dios le ha dado, él le guiará hacia el destino que ideó para usted. Confíe en que Dios tiene el control y permítale que dirija sus pasos hacia sus propósitos. Después de todo, nuestros destinos siempre van a tratar de ayudar a las personas. Dios también quiere que eso suceda, así que descanse en el conocimiento de su bondad.

Permítame contarle algunas cosas acerca de un hombre que tenía un propósito. Fue un hombre fiel en cuanto a desarrollar sus dones. Él iba en la dirección que sus dones lo llevaban; pero estoy seguro que no tenía idea del *destino específico* al que le guiaría ese propósito. A los 22 años, perdió su trabajo.
A los 23 años, fue derrotado en las elecciones de la legislatura estatal.
A los 24 años, fracasó en los negocios, pero luego fue elegido a la legislatura estatal.
A los 26 años, la mujer a la que amaba profundamente murió antes de que pudieran casarse.
A los 27 años, sufrió un colapso nervioso.
A los 29 años, fue derrotado al optar al cargo de vocero de la legislatura.
A los 34 años, perdió la elección al Congreso. Tres años después fue elegido al Congreso.
A los 39 años, perdió la reelección al Congreso.
A los 46 años, fue derrotado y perdió el Senado.
A los 47 años, fue derrotado y perdió la vicepresidencia.
A los 49 años, fue derrotado nuevamente para el Senado.
A los 51 años, fue elegido Presidente de los Estados Unidos.
Su nombre era Abraham Lincoln.

Abraham Lincoln llegó a ser uno de los presidentes más cruciales en la historia de nuestra nación, guiando nuestro país a través de una guerra civil que amenazaba con destruirlo. Lo más importante, corrigió una de las más grandes injusticias en la que nuestro país había participado: la institución de la esclavitud. Así como hizo con José, Dios puso a Abraham Lincoln donde lo quería, en el momento exacto en la historia y cuando él lo necesitaba.

Abraham Lincoln enfrentó muchos obstáculos, fallas y tragedias. Mientras trataba con esas dificultades, no tenía idea de los *detalles* que Dios había planeado para él. Sin embargo, desarrolló los dones que tenía y permitió que le dieran dirección y propósito a su vida. Él

286 | Del sueño al destino

no permitió que las dificultades lo desviaran. Permaneció enfocado en la dirección que Dios le había dado. Dios hizo el resto. Su don y su propósito eran ser líder. Pero su destino era cambiar al mundo.

Fije su curso y sea fiel

Todos podemos aprender una lección del ejemplo de Abraham Lincoln. Determine cuál es su don y permita que el mismo le dé dirección. Luego, *fije su curso* en ese dirección y, sencillamente, *sea fiel*. No se desvíe tratando de descifrar los detalles. Usted se mete en problemas cuando trata de dictarle los detalles a Dios.

"Pero, Dios, se supone que yo sea pastor. Pero, Dios, se supone que yo esté en los negocios. Pero, Dios, se supone que yo sea maestro. Pero, Dios, se supone que...se supone que...se supone que".

¿Qué le hace pensar que usted puede decirle a Dios lo que se supone que usted haga? ¡Él es Dios! ¡Él le creó! ¿No cree que él ya sabe lo que se supone que usted haga?

Cuando imaginamos los detalles de nuestra vida y no suceden de la forma en que pensamos que deberían, nos desilusionamos. Podríamos escoger la ciudad donde pensamos que se supone que vivamos, el trabajo que pensamos que deberíamos tener o el ministerio en el que queremos operar. Luego, si un evento no sale como lo teníamos planeado, decimos: "Dios, no estás haciendo tu parte del trato".

Sin embargo, todo el tiempo Dios nos ha estado diciendo: "Paso a paso. Tengo todo bajo control, dentro de mi plan y mi propósito. Solo mantén tus ojos en mí y da un paso por vez, yo me haré cargo de los detalles".

Es cuando tratamos de involucrarnos en los detalles específicos de nuestro destino que nos desanimamos. ¿Recuerda al copero y al panadero en la prisión? ¿Cree que José habría notado sus rostros tristes y habría interpretado sus sueños si hubiese estado consumido por sus propias dificultades y las expectativas no concretas de su destino específico? Puede que haya perdido la oportunidad. Así que no se enfoque en los detalles específicos. En vez de eso, trace su rumbo en la dirección que Dios le ha mostrado. Sea fiel a lo que él le ha llamado a hacer. Su fidelidad le llevará hacia el destino que Dios ha planeado.

Sea fiel a lo que él le ha llamado a hacer. Su fidelidad le llevará hacia el destino que Dios ha planeado.

El Señor nos creó a cada uno de nosotros con un propósito, pero depende de nosotros determinar qué haremos con él. El Señor establece una dirección frente a cada uno de nosotros, pero es nuestra fidelidad la que determina cuán lejos llegaremos. Nací con el don de hablar y enseñar, pero creo que la cantidad de personas a las que puedo alcanzar y ayudar se determina por cuántas pruebas paso y cuán fiel permanezco al Señor.

Hay muchas pruebas que usted tiene que atravesar en el camino a su destino y todas ellas son importantes. Humildad, carácter, administración, integridad, perseverancia, todas relevantes para el cumplimiento de su destino. Sin embargo, todas pueden resumirse en una palabra: fidelidad.

La fidelidad es la respuesta a todas las pruebas que Dios le dará. Si usted solo se mantiene fiel a la dirección que Dios le ha revelado, finalmente cumplirá el destino que Dios tiene para su vida.

¿Será fiel a lo que Dios le ha llamado a hacer?

Lo que sigue es un extracto del diario de un hombre que fijó su curso y fue fiel. Su nombre era John Wesley.

Domingo por la mañana, 5 de mayo, prediqué en la iglesia Santa Ana, me pidieron que no volviera nunca más.

Domingo por la tarde, 5 de mayo, prediqué en la iglesia San Juan, los diáconos dijeron: "Salga y quédese afuera".

Domingo por la mañana, 12 de mayo, prediqué en la iglesia San Judas, no puedo regresar tampoco.

Domingo por la tarde, 12 de mayo, prediqué en la iglesia San Jorge, me echaron nuevamente.

Domingo por la mañana, 19 de mayo, prediqué en la iglesia San "algo", los diáconos tuvieron una reunión extraordinaria y dijeron que no podía regresar.

Domingo por la tarde, 19 de mayo, prediqué en la calle, me echaron de ahí.

Domingo por la mañana, 26 de mayo, prediqué en una pradera, perseguido por un toro que soltaron durante el servicio.

Domingo por la mañana, 2 de junio, prediqué en las afueras del pueblo, me echaron de la autopista.

Domingo por la tarde, 2 de junio, servicio vespertino, prediqué en un pastizal, diez mil personas asistieron.

John Wesley sabía cuál era su propósito. Él no vio los *detalles* de ese propósito, pero tenía el don de predicar y lo desarrolló. Permitió que ese don proveyera dirección a su vida. Luego fijó su curso y se mantuvo firme. Y la fidelidad lo llevó a alcanzar su destino en Dios.

Más que nada, fue su fidelidad la que mantuvo a José fiel en el camino al propósito de Dios. Y la fidelidad también tiene que ser el fundamento de nuestras vidas. Tenemos que ser fieles a Dios durante todas las pruebas. A medida que avancemos en el camino a nuestro destino, la fidelidad es el ancla que nos mantendrá firmes durante cada tormenta. Y la fidelidad nos mantendrá fieles hasta que pasemos toda prueba y entremos en el cumplimiento de nuestro destino en Dios.

Mantenga el curso

Es posible, que mientras lee esto, esté viviendo en uno de dos lugares. Puede estar viviendo en el desierto, en alguna parte entre el sueño y su destino. O puede ser que ya haya entrado en su destino y haya empezado a cumplirlo, pero aún no lo completa. En cualquier caso, todavía tiene algunas pruebas que enfrentar y vencer.

Mire, algunas de las pruebas que hemos examinado en este libro ocurrieron en la vida de José después de su sueño, pero antes de su destino. Otras ocurrieron después de que él ya hubiera entrado en su destino. Pero para cumplir su destino al máximo, tuvo que seguir superando estas pruebas. Y lo mismo es cierto para usted.

A medida que pase por cada una de ellas, recuerde que Dios nunca le probará más allá de su capacidad (vea 1 Corintios 10:13). Cuando estaba en tercer grado, su maestro no le puso un examen de cálculo. No, fue evaluado con contenido que era desafiante pero adecuado para tercer grado. Y es lo mismo con las pruebas que enfrentará para alcanzar su destino. De hecho, ¡Dios es el mejor maestro de todos! Así que no tenga miedo. No hay ninguna prueba que Dios le ponga delante que no le dé la manera de superar. Con el poder del Espíritu Santo, puede vencer cada una de esas pruebas de carácter. Es posible que esté en medio de un desafío real en este momento. ¡Anímese! Está un paso más cerca de su destino. Dios le dio el sueño y así es como le está preparando para que alcance su destino. ¡Y la buena noticia es que Dios quiere que pase esta prueba y avance al siguiente nivel!

Su destino es un viaje

Creo realmente que estoy caminando en el destino que Dios tiene para mi vida en este momento. Siento una satisfacción asombrosa al estar donde estoy y me siento extremadamente bendecido. Sin embargo, también es un trabajo arduo. Por eso todos pasamos por estas pruebas, para estar preparados para las bendiciones y el trabajo que vienen con cumplir nuestro destino.

Y solo porque entremos en nuestro destino no significa que hayamos "llegado", ¡nuestro viaje no termina ahí! Dios aún tenía más para José a medida que avanzaba en su destino, ¡y también tiene más para mí! Incluso ahora, veinte años después de haber escrito este libro, Dios me está llevando a nuevas alturas de mi destino.

Su destino no es una única parada.
Su destino es un viaje.

Entonces, sí, he escrito este libro en cuanto a alcanzar su destino, aunque yo tampoco he llegado. Mientras siga respirando, ¡Dios tiene más para que lo haga! Y seguiré experimentando algunas de estas pruebas mientras camino hacia nuevas profundidades de mi destino. Por eso no me resulta difícil soltar cualquier cosa que no sea realmente parte de su plan. He llegado a entender que los sueños de Dios para nosotros son mucho mejores que cualquiera que podamos soñar para nosotros mismos. El destino de Dios con nosotros es mucho más grande de lo que podemos imaginar. Mientras más nos esforcemos por conocerlo, más arraigará esta realidad en nuestros corazones y mentes.

He encontrado que la clave para avanzar es ser fiel en lo básico. Permítame explicarle.

Antes de que un piloto pueda volar su avión, hay una lista de verificación que debe seguir. Tiene que verificar si hay agua acumulada en el tanque de combustible. Tiene que verificar que la radio funcione. Tiene que verificar que el altímetro esté funcionando y así sucesivamente. Debe seguir esta lista de verificación cada vez que vuela su avión. Incluso si ha sido piloto durante treinta años, aún necesita revisar la lista para asegurarse de que todo haya sido verificado. Él sabe que si pasa por alto algo, podría ser desastroso para él y para todos en el avión.

Para los creyentes, los fundamentos son esenciales: leer y conocer la Palabra de Dios (Salmos 119:105; Hebreos 4:12), orar (Filipenses 4:6; Mateo 6:9-13), reunirse con otros creyentes (Hebreos 10:25), administrar fielmente su cuerpo y sus recursos (1 Pedro 4:10; Colosenses 3:23), confesar y arrepentirse de sus pecados (1 Juan 1:9; Santiago 5:16) y amar a otras personas (Juan 13:34). Estas son actividades fundamentales de un seguidor fiel y saludable de Cristo.

No importa en qué etapa de su camino se encuentre, siempre debe hacer estas cosas. Solo porque esté viviendo su destino no significa que pueda dejar de tener su tiempo devocional con el Señor o administrar sabiamente sus recursos o cualquiera de las otras cosas que ha aprendido a través de todas las pruebas de carácter. Si ha sido cristiano durante sesenta años y está caminando en su extraordinario destino, aún necesita estar en la Palabra y tener una vida de oración activa.

Debe continuar haciendo todas las cosas que ha hecho para llegar a donde está, para poder avanzar en su destino. Gálatas 6:9 nos anima: "No nos cansemos, pues, de hacer bien; porque a su tiempo segaremos, si no desmayamos".

Dios no le presenta estas diez pruebas de carácter porque dude de que las pasará o porque espera que usted falle. Use estas pruebas para afinarse, prepararse para su destino y hacerse más semejante a él. Y creo que todos reflexionaremos algún día en las pruebas que hemos enfrentado, entonces diremos: "¡Gracias, Dios!".

Estas pruebas también le ayudan a desarrollar el carácter fuerte que necesita para respaldar el destino que Dios ideó para usted. Por eso es tan importante permitir que Dios trabaje en esas áreas de su vida y permitirle desarrollar paciencia, pureza, perseverancia y verdadera prosperidad en usted. Permita que Dios elimine el orgullo y los motivos incorrectos para querer poder. Permítale, a su Padre celestial, que le otorgue la gracia para perdonar a quienes le han perjudicado. Permítale que le revele el glorioso propósito para el cual le creó.

El propósito de Dios para usted es extraordinario

Recuerde, los sueños que Dios le da están hechos a la medida de usted. Al igual que los de José, es posible que no los entienda de inmediato o no parezcan muy significativos. Pero confíe en que Dios le está guiando hacia un destino increíble y único. Podría soñar con ser estilista, dueño de un negocio, golfista, maestro, fontanero, comediante o incluso político, ¡como José! Dios es el dador de cada sueño y todos son buenos. Permítame compartir algunas historias alentadoras con usted.

Mis amigos Teresa y Bruce McGaha tenían el sueño de comenzar un salón de belleza que fuera diferente a cualquier otro. A medida que buscaban a Dios y trabajaban en su sueño, su salón se transformó en algo más allá de lo que jamás imaginaron posible. Sí, es un lugar de calidad con estilistas expertos, pero también se ha convertido en una base encubierta para el reino de Dios. Personas que nunca entrarían en una iglesia acuden a una sesión de belleza y han experimentado una cita divina con el Rey de reyes. Bruce y Teresa han llevado personas a Cristo al lado de los secadores de pelo, las tenazas y mientras les hacen permanentes a las damas.

Hace varios años, algunas mujeres se estaban cortando el cabello y mencionaron que estaban lidiando con la infertilidad. Los estilistas de cabello se detuvieron y oraron por ellas, ¡y Dios respondió! ¡Comenzó a abrir úteros milagrosamente! Cuando se corrió la voz, las mujeres comenzaron a aparecer en el salón porque habían oído que era el lugar al que debían ir para quedar embarazadas. Bruce y Teresa tuvieron la oportunidad de explicar que no era su salón lo que marcaba la diferencia, sino Dios el que lo hacía. Solo él abre úteros. Y luego oraban con las mujeres, a veces presentándolas a Cristo por primera vez.

El sueño de Teresa de crear un salón de belleza diferente ciertamente se ha hecho realidad, pero de una manera que ministra profundamente a las personas necesitadas. Es sorprendente cómo algo tan ordinario como un lugar para embellecerse pueda ser la plataforma a través de la cual se cumple el destino de Dios.

De manera similar, mi amigo Steve Dulin tenía la visión de comenzar una empresa de construcción dedicada al trabajo de calidad y a valores decentes. Como vio falta de integridad en ese campo, sintió que Dios le había dado un sueño para hacer algo al respecto. En los veintidós años en que Steve fue dueño de su empresa, Dios lo bendijo de manera tan tremenda que dio más del cincuenta por ciento de sus ingresos al reino, y tuvo muchas oportunidades para compartir el amor de Dios con clientes y otros empresarios.

En una ocasión, una mujer contactó a Steve y le pidió que construyera una clínica para abortos. Steve sintió que necesitaba hablar con ella en persona y explicarle por qué no podía ser parte de ese proyecto. Se acercó a ella y le contó amorosamente sus creencias. La mujer quedó tan sorprendida por el amor cristiano que le expresó, que él y su esposa, Melody, pudieron desarrollar una amistad con ella. Eso fue fundamental para que ella abandonara el negocio del aborto, y todo comenzó con el sueño de construir una empresa de construcción de calidad y decente.

Mi amigo Michael Jr. es comediante. Cuando nos conocimos, estaba haciendo comedia en Los Ángeles y había aparecido en el Tonight Show y en otros escenarios importantes que promueven esa actividad. Vi su rutina de comedia en un evento benéfico y pensé que sería una gran adición al entretenimiento en la fiesta de Navidad de nuestro personal en Gateway. Me acerqué a hablar con él después de su espectáculo y de inmediato nos hicimos amigos. Supe que era cristiano y tenía un testimonio asombroso. Bromeamos mucho entre nosotros, luego le dije: "¿Alguna vez has pensado en usar tu don para el Señor?".

Michael parecía confundido y respondió: "¿Soy comediante? ¿Cómo podría hacer eso?". Le dije que podía ir a las iglesias, hacer comedia, compartir su testimonio y luego invitar a las personas a aceptar a Cristo.

Tuvimos esa conversación hace doce años. Desde entonces, Michael ha hablado en miles de iglesias, eventos grandes y reuniones. Si ha visto su espectáculo o lo ha escuchado hablar, sabe que es gracioso y un genio total. La forma en que piensa sobre las cosas y las descompone es diferente a cualquier otra. Habla la verdad de una manera divertida y modesta, y miles de personas han decidido aceptar a Cristo. ¡Solo en un año, veintisiete mil personas aceptaron a Cristo en sus espectáculos de comedia! Ha escrito libros, protagonizado películas y ha sido invitado a lugares a los que nunca habría podido llegar. Es un instrumento completamente rendido a Cristo a través del cual Dios puede moverse. El sueño de Michael de ser comediante se ha convertido en un destino más allá de lo que podría haber imaginado.

¿No le parece que Dios es asombroso? ¡Su propósito para cada uno de nosotros es extraordinario!

El viaje puede no parecerse a lo que usted esperaría, aunque puede ser largo y lleno de pruebas, ¡pero no pierda el ánimo! Dios le dio el sueño y le está preparando para que lo haga realidad. Permítale continuar fortaleciendo y profundizando su carácter. ¡Que el sueño que Dios le dio se convierta en el destino que Dios cumpla para usted!

Epílogo

Mi hija, Elaine, y su esposo, Ethan, plantaron una iglesia en Houston, Texas, hace unos años. Ha crecido enormemente y están impactando a miles de personas. Pero como pueden atestiguar muchos pastores y líderes de iglesias, las demandas del ministerio pueden pasar factura. Hay mucha guerra espiritual y muchas noches de insomnio.

Una tarde, Elaine me llamó después de un día especialmente difícil y me preguntó: "Papá, ¿vale la pena? ¿Vale la pena todo esto?". Su pregunta me lucía muy familiar. Cuando era joven, Dios me dijo que Gateway estaba destinada a ser una iglesia grande y que yo escribiría libros, que hablaría y equiparía a personas de todo el mundo en su caminar con el Señor. Pero en el trayecto, e incluso ahora que estoy recorriendo mi destino, ha sido diferente de lo que esperaba.

Nunca esperé la carga de responsabilidad que acompañaría a mi gran destino. Nadie me dijo que con cada nuevo nivel de influencia vienen nuevas pautas, nuevas obligaciones, nuevas restricciones, nuevas bendiciones y nuevas relaciones. Con cada paso, he tenido que aprender a administrar mi tiempo, mis energías y mi dinero de manera más eficiente. Los hábitos y horarios que funcionaban para mí, mi familia y Gateway hace veinte años ya no nos resultan buenos. Ya no puedo entrevistar personalmente a ningún candidato a ser parte del personal ni aceptar invitaciones a predicar. Ya no puedo asistir a todas las reuniones y he tenido que aprender a confiar en que otros captarán la visión de Gateway y la transmitirán.

Con el paso de los años, he tenido que dejar atrás ciertas cosas para poder tomar otras, como el privilegio de asesorar a una generación más joven de líderes. Y aunque es desafiante, ¡también es un escenario extraordinario y emocionante en el cual estar!

A veces pienso en José cuando fue nombrado segundo al mando de Egipto. Finalmente había entrado al destino que Dios le dio, pero no fue completamente fácil y sencillo para él. Sí, era rico y poderoso. Sí, fue bendecido con hijos e influencia. Pero tuvo que tomar decisiones difíciles. Tuvo que administrar la comida de todo un país durante una hambruna, gestionar la tierra y los recursos sabiamente, y negociar intercambios difíciles.

También tuvo que lidiar con las heridas de su pasado y perdonar los actos atroces de sus hermanos con él. Probablemente tenía heridas de la esclavitud y la prisión que tomaron tiempo para sanar. Tal vez tuvo algunos días realmente difíciles. Solo porque alcanzó su destino no significaba que había "llegado" y que la vida iba a ser repentinamente sin dificultades ni problemas.

A pesar de que ayudó a salvar millones de vidas durante la hambruna, imagino que José también tuvo momentos en los que decía: "Señor, ¿realmente vale la pena todo esto?". Y creo que Dios le respondería: "Habría valido la pena salvar solo a una persona".

A través de cada prueba en el camino hacia nuestro destino, debemos recordar esto acerca de nuestro Padre: cada persona es preciosa para él. Usted es precioso para él.

En Lucas 15, Jesús cuenta la parábola de un pastor que tiene cien ovejas pero pierde una. Así que el pastor deja las noventa y nueve para buscar la que se extravió. Y cuando la encuentra, reúne a sus amigos y vecinos ¡y se regocija! Jesús es ese Buen Pastor. Él conoce y ama a cada uno de nosotros individualmente, y se regocija cuando estamos a su lado.

Dios no le dejará perdido en medio de estas pruebas de carácter. Hebreos 13:5 dice: "Nunca te dejaré, ni te abandonaré". Él está con usted en cada paso de este viaje. Dios quiere que alcance su destino. Pero no es solo para su satisfacción personal y su relación con él. Es para cada persona preciosa a la que está destinado a ayudar.

**Él está con usted en cada paso de este viaje.
Dios quiere que alcance su destino.**

Así que cuando Elaine me preguntó si todos los momentos difíciles valían la pena, le respondí: "¿Para quién?".

"¿Qué quieres decir?", preguntó.

"¿Estás preguntando si vale la pena para ti o si vale la pena para las personas a las que estás ayudando? Porque para las personas a las que estás ayudando, vale la pena. Valen la pena todas las conversaciones difíciles, todas las reuniones arduas, todas las pruebas y las noches largas. Valen la pena para ellas. Dios te llamó a hacer esto, no para que puedas pastorear una iglesia grande. Te llamó a esto para que puedas ayudar a las personas".

Creo totalmente en lo que le dije a Elaine. Cada prueba, cada dificultad y cada día difícil han sido absolutamente valiosos. ¡Y también lo ha sido para mí en lo personal! Mi relación con el Señor es más fuerte. Mi confianza en él es inquebrantable. Él nos ha bendecido a mi familia y a mí más allá de lo que podríamos haber imaginado.

Estoy muy agradecido por cada una de esas pruebas de carácter. Nunca habría podido mantenerme firme en mi destino sin el trabajo de preparación que Dios hizo en mi vida a través de esas diez pruebas. Y si Dios puede llevar a alguien como yo a mi destino, seguramente puede hacer lo mismo con usted, si no se rinde.

Sí, cada parte del viaje desde mi sueño hasta mi destino ha valido la pena. ¡Y sé que el suyo también será valioso!

Significado de los íconos

La prueba del orgullo:
El sol, la luna y las once estrellas

El ícono del sol, la luna y las once estrellas representa uno de los sueños que José tuvo con sus hermanos inclinándose ante él. José se jactó de ese sueño y, por lo tanto, falló la prueba del orgullo.

La prueba del pozo: El pozo

Este ícono es un panorama del cielo nocturno visto desde el interior del profundo hoyo en el que José se encontró cuando sus hermanos lo traicionaron y lo dejaron por muerto. También es una representación alegórica de los abismos en los que a veces nos encontramos a lo largo de nuestras vidas.

La prueba del palacio: El palacio

Este palacio ilustrado representa la residencia en la que José recibió el cargo de mayordomo cuando servía a Potifar. Es un recordatorio de la fidelidad y de que la presencia de Dios es lo que nos impulsa hacia adelante y nos hace prosperar.

La prueba de la pureza: El ojo de la mujer

El ojo de la mujer representa a la esposa de Potifar, que le dirigía miradas lujuriosas a José e intentó seducirlo. Es un recordatorio de que la impureza comienza en los ojos.

La prueba de la prisión: Los grilletes

José fue encarcelado y sus pies heridos con grilletes. Los grilletes evocan que, aun cuando pasemos por pruebas y tribulaciones, tenemos esperanza porque Dios puede liberarnos.

La prueba profética: Las piezas del rompecabezas

Las piezas del rompecabezas representan las palabras proféticas que Dios le habló a José. Esas palabras no son la imagen completa, sino parte del cuadro general; por lo que emulan a un gran rompecabezas. Solo Dios conoce cada pieza del rompecabezas y cómo encaja cada una de ellas en nuestras vidas.

La prueba del poder: El anillo real

El anillo real, que se usaba como sello oficial, representa el poder que José recibió repentinamente al ser liberado de la prisión. A todos se nos concede poder e influencia de alguna forma y es importante cómo respondemos a ello.

La prueba de la prosperidad: Las monedas de oro

Cuando a José se le asignó al liderazgo, ordenó que se almacenara grano durante los siete años de abundancia, de modo que hubiera suficiente para que todos sobrevivieran los siete años de hambruna. Las monedas de oro representan cómo desea Dios que su pueblo administre su dinero y sus recursos con fidelidad.

La prueba del perdón: La llave

José tenía todas las razones para no perdonar a sus hermanos por lo que le hicieron en su adolescencia, pero optó por perdonarlos. El perdón implica liberación y el ícono de la llave representa el acto de liberar a otros de las cadenas de la falta de perdón para poder avanzar en su destino.

La prueba del propósito: El don

Dios le dio a José muchos dones y talentos. De manera similar, Dios nos da a todos dones y talentos que quiere que usemos para ayudar a los demás. Este ícono nos recuerda que descubrir y perfeccionar nuestros dones es esencial para internarnos en nuestro destino.

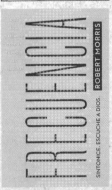

Te invitamos a que visites nuestra página web, donde podrás apreciar la pasión por la publicación de libros y Biblias:

www.casacreacion.com

Para vivir la Palabra